1　北条時宗（『一遍聖絵』）

時頼の後をうけて若くして幕府の最高権力者となった時宗は，二度の蒙古襲来に対し，得宗《とくそう》権力を強化し武士を総動員して撃退に成功した．画面は鎌倉の入り口で一遍ら念仏衆に遭遇したところ．一遍らは鎌倉入りを拒否され，周辺で念仏を行った．

2　石築地の前を出陣する竹崎季長（『蒙古襲来絵詞』）

生《いき》の松原地域の石築地《いしついじ》の上に居並ぶ菊池武房の軍勢の前を，季長の一行が進んで行く．ここに描かれている石築地は，現在でも原形をとどめ，国史跡に指定されている．

3　蒙古軍船を襲う竹崎季長（『蒙古襲来絵詞』）

弘安の役で，季長らが小舟に乗り，蒙古の軍船を襲って戦っているところ．季長が首を取ろうとしている相手は武装しておらず，植民する非戦闘員だったかも知れない．

4　千早城の戦い（『太平記絵巻』）

山城に拠った楠木正成軍は，数倍の幕府軍に対して，丸太をころがす，石を投げ落とすなど通常ではない手段で戦い，敵を翻弄《ほんろう》した．これは彼ら悪党の戦いの常套手段であった．

5　後醍醐天皇

「灌頂《かんじよう》の御影《みえい》」と呼ばれる．中国風の衣冠に密教の袈裟《けさ》をまとい法具を持ち，伊勢・八幡《はちまん》・春日《かすが》の神名を大書する．王法・仏法・神祇の力を駆使するマジカルな姿に描かれる．

日本中世の歴史 4

元寇と南北朝の動乱

小林一岳

吉川弘文館

企画編集委員

木村茂光
池　　享

目次

図版目次

〔口絵〕

〔挿図〕

序章　『太平記』の時代

六十年戦争と『太平記』

日本史上でも特筆すべき戦争の時代―それが鎌倉後期～南北朝期であるといえよう。巨大帝国モンゴルとの戦いという対外戦争に引き続き、各地で悪党という形での地域紛争が連続して勃発、さらには南北朝内乱という大規模な内戦が起こる時代である。まるで、現代の東南アジア・西アジア・アフリカなどを思わせる。

内戦は、東北から九州までの全国各地に及び、戦争の影響をまったくうけなかった地域はないといえる。しかも六〇年間という長期に渡って続き、ヨーロッパで十四～十五世紀に戦われた「百年戦争」や、十七世紀の「三十年戦争」にも匹敵する、十四世紀日本における、「六十年戦争」といってもよい内戦であった。

この戦争の時代を描いた書物が、同時期に書かれた『太平記』である。『太平記』は『平家物語』に継ぐ軍記物として成立し、この時期の戦争の実態を生き生きと描く、まさに「戦争文学」である。しかし、戦争の時代を描く『太平記』が、なぜ「太平」、つまり平和を題名にしたのであろうか。それはよくいわれているように、『太平記』の末尾が次のようになっているからである。

ここに管領《かんれい》細川右馬頭《うまのかみ》頼之《よりゆき》、……すなわち天下の管領職に居えしめ、御幼稚の若君（後の足利義満）を補佐たてまつるべきと、……氏族もこれを重んじ、外様《とざま》も彼《か》の命を背かずして、中夏無為《ちゅうかぶい》（中夏は国の中央を意味し、無為は平和を意味する。つまり中央が自然と治まり、全国が平和になっている状態）の代に成りて、目出度《めでた》かりし事とも也。（『太平記』）

貞治六年（一三六七）の細川頼之の管領職就任によって日本が平和になり、めでたいことだとされるのである。ようやく「太平」の世となったから、『太平記』なのである。しかし現実には、頼之の管領就任後二〇年以上も内戦は続き、「中夏」は乱れ、全国は「無為」ではなかった。

戦争を見つめる目

ただ、『太平記』を読んでいると、作者は痛切に「太平」（平和）を願い、そのために現実の戦争を描きだそうとしていることを感じとることができる。軍記物の性格上、一見華麗な合戦絵巻のように叙述されているが、しかし戦争を描く作者の目は、厳しく冷たい。しかも、戦争の悲惨さや、戦争によってもたらされた人々の苦しみへの視線を決して忘れることはないのである。例えば、つぎのようなエピソードにそれを見ることができる。

ひごろそれなりに豊かな暮らしをしていた、ある下級役人の一家が、京都での戦争に巻き込まれて家も財産も失い、夫婦は九歳の男の子、七歳の女の子の二人の子を連れて、都を落ちていく。そして十日ほどの後、丹波国《たんばのくに》の思出河《おもいでがわ》のほとりにたどり着く。ここまで道に落ちている栗や柿を食べてなんとか命をつないできたが、疲れ果てた妻子が草に倒れ伏しているのをみて、夫はみかねて近くの家に

図1　逃げまどう貴族たち(『太平記絵巻』)

物乞《ものご》いに行くことにした。ある家を訪れたところ、中から侍《さむらい》姿の男たちが出てきて、「みなで用心している最中に、お前のようなうさんくさい奴《やつ》が物乞いをしているのは、さては夜討・強盗の偵察にきたのか、それとも宮方(南朝方)の廻文《かいぶん》(連絡や軍勢催促のための廻状)を持って回る者か、拷問《ごうもん》して白状させろ」といって、両手足を縛り、上下にゆさぶって夫を責めさいなんだ。

　妻子は、夫が戻るのをを今か今かと待っていたが、いつまでも戻らない。その時道行く人が「かわいそうに、京の公卿《くぎょう》の家に仕えているような四十ばかりの人が、物乞いをしていたのをあの家に捕らえられて、上に下に責められ、今はもう死んでしまったであろう」と話すのを聴き、「あなたに遅れて死んだのならば、冥土《めいど》の旅に迷うことになりましょう。しばらく待っていてください」といって、妻は二人の子供といっしょに思出河の淵に身を投げてしまった。

結局夫の疑いは晴れ、近くの家で木の実などを求めて帰ってきたが、妻や子の小草履や杖などが残されているばかりで、その姿は見あたらない。これはどうしたことかと、狂ったようにあちこちを捜したところ、

渡より少し下なる井堰《いぜき》（用水の取り入れ口）に、あやしき物のあるを立寄て見たれば、母と二人の子と手に手を取り組みて流れ懸かりたり。取り上げて泣き悲しめども、身も冷え果てて色も早変わり果ててければ、女房と二人の子を抱きかかえて、また本の淵に飛び入り、共に空しくなりにけり。（『太平記』）

『太平記』の作者は、この哀れな一家の最期を静かに見つめた後、「誠に悲しかりける有様やと、思いやられて哀れなりし」と、思わずその本音を口にするのである。

時代をどうとらえるか

この時代、戦乱に巻き込まれ悲惨な境遇となった、この下級役人一家のような人々は数限りなくいたであろう。それとともに、逆に戦争の時代だからこそ、悲惨さを乗り越え、なんとか生き延びるための手だてを求め、人々は必死にたくましく生きていたに違いない。戦争の時代の人々の姿を、ただ悲惨や哀れとみるだけではなく、その努力を生き生きと描き出すことは、過去の社会を見つめながら現在と未来の社会を考える歴史学にとって大きな課題であると思う。

アジア・太平洋戦争の後、この時代の戦争と社会を真摯に見つめ、研究を飛躍的に進展させた松本

新八郎は、従来では、南朝対北朝の対立や公家対武家との対立という視点でとらえられていたこの時代を、地侍《じざむらい》・一揆・名主《みょうしゅ》・小百姓のような在地勢力こそが、内乱では重要な勢力であり、内乱の原動力であるとした。そしてその上で、南北朝内乱こそが封建制を成立させた革命であるとする、いわゆる南北朝封建革命説を提示した（松本一九五六）。また佐藤和彦は、松本説を継承しつつ、武士（在地領主）の発展史観と民衆運動史を統合しながら、民衆こそが内乱と時代を変える原動力であることを強調した（佐藤和彦一九七四・七九）。さらに網野善彦は、非農業民や被差別民の目から、この内乱を「民族史的転換」ととらえ、日本史上の分水嶺であったとしている（網野一九七四・八六）。

封建革命であるか、民族史的転換であるかどうかはさておき、被差別民・小百姓から地侍に至る在地に生きる人々こそがこの時代の主役であり、歴史を動かしていたことは間違いない。彼らの動向を戦争と関係させながら明らかにすることが、この時代の特質を真にとらえることになるのである。その中でも、悪党・野伏《のぶし》・溢《あぶ》れ者などと呼ばれる、体制からアウトローと位置づけられた人々こそが、この時代を象徴する存在であるといえよう。本書では、彼らに強くこだわってゆくことにしたい。

本書の扱う時代は、モンゴルの襲来、いわゆる元寇から鎌倉幕府の滅亡、建武政権の成立と崩壊、室町幕府の成立と内部分裂（観応の擾乱）までである。まさに激動の時代であり、めまぐるしい政権交代が行われた時代である。概説書という本書の性格上、政治史を中心にして叙述することになるが、それでも政治と在地社会との関係を見失わないようにしたい。

この時代の政治について一言で述べるならば、それは「徳政」である。「徳政」とは、人々を安心させる徳のある政治のことであり、在地社会の大変動に動揺した政権側の、必死の対応策である。しかしその「徳政」は、結局「対症療法」にしかすぎなかった。何度も繰り返し行われた「徳政」にも関わらず、政権は在地勢力の不満や欲求に真に答えることはできず、常に下から揺さぶられ続けていた。激しい政権交代の背後には、常に在地勢力が存在していたはずである。どこまでアプローチできるか自信はないが、なんとか在地勢力と政権との、対立・連携も含めた「緊張関係」を明らかにしたいというのが、本書のひとつの目的である。

それではまず、広大なモンゴル高原の状況から見ていくことにしたい。

一　元　寇──モンゴル戦争──

1──クビライとアジア

モンゴル帝国の成立

中央アジアの高原、いわゆる「モンゴル高原」には、タタル・ケレイト・オイラト・ナイマンなどさまざまな遊牧民の部族があった。また高原周辺には、東には女真《じょしん》族の金帝国、南にはチベット系のタングート族の西夏《せいか》王国、西には契丹《きったん》人（キタイ人）の王朝である西遼《せいりょう》（カラ・キタイ）等の国家が成立し、その間に挟まれた高原の諸部族は、お互いに分裂・抗争にあけくれていた。その中で、十三世紀の初めから、モンゴルが急速に成長してくる。モンゴルは、もともと高原の東北部のモンゴル部という小さな集団であったが、そこに現れたテムジンに率いられて高原の覇者となっていくのである。以下、杉山正明の著書を参考に述べていきたい（杉山一九九六）。

テムジンは、モンゴル部の中のキャト氏の家系に生まれた、生年については、一一五五・一一六一・一一六二年などのいくつかの説がある。父はイェスゲイ・バートル、母はホエルン、傍流ではあ

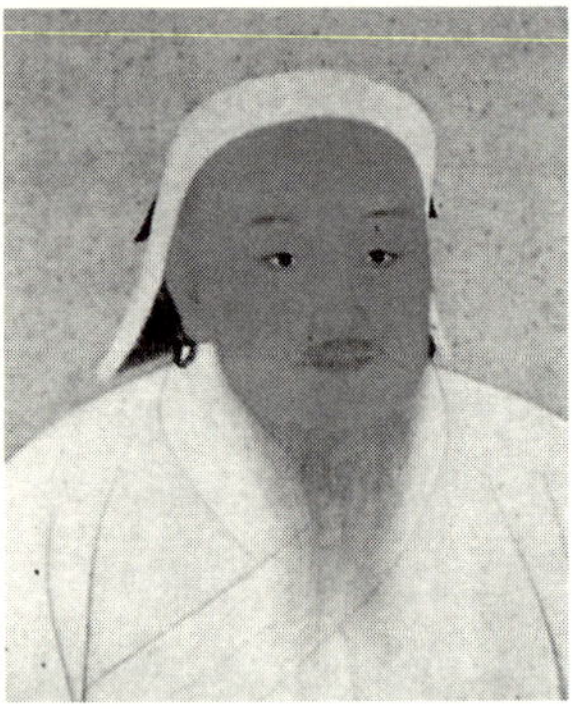
図2　チンギス・カーン

ったが遊牧民族の族長の系統を嗣いでいた。テムジンの英雄としての成長物語は、『元朝秘史』などで語られ、そこには、戦争や同盟を繰り返しながら、高原の諸部族を統一していく姿が興味深く描かれる。着実に勢力を拡大したテムジンは、高原最強の部族であるケレイトの王者であり、高原の統一を進めているオン・カンとの戦いに臨むことになった。テムジンは、以前オン・カンとの間に従属的な同盟を結んでいて、いわばオン・カンは彼の庇護者であった。オン・カンによる先制攻撃をしのいだテムジンは、敵の本営に奇襲攻撃を敢行し大勝利を収める。この時テムジン四十代の初めであった。

一二〇六年、オノン河畔で開かれたクリルタイ（支配的同族集団の会議）により、テムジンは高原全体のカーン（王者）に選ばれ、名実ともに高原の覇者となり、名をチンギス・カーンと改めた。それと同時に遊牧民の再編成をおこなった。遊牧民は千戸・百戸・十戸という十進法的な軍事・行政集団へと編成された。千戸の中に十の百戸という具合である。千戸長には、チンギスに同盟して功績があった部族の長が任命された。千戸の数は九十五個あった。

チンギスは、三人の息子に四つずつの千戸を与えて高原西のアルタイ山脈周辺に派遣した。また三人の弟にも同様にいくつかの千戸を与えて、高原の東の興安嶺《こうあんれい》方面に派遣し、防備を固めた。自らは末子トルイとともに中央に位置し、その周囲に直属の千戸群を配置し、さらに近衛軍団も創成した。

ここに遊牧民の強大な軍事国家というべき「大モンゴル国」が成立したのである。

帝国の戦争

高原の統一に成功したチンギスは、すぐに対外戦争を開始した。戦争を継続し、周辺国家から掠奪した戦利品を得ることが、部族集団の統一体としての「大モンゴル国」を維持するための、もっとも手っ取り早い方法であった。一二一一年から一五年にかけての五年間で万里の長城を越え、金との戦いが行われた。その結果、金の首都である燕京《えんけい》（中都、現在の北京西南部）を陥落させ、金を黄河以南に押し込める結果となり、内蒙草原からマンチュリア（満州、中国東北部）はモンゴルの勢力圏となった。

チンギスは、今度は西へ兵を進める、すでに西遼は内部崩壊状態にあり、ナイマンの王子クチュルクにより王位が簒奪《さんだつ》されていたが、チンギスの進攻によりクチュルクは逃亡し、のちに捕縛され殺害された。ほとんど戦わずして、西遼は併合された。西遼に隣接する、現在のイラン・アフガニスタン周辺には、トルコ人の軍事政権であるホラムズ・シャー朝があったが、モンゴルはここにも攻撃を開始し、国王であるムハンマド二世を首都サマルカンドから西へ逃走させた。チンギス率いるモンゴル軍はこの地で大規模な虐殺と掠奪を行ったとされる。その後チンギスは、一二二五年に本拠地へ帰還する。

西征に応じなかった西夏国への報復攻撃の中途、一二二七年にチンギスは西夏の首都興慶《こうけい》の南の清《せい》水河《すいが》で死去した。興慶はその三日後に陥落した。チンギスの一生はまさに戦いに明け、戦いに暮れた

図3 モンゴル王家略系図

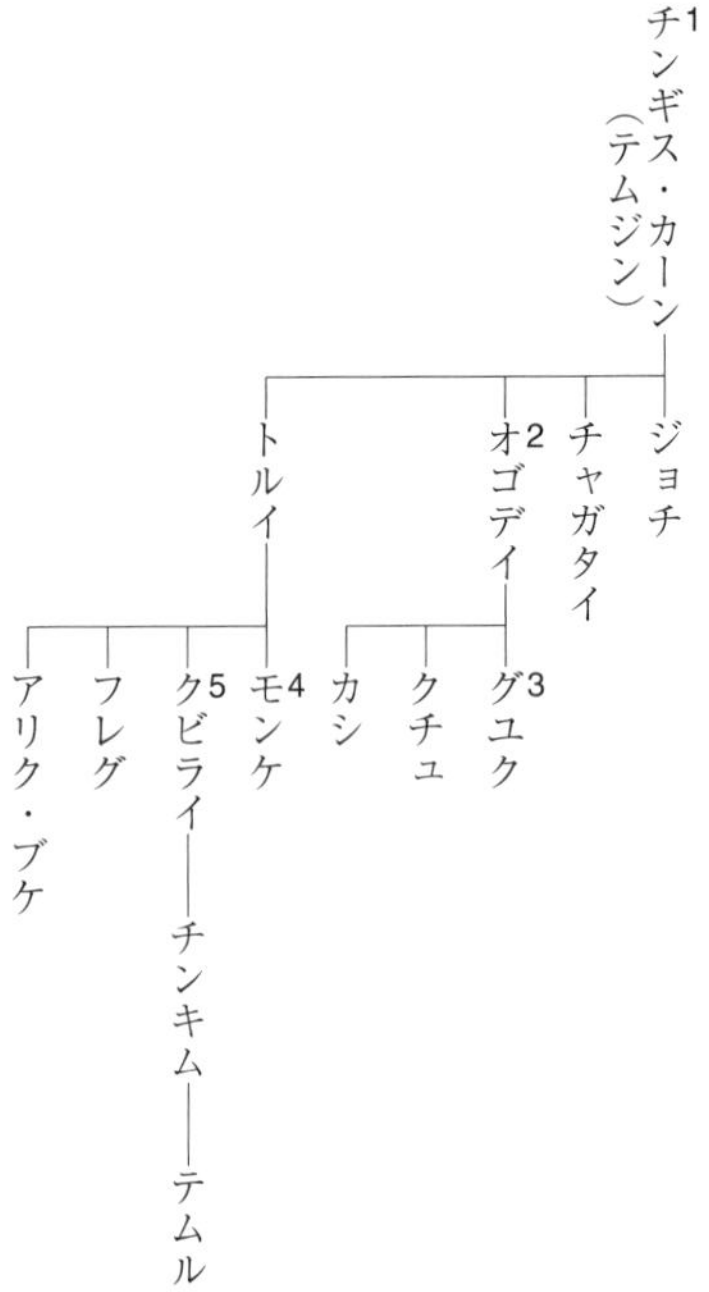

日々であったといえよう。彼の戦いにより、広大なユーラシア大陸の東と西が次第に大きなまとまりとしての姿を現していった。

クビライ登場

チンギスの後継者は、第三子のオゴデイとなり、一二二九年に大カーンに就任してその征服事業を受け継いだ。オゴデイは、東の金への攻撃を開始する。この戦争には、チャガタイやトルイなどの兄弟も参加した。チンギスの息子の中では、凡庸であったされるオゴデイにとっては、彼らを率いて金と勝利することが、真の後継者としての証明であった。

一二三二年、トルイの軍と金の主力軍が新しい金の首都開封《かいふう》の西南郊三峯山《さんぽうざん》で激突し、トルイの奮戦によりモンゴル軍が勝利した。開封は包囲され、最後の皇帝哀宗《あいそう》は開封から脱出して蔡州《さいしゅう》に逃れるところを、モンゴルと南宋の連合軍に挟撃されて自殺し、金は滅亡した。その結果、華北一帯はモンゴルの勢力下に入ることになる。そして、モンゴル諸将とその支配下に入った漢人の軍閥により統治

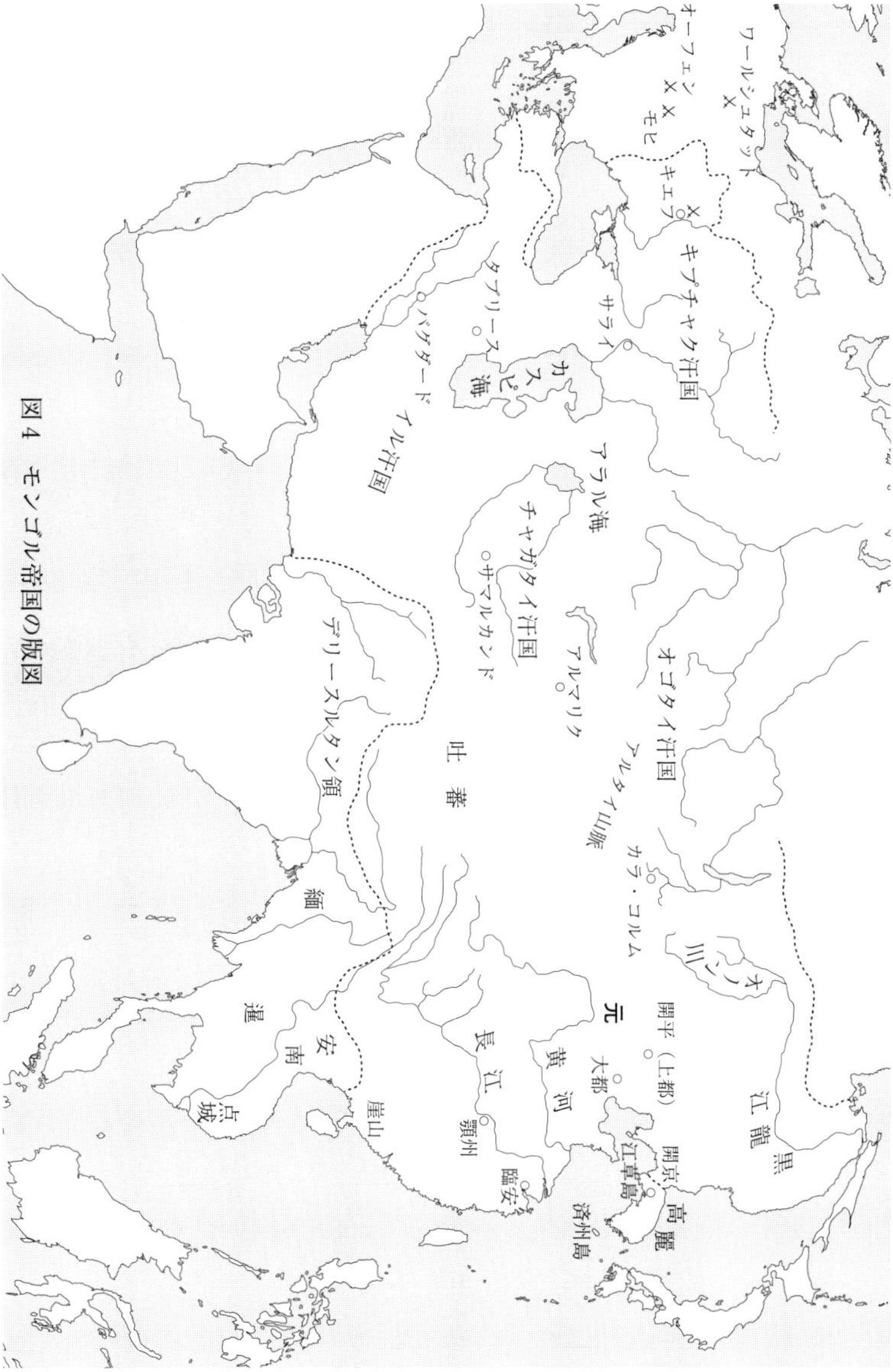

図4　モンゴル帝国の版図

図5　クビライ

されるようになった。

金との戦争に功績のあったトルイであるが、その直後に謎の死を遂げる。その結果オゴデイの地位は安定し、一二三五年に高原中央部に首都カラ・コルムが建設された。首都を持つことにより、モンゴルは巨大帝国としての形を整えることになる。官僚機構も生まれ、執行部は宿老のイルゲイ・ノヤンが統率し、また財務関係も含む書記局にはウイグル人のチンカイを中心に多人種の有能なスタッフが集められた。オゴデイの命令はここで文書となり、首都を中心に帝国全体に張り巡らされた駅伝網によって伝えられた。中央集権の帝国が生まれたのである。

モンゴル帝国はさらに拡大を続け、西征を行ったオゴデイの甥バトゥは一二四一年にポーランドのレグニツァ近郊の平原でポーランド・ドイツ騎士団連合軍と戦う。この地が後にワールシュタットの町となることから「ワールシュタットの戦い」といわれる。バトゥー軍の一隊はウィーン近郊まで迫ったが、オゴデイ死去の知らせを受けて撤退することになる。

オゴデイの後継者選びは混迷し、一時子のグユクが大カーンになるものの二年で死去する。その後を継いだのがチンギスの子トルイの長子であるモンケであった。モンケは有能であり、専制的な権力を行使し、帝国を維持しつつ、さらなる東西への拡大を目指すことになる。

その中で、クビライが登場する。クビライはトルイの次子であり、その前半生は謎に包まれているが、兄モンケの大カーン就任によって歴史の表舞台に登場するのである。モンケは、クビライに南宋を中心とする東方の計略を命じる。クビライは、直接南宋侵入を目指すのではなく、南下して雲南《うんなん》・大理《だいり》を攻略し、攻略成功後は内モンゴルの開平府《かいへいふ》（後の上都）をその拠点として長期戦の構えをとった。なかなか南宋攻撃を行おうとしないクビライに対し、モンケは自ら南宋攻撃を敢行し、

クビライ、大カーンへ

クビライ・タガチャル・ウリャンカダイに攻撃を命じる。しかしその戦争の最中、モンケは一二五九年に四川の陣中で病没する。この時クビライのとる道は二つあった。すぐさまモンゴルへ帰還し来るべき後継者争いに備える道、もしくはこのまま戦争を継続し、先帝の意志を継ぐことを内外に知らしめる道であった。クビライは、後者の道を選択する。そして、これが後の後継者争いにおいて彼を優位の立場に立たせることになる。

クビライ軍ははじめて長江をわたり、顎州《がくしゅう》（武漢）を包囲する。それに中国全土に広がったモンゴル軍が次々に合流する。この包囲戦は、実は南宋との戦いではなく、モンゴル軍の再結集としての意味を持っていた。モンゴル軍を再結集させたクビライは、開平府に戻り、そこで自派によるクリルタイを開き一二六〇年大カーンに就任する。クビライ四十六歳の時であった。

しかし、カラ・コルムにはなおクビライの弟アリク・ブケがいた。アリク・ブケとその一派はクビライの大カーン就任を認めず、クリルタイを開いて大カーンにつく。ここに二人の大カーンが並び立

つことになるのである。その後四年間における帝位継承戦争が戦われるが、南宋攻撃以来、軍事的実権を掌握するクビライ優位に戦いは推移する。一二六四年七月追いつめられたアリク・ブケは降伏し、クビライが名実ともに大モンゴル帝国の大カーンとなる。

モンゴルの高麗進出

南宋への攻撃とともに、モンゴルは高麗《こうらい》への侵入を進めていた。高麗はその当時武人政権の時代であった。政治の実権を握る文臣官僚に反発した武人が一一七〇年に実権を握ったのである。チンギスの後を継いだオゴデイの金攻略に伴い、一二三一年将軍サルタイが高麗へ侵入する。翌年武臣の首長である崔瑀《さいう》はモンゴルの侵略から逃れるために江華島《こうかとう》に遷都する。その結果朝鮮本土はモンゴル軍に蹂躙された。モンゴルの高麗侵入は都合六度に及び、多くの人々が殺害され、あるいは捕虜になり、多くのものが掠奪された。しかし高麗の中で特に賤民とされる人々はモンゴルの侵略に強靱に抵抗し、将軍サルタイは賤民集団に討ち取られている。

三〇年近く続いた戦争の果てに、一二五八年江華島でクーデターがおこり、崔氏政権は倒される。国王高宗はモンゴルと和睦《わぼく》し、太子倎《てん》を人質としてモンゴルに派遣することになった。倎はその途中で、帝位継承のために北上するクビライに出会う。クビライは太子を歓迎し、倎を高麗に返し、倎は即位して元宗となる。これ以後、高麗の政治的従属のもとでの融和的な蒙麗関係が生まれることになる。

高麗問題をこのような形で処理したクビライにとって次のターゲットは、最大の敵である南宋、そして日本であった。クビライは南宋と日本との関係を遮断することを目指して、日本を招諭《しょうゆ》することを次の目標としていくことになる。その時ちょうど日本は、執権北条時頼からその子時宗への政権交替の時期であった。

2——時宗の登場

時頼と時宗

北条時頼《ときより》は、寛元四年（一二四六）三月に兄経時《つねとき》の後を継いで執権に就任する。彼が就任した時は、幕府にとって難しい時期であった。摂家将軍として鎌倉に下向した九条道家の子頼経《よりつね》は、寛元二年（一二四四）に将軍職をその子頼嗣《よりつぐ》に譲るものの、なお前将軍として鎌倉にあり、北条一門や有力御家人と結んで、大きな影響力を持っていた。いわば将軍と執権の二重の権力が存在していたのである。執権であるとともに得宗《とくそう》（北条氏嫡流としての家督）である時頼は、このような状況を克服して、得宗を中心とする権力を確立することを目指していた。

執権就任直後の五月、頼経と結んで時頼と対立していた北条一門の有力者である名越光時《なごえみつとき》を流刑《るけい》に し（名越光時の乱）、頼経は京都に追放される。さらに翌宝治《ほうじ》元年（一二四七）六月、執権就任以来対立していた有力御家人の三浦泰村《みうらやすむら》を挑発して滅ぼした（宝治合戦）。討死・自殺した一族は五〇〇人以上であった。三浦氏とならぶ有力御家人の千葉秀胤《ちばひでたね》も、その与党として討ち取られた。三浦氏排斥を陰

図6　北条時頼

で画策したのは同じ有力御家人で、時頼母松下禅尼《まつしたぜんに》の父安達景盛《あだちかげもり》であり、この背景には、三浦・千葉氏対安達氏という有力御家人同士の対立があった。三浦氏は北条氏から自立しつつ権力を握ることを選択したが失敗し、安達氏は北条得宗と結ぶことによって権力強化を目指すことになる。

宝治合戦後の建長三年（一二五一）暮れに、これも有力御家人である足利泰氏《あしかがやすうじ》が突然出家し、その所領である上総《かずさ》国埴生《はにゅう》荘（現、千葉県成田市・栄町）が没収されるという事件が起こる。この事件について村井章介は、道家・頼経を黒幕とする陰謀になんらかの形で関与し、状況の不利を覚っての出家であると推測している（村井二〇〇一）。この事件の結果、最有力御家人である足利氏は滅亡までには到らなかったものの、その政治力を失い、時頼の反対勢力の活動は終息する。

前将軍頼経の父で、朝廷の実力者九条道家が翌建長四年（一二五二）二月に死去すると、直後に将軍頼嗣は鎌倉を追放され、後嵯峨《ごさが》上皇の第一皇子である宗尊《むねたか》親王が将軍として鎌倉に下ることになる（宮将軍）。

時頼の権力が確立しつつある建長三年（一二五一）五月一五日、時頼正室が男子をもうける。後の時宗《ときむね》である。時宗の母は北条重時《しげとき》の娘である。重時は時頼の祖父泰時の弟であり、一門の重鎮ともいうべき位置にあった。この時期連署《れんしょ》として時頼を補佐し、時頼の信頼厚い人物であった。時宗は、北条氏一門期待の「若殿」として誕生したのである。時宗の産所は時頼母の松下禅尼の甘縄第《あまなわてい》であり、今後の時宗と安達氏の深い関係を予測させるものであった。

図7　北条氏・安達氏関係系図

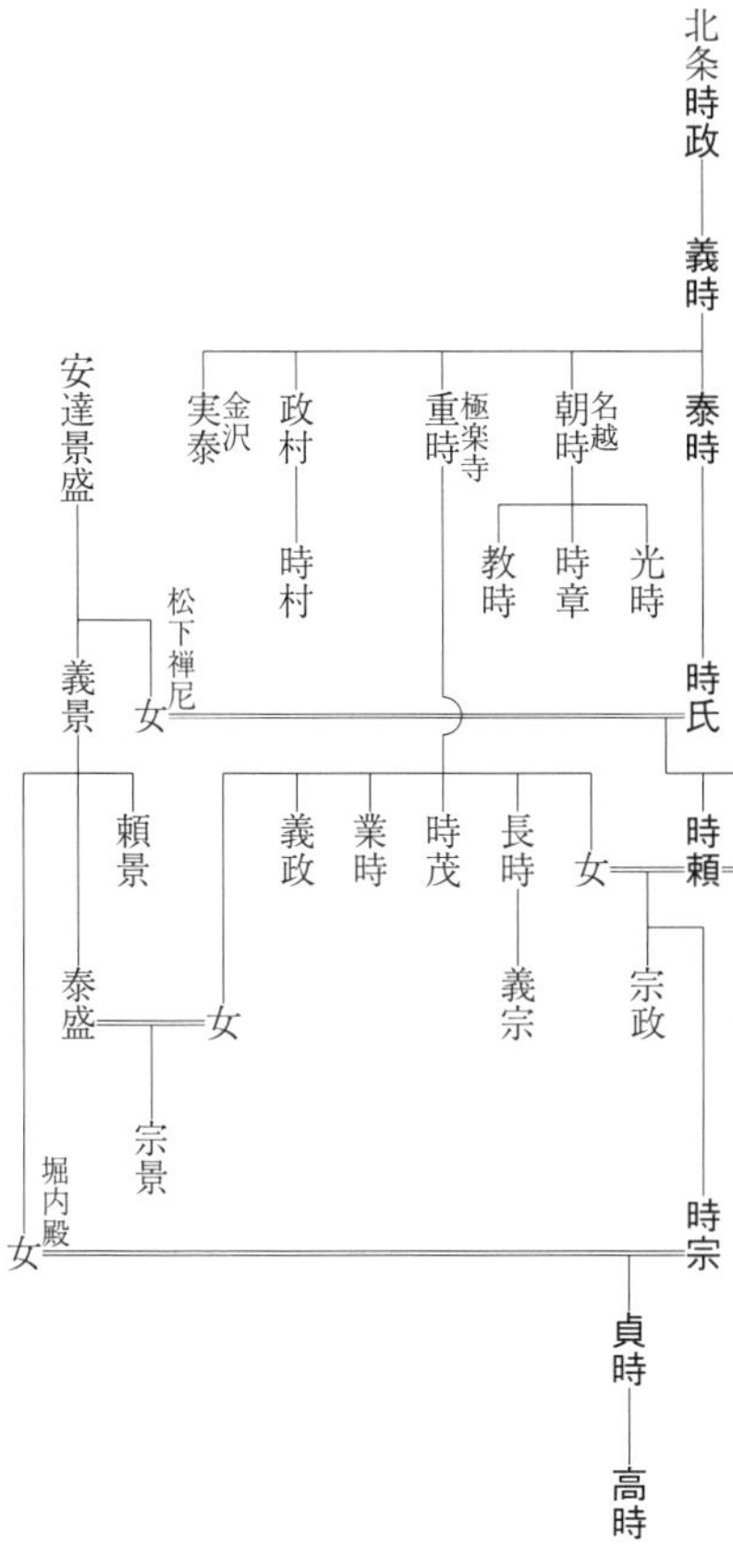

執権への道

時宗は弘長元年（一二六一）、十一歳の時に結婚する。妻は安達義景《よしかげ》（景盛子）の娘であり、安達泰盛の妹にあたる（一二歳年下であり、泰盛の養女となる）。北条得宗と安達氏の結びつきはますます強固なものとなっていった。時宗は若年の時から小侍所《こさむらいどころ》別当《べつとう》、政所《まんどころ》上首《じょうしゅ》別当に就任するなど、幕府政治の英才教育を受けていった。

弘長三年（一二六三）、時頼が三十七歳で死去する。北条得宗を中心とする幕府政治の立て直しを行った時頼の仕事は、以後時宗に継承されていくことになる。翌文永元年八月、時宗は連署に就任する。十四歳の時であった。連署の北条政村が執権となり、得宗時宗を支えながら幕府政治を運営していくという体制であった。

文永三年（一二六六）三月、幕府への訴訟の円滑な処理を目的として、時頼執権期の建長三年（一二四九）におかれた引付《ひきつけ》が廃止される。引付衆のメンバーが北条一門により占められるようになり、しかも彼らは若年であることから、その機能の低下を招いていたのである。その結果、執権・連署の持つ力は大きくなっていく。また幕府政治の最高議決機関として泰時期の嘉禄元年（一二二五）に設置された評定衆《ひょうじょうしゅう》も、有力御家人を含む全員の合議制という体制から番編成に変更され、合議としての機能が低下し、執権・連署の補佐機関という形に変化していく。北条得宗による専制的な政治、いわゆる得宗専制政治の形式が整えられていくのである。

同年、宮将軍宗尊親王が追放される。将軍正室の密通がその理由であったが、名越氏ら反得宗勢力との結びつきが、追放の背景にあったとみることができる。若き時宗の周囲には、まだ反対勢力が温存され、彼らとの対決が時宗にとっての大きな試練となっていく。さらに、反得宗勢力という内なる敵とともに、外敵となる強大な力が迫っていた。

クビライからの国書

文永三年（一二六六）、クビライは日本への働きかけを開始する。高麗に日本への案内を命じるとともに、使者として兵部侍郎黒的《へいぶじろうこくてき》・礼部侍郎殷弘《れいぶいんこう》を派遣する。彼らは、朝鮮半島南部の合浦《がっぽ》から巨済島に到るが、「対馬島を望んだところ、大洋万里、風濤天を蹴る」のを見て、引き返してしまう。その背景には、高麗宰相李蔵用《りぞうよう》と黒的との間の示し合わせがあったようである。高麗はクビライに対して、「危険を冒して軽々と進むことはできなかった」という弁明を述べる。高麗にとっても、クビライの日本への働きかけは、将来の軍事的な進攻も予想され、なんとかして止めたいことであった。しかし、これに怒ったクビライは、高麗に対してその責任の下での日本との交渉を命令する。こうなっては、高麗もその命令に従わないわけにはいかなかった。

翌年八月、高麗使の潘阜《はんぷ》が至元三年（一二六六）八月の日付を持つクビライの国書と高麗国王元宗の書状を持って出発し、対馬を経由して、翌文永五年（一二六八）の正月に大宰府《だざいふ》に到着する。この時、日本はモンゴルの脅威を初めて知ることになる。国書は、大蒙古国皇帝が日本国王に奉るという形で書かれている。

国書の前半には、モンゴルが中華の地をことごとくわがものにしたので、その威を恐れ、その徳に

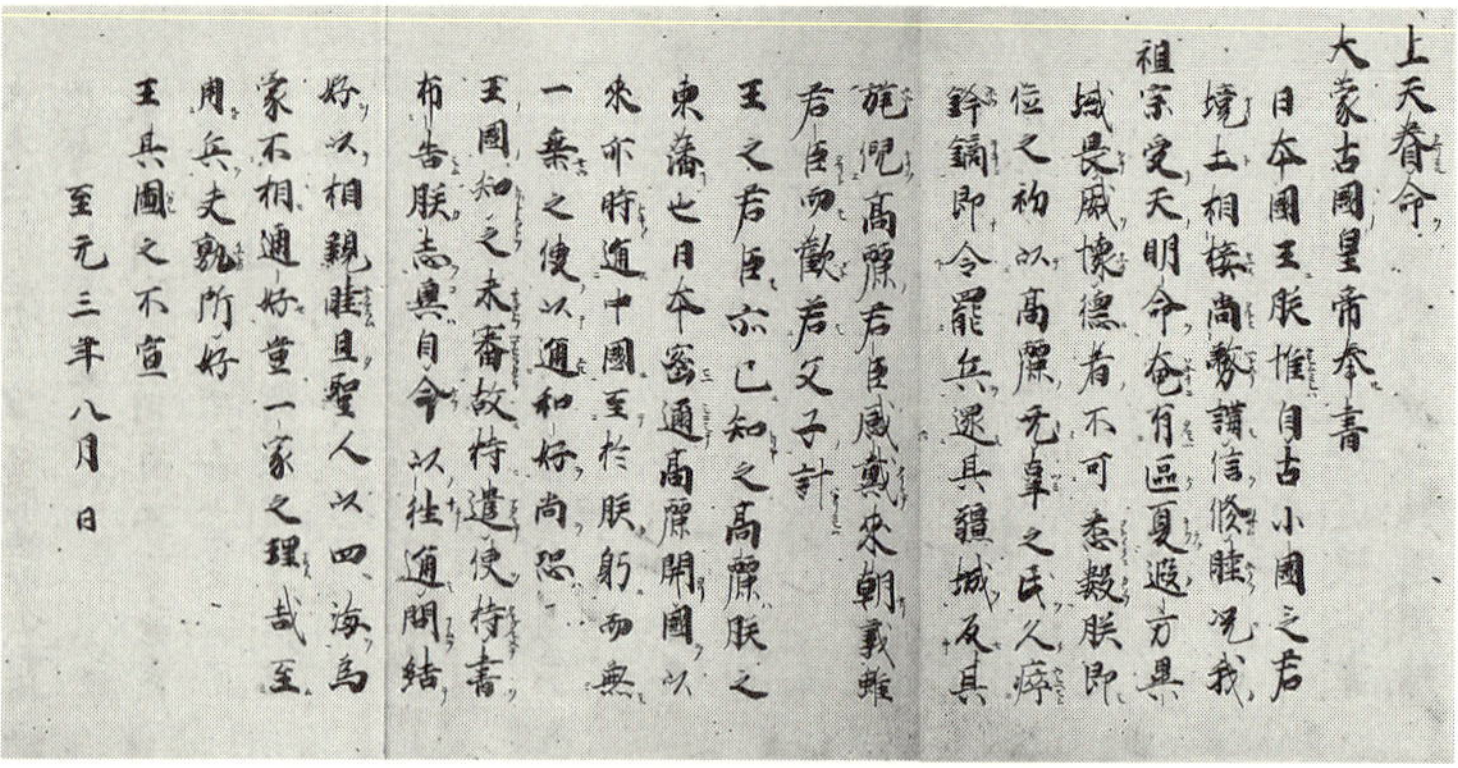
上天眷命
大蒙古國皇帝奉書
日本國王朕惟自古小國之君
境土相接尚務講信修睦況我
祖宗受天明命奄有區夏遐方異
域畏威懐徳者不可悉數朕即
位之初以高麗無辜之民久瘁
鋒鏑即令罷兵還其疆域反其
旄倪高麗君臣感戴來朝義雖
君臣而歓若父子計
王之君臣亦已知之高麗朕之
東藩也日本密邇高麗開國以
來亦時通中國至於朕躬而無
一乘之使以通和好尚恐
王國知之未審故特遣使持書
布告朕志冀自今以往通問結
好以相親睦且聖人以四海為
家不相通好豈一家之理哉至
用兵夫孰所好
王其圖之不宣
至元三年八月 日

図8 蒙古国牒状（写）

なつく遠方・異域のものは数限りないこと。また、クビライが即位の最初に、高麗の民が戦争に疲れ果てているのを見て、戦争をやめ、領土を返し、人々を帰宅させたので、高麗の君臣は感激して来朝したこと。モンゴルと高麗の関係は、義としては君臣ではあるが、実は父子のようであること、等が述べられている。その上で、後半で今後の日本との関係が述べられるが、その部分を現代語で示そう。

高麗は朕《ちん》（クビライ）の東藩である。日本は高麗と親しく付き合い、開国以来時には中国とも付き合いがあった。ところが朕が即位して以来、和好を通じる使者の一人もやって来ない。おそらくは王の国（日本）がまだこのこと（モンゴルと高麗の関係）を詳しく知らないからであろう。そこで特に使者を派遣し、国書によって朕の意志を布告することとする。願うことには、これより以降、正式の国交を結んで、互いに親《しん》睦《ぼく》しようではないか。聖人というのは四海を家とするものであるが、親しく交わらないで、どうして一家といえようか。

兵を用いることは、誰が好むところであろうか。王はこのことをよく考えよ。不宣。

不宣という最後の文言は、従属ではなく対等な関係を示す文言である。国書の内容も、日本と親しく付き合い、国交を要求するものであった。ただ高麗の例を引いていることからも、その背後には、モンゴル帝国を中心とするアジアの秩序に、高麗と同じように日本を取り込んでいこうとする意志があったとみられる。特に最後の「兵を用いることは……」という一種の脅し文句は、モンゴルの脅威を直接日本側に示すことになる。

この国書は、大宰府の責任者少弐資能《しょうにすけよし》（覚恵《かくえ》）により翌閏《うるう》正月に幕府に届けられ、朝廷には二月はじめに関東申次《かんとうもうしつぎ》の西園寺《さいおんじ》実氏《さねうじ》を通じて伝えられた。うわさはすでに広まり、幕府・朝廷とも緊張に包まれた。関白近衛《このえ》基平《もとひら》は「国家の珍事、大事なり」と述べている。

当時の治天《ちてん》（朝廷の最高権力者）は後嵯峨院であり、「異国の事」についての連日の院評定が繰り返された。その結果、評定では返書を送らないことに決定した。

幕府は二月二十七日に各国守護に対して、「蒙古人、凶心をさしはさみ、本朝を伺うべきの由、近日、牒使を進むるところなり。早く用心すべし」という指令を発している。幕府は国書に日本をうかがう「凶心」を読み取り、戦争の準備態勢を整えることを命じたのである。そしてこの極度の緊張状態の中で、三月五日に時宗はついに執権に就任する。連署は元執権の政村、執権・連署の交替であった。時宗は弱冠十八歳にして、得宗・執権として、この難局を乗り切るための最高責任者となったのである。

三別抄による襲来予告

鎌倉で国書を見た日蓮《にちれん》は、時頼に奏呈した『立正安国論《りっしょうあんこくろん》』を改めて清書し、得宗被《ひ》官《かん》の宿屋《やどや》最信《さいしん》を通じて、時宗にささげ、日本国中で日蓮だけがこの敵を調伏することができると主張した。しかし、それに幕府は答えなかった。

国書を黙殺された潘阜は、むなしく帰還する。クビライは、ふたたび黒的らを使者として派遣する。彼等は文永六年（一二六九）三月に対馬に到り、島民二人をとらえて帰る。そしてこの二人を送還するという形で、蒙古国牒状を携えた高麗使金有成《きんゆうせい》が大宰府に到着する。十月に朝廷は通行拒否の返事を送ることを決定し、文案を起草する。その内容は、蒙古の号は今まで聞いたことがないとし、日本は神国であることを述べ、兵を用いることの不当を訴えて通交を拒絶するものであった。朝廷は、この文案を幕府に伝える。しかし、幕府の評定では、先の使節の時に返事をしなかったのに、今度返事を与えることはできないということであった。それを伝えられた朝廷は、返書を出すことはできなくなった。朝廷のものであった外交権は、実質的に幕府のものとなっていった。

文永八年（一二七一）九月、幕府を通じて朝廷に高麗からの牒状《ちょうじょう》がもたらされる。実は、これは正式な高麗政府からのものではなく、高麗の反乱軍三別抄《さんべつしょう》からのものであった。

先述したように、高麗の国王元宗は一二五九年に即位した後、クビライとの融和策をとる。しかし、元宗はモンゴルへの防衛のために江華島に移した都を本土の開京にもどすこと、つまり「出陸」することはできなかった。江華島で実権を握っていた武臣金氏・林氏などが、国王の「出陸」に強く反対したからである。このような状態は一〇年間に渡って続いていた。「出陸」に反対する武臣首長林惟茂《りんいも》は、クーデターにより元宗を廃し、実権を握ることを計画するが、逆に文臣らはモンゴルの力をかりてこれを倒す。その結果、元宗の「出陸」が決定した。ところが三別抄がこれに強く反対し、ついには反乱を起こすのである。

別抄とは、地方の反乱鎮圧のために編成された精鋭軍のことを意味し、左別抄・右別抄と後に神義軍を加えて三別抄と称した。武臣政権の軍隊であったが、後には高麗国軍としての性格を持つようになっていった。反乱を起こした三別抄は裴仲孫《はいちゅうそん》を首領として、王族を国王に擁立して、正統な高麗王朝であることを主張する。さらには、江華島を捨てて、朝鮮半島西南端の珍島に本拠地を移し、モンゴルへの徹底抗戦を貫徹した。三別抄の反乱は一時は全羅南道を制圧するまでに至ったが、一二七一年五月にはモンゴル・高麗連合軍が拠点である珍島を攻略する。三別抄はさらに済州島に逃れてそこを拠点としつつ、多島海を舞台としてゲリラ戦を繰り広げる。

珍島攻略と前後して、三別抄は日本に対して牒状を送った。それが前述の高麗牒状である。牒状そのものは残されていないが、内容については、大覚寺統の側近吉田経長《よしだつねなが》の日記である『吉続記《きちぞくき》』から知ることができる。それは、「必ず蒙古の兵は日本を責めるだろう。高麗に米を送って欲しい。また救援のための兵も送って欲しい」というものであった。もし、この時日本側がこの牒状の内容を正確に理解し、援軍を派遣することになっていたならば、高麗の反乱軍と日本による対モンゴル包囲網が形成される可能性もあった。しかし、現実はそうはならなかった。朝廷はこの牒状に疑問を抱き、結局黙殺することになる。

一二七三年四月に、モンゴル・高麗軍合わせて一万余の軍隊が済州島を総攻撃し、三別抄の反乱は終わる。この反乱は、モンゴルの支配に対する異民族の反乱として重要な意義を持つとともに、日本にとってはモンゴル襲来までの時間を稼いでくれたという大きな意味があった。

二月騒動

三別抄からの牒状が届いた直後の九月十九日、クビライの命を受けた日本国信使趙《ちょう》良弼《りょうひつ》が一〇〇名もの従者を連れて今津（現、福岡市）に到着し、都にのぼって国王に直接国書を渡すことを要求した。朝廷はこれを無視すれば開戦は必至であると判断して、再び評定で返事を送ることに決定したが、幕府はまたもこれを握りつぶす。趙良弼は、大宰府で仕立てた「日本国使」とともにむなしく帰還する。

この時期の幕府の判断は、開戦もやむをえないというものであった。同年九月十三日に幕府は、九州に所領を持ちながら東国に居住している、武蔵国小代《しょうだい》氏のような御家人に、蒙古人の襲来に備えて九州に下向し、「異国之防御」にあたれとの命令を下す。同時に、領内の悪党鎮圧も命じている（悪党については第三章で述べる）。外の敵と内なる敵の両方の敵に対する幕府の強い姿勢が示されたのである。

さらに、翌文永九年（一二七二）正月に、九州の守護に対して筑前《ちくぜん》・肥後《ひご》両国の要害を守護することを命令している。これを受けた豊前守護《しゅご》大友頼泰《おおともよりやす》は、配下の九州の御家人に対して、東国御家人到着までの間、担当場所を決めて警固を行うことを命じている。この後体制を変えながら続く、異国警固番役の開始である。九州は臨戦態勢に入っていった。

外に大きな敵を目前にした時宗政権にとっての内なる最大の敵は、時頼の時期から問題であった政権内部の反得宗勢力であった。時宗はこれに対して断固たる処置をとる。同年二月十一日、突然鎌倉で戦闘が起こる、大蔵次郎左衛門尉《さえもんのじょう》・渋谷新左衛門尉以下の得宗被官とみられる人物をはじめとする多くの武士らが、名越時章《ときあき》と弟教時《のりとき》を攻撃して殺害する。時章・教時は時頼に流刑にされた光時の弟であり、反得宗勢力の中心に位置していた。騒動は四日後に京都にも波及し、六波羅《ろくはら》北探題《たんだい》の北条義《よし》宗《むね》（北条重時の孫）は関東からの使者の到着により事件を知り、南探題の北条時輔《ときすけ》を急襲し、これを滅ぼす。この鎌倉・京に及ぶ大きな事件を、二月騒動と呼ぶ。

北条時輔は、時頼の子であり、時宗にとっては兄にあたる。しかし彼は時頼正室の子ではなく、側室の子であった。そのため時宗誕生の後は、政権の中枢からは遠ざけられていたのである。時宗の陰に隠れた悲劇の人物といえよう。

この事件は、非常時にあたって時宗が反得宗勢力の一掃をねらった先制攻撃であると考えられる。時宗は、乱の初期には得宗被官らの行動を認めていた。しかし、大義名分を欠く攻撃は幕府内部を混乱させていく。名越時章には、謀反《むほん》の証拠がないというのである。その結果、時章を殺害した得宗被官五人が逆に処刑されてしまう。時宗の独走を抑えようとする北条一門・御家人らの力が働いたとみることもできよう。

殺害された名越時章は九州の三ヵ国（筑後・肥後・大隅）の守護職を保持していたが、これは没収され大友氏らの有力御家人に与えられた。時宗は大きな犠牲を払いながらも、反対勢力を一掃するとともに、強大な外敵に立ち向かう体制を、まがりなりにも整えたのである。しかし、この騒動で露呈した得宗及び得宗被官と北条一門や有力御家人との矛盾・対立は、なお幕府内部のより深い部分に抱え込まれていく。

3——文永・弘安の役

元の成立と日本進攻

ここでもう一度大陸に目を戻そう。一二六四年に名実ともに大カーンとなったクビライは対南宋攻撃を激化させていく。実はクビライにとっての最大の攻撃目標は南宋であり、高麗・日本への対応は、南宋を孤立化させるための側面作戦にすぎなかった。

南宋へと向かったモンゴル軍は、一二六八年に長江《ちょうこう》の支流漢水《かんすい》流域の都市である襄陽《じょうよう》とその対岸にある樊城《はんじょう》への攻撃を開始した。この二つの都市は、中国大陸中央部の軍事・交通上の要衝《ようしょう》であり、南宋はここにすべての国力を集中し、最大の防衛拠点としていた。それに対しモンゴル軍は、両都市を取り巻く城壁を建設し、包囲した。

一二七一年に南宋は范文虎《はんぶんこ》を将軍とする水陸一〇万の軍隊を、襄陽・樊城救援のために差し向けたが、モンゴル軍により大敗を喫してしまった。その後二年間持ちこたえたものの、イスラムから技術を導入したモンゴルの投石機である回回砲で城壁を攻撃し、さらには両都市の連携を分断する作戦の結果、一二七三年二月、ついに開城・降伏する。

この戦いは、モンゴルと南宋との戦局を決定づける戦いであった。襄陽・樊城開城の二ヵ月後に、先述した三別抄の乱も鎮圧されている。バヤン率いるモンゴル軍は、長江流域の鄂州を開城させ、さらに長江を下って、一二七六年には南宋の首都臨安《りんあん》（杭州）を占領し、南宋皇帝恭帝《きょうてい》はモンゴルに降伏する。しかし、降伏を潔しとしない武人の張世傑《ちょうせいけつ》・陸秀夫《りくしゅうふ》らは皇帝の幼い一族を擁立し、南に逃れつつ徹底抗戦する。モンゴル軍は彼らを急追し、一二七九年の崖山《がいざん》の戦いに敗れた陸秀夫は、幼帝とともに海に身を投げた。残された張世傑も船で逃れる途中で嵐のために海に沈んだ。

南宋攻撃中の一二七一年、クビライは国号を大元《だいげん》と改めた（以下元と呼ぶことにする）。また燕京に隣接する土地に大都市を建設していたが、この都市は大都《だいと》と名付けられその首都となった。クビライは、大元国皇帝となったわけである。

三別抄の反乱を鎮圧し、南宋を弱体化させたクビライにとって日本進攻への障害は完全になくなった。これまでの日本に対するモンゴルの一見弱気とも見える外交交渉は、三別抄と南宋の存在があったためということができよう。そうでなければ、モンゴルの日本進攻はもっと早い段階で行われていたかもしれない。

戦争準備体制の進展

襄陽・樊城開城により南宋との戦いにめどがたち、三別抄の反乱も鎮圧され、クビライはついに日本攻撃の準備を命じる。日本攻撃の予定は一二七四年七月に決められた。クビライは、高麗に海を渡るための戦艦の建造を命じる。

日本側も元の襲来を確実なものと予想し、防衛準備に入り、矢継ぎ早に法令を発布していく。まず文永九年（一二七二）十月、幕府は諸国に大田文《おおたぶみ》の提出を命じた。大田文は、一国の荘園・公領の田数と領有関係を記したもので、鎌倉時代の基本台帳ともいうべきものであった。御家人に賦課される御家人役もこの大田文を基礎としていた。幕府は、間近に迫った大戦争のための人と物資の動員の準備を開始した。

この調査の結果、意外に御家人所領の移動がなされていることを知った幕府は、十二月に他人和与《わよ》禁止令を発布する。これは、将軍から恩賞として与えられた土地を他人に和与（贈与）することを原則的に禁止し、よほどの由緒やしっかりした契約がない場合以外には、和与地を没収するというものであった。御家人領の移動を禁止し、軍役《ぐんやく》を確実に勤めさせるための法令である。さらに翌文永十年（一二七三）七月、幕府は思い切った御家人所領回復令（文永の徳政令《とくせいれい》）を発布する。御家人が抵当に入れている土地や質流れした土地については、無償で持主が取り戻すことを認めるという法令である。有名な永仁の徳政令へつながる法がここで発布されている。

ほぼ同時に朝廷でも神事・仏事の興行や裁判の円滑な実施などが、「徳政」として発布されている。危機を目前にした臨戦体制のなかから、専制的な力を持った「徳政」が現れてくるのである（徳政については次章で述べる）。さらに翌八月に幕府は御家人に対して、もともとの本領としての地頭職《じとうしき》、本領ではないが下知状により知行している土地、売買などで獲得した土地、の三種類について、その場所・面積・領主について証拠書類を提出して注進することを命じた。この命令により御家人所領は完全に幕府に掌握され、幕府の軍事動員体制は整っていった。

対馬・壱岐攻撃と本所一円地動員令

文永十一年（一二七四）五月、二万の元軍と一万数千の高麗軍、九〇〇隻の戦艦は朝鮮半島南端の合浦に集結した。出発は七月の予定であったが高麗国王元宗の死去により、一時延期された。新しい国王忠烈王が即位した後の十月三日、総司令官都元帥忻都《とげんすいきんと》・副将洪茶丘《こうさきゅう》・劉復亨《りゅうふくこう》ひきいる元・高麗連合軍は日本に向けて出撃した。

十月五日の午後、軍船が対馬《つしま》の佐須浦、現在の小茂田浜の海上に出現し、夜には上陸を開始した。当時対馬は守護少弐氏の支配下にあり、宗資国《そうすけくに》が代官として在島していた。資国はこれを迎え撃ち、奮戦するものの、多数の武士たちとともに討死する。元軍は佐須浦を焼き払い、多くの男たちを殺害、あるいは生け捕りにし、女たちは集めて手に綱を通して船に結び付けたという。その後、壱岐にも攻撃を加え、そこでも同じような被害が繰り返された。

元軍の対馬・壱岐への攻撃についての急報を少弐資能から受けた幕府は、十一月一日に各守護に対して重要な法令を発令する。本所一円地《ほんじょいちえんち》動員令である。その内容は次のようなものであった。

蒙古人が対馬・壱岐に襲来して、すでに合戦が始まっていることを覚恵（少弐資能）が知らせてきた。……もしかの凶徒が寄せて来たならば、国中の地頭御家人とともに、本所領家一円地の住人等をあい催《もよお》して、防御の戦いを行え、必ず怠ってはならない。

ここでいう本所領家一円地住人とは、地頭職が設置されていない荘園の住人ということになる。幕府は御家人に与えられた地頭職により、御家人を動員し、指揮する事ができた。これまで幕府は、非御家人に対する命令権を持たなかった。ところがこの法令では、地頭職に関係なく、各荘園に居住して荘官等を勤めている非御家人の武士までもが動員の対象となっている。かつて経験のない強大な外敵の襲来の中で、幕府は鎌倉期の国家秩序の基本原則を踏み越えて行く。

博多来襲―文永の役

壱岐をひとのみにした元軍は、平戸《ひらど》・鷹島などの島々を襲い、本所一円地動員令が発令される直前の十月十九日、北九州の沿岸に接近する。そして二十日未明に博多の西にあたる百道原《ももちばる》（現、福岡市）をはじめとする博多湾沿岸各地に上陸を開始し、迎え撃った武士らと激しい戦闘を繰り広げる。

『蒙古襲来絵詞』に描かれる肥後の御家人竹崎季長《たけざきすえなが》の戦いは、次のようなものであった。博多に陣をとるのは、大将である少弐景資《かげすけ》（覚恵の子）、元軍は博多の西の赤坂（現在の福岡城付近）に陣を構築していた。景資は博多の息《おき》の浜に、元軍を迎え撃つ戦略を取った。しかし、季長はこれでは目立った戦功を挙げることができないとして、景資に先駆けの許可を求める。許された季長は、わずか五騎で住吉社の前から赤坂に着いたところ、肥後の菊地武房の攻撃により、元軍は麁原《そはら》（現、福岡市早良区）へ退いていた。奮い立った季長は麁原の元軍陣地へと追撃する。麁原の元軍は、色々の旗を立て並べて、声を上げてひしめきあっていた。従者の藤源太《とうげんた》資光《すけみつ》は「味方を待って証人を立てて合戦したらどうですか」と進言したが、季長は、「弓矢の道は、先であることが賞賛されるのだ、ただ駆けろ」といって突撃した。

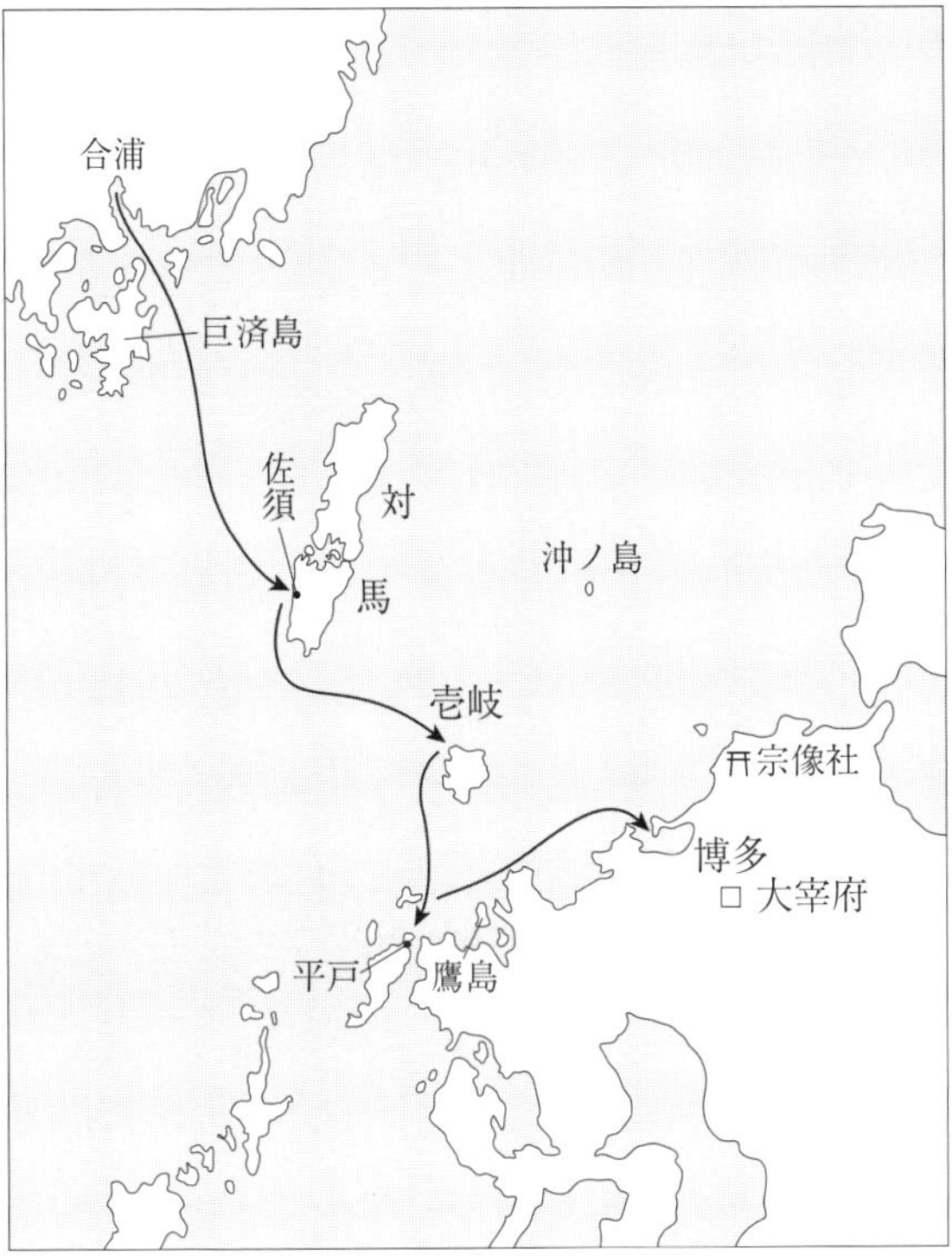

図９　文永の役の蒙古・高麗軍進路

　元軍は麁原の陣から出撃し、赤坂との中間地点である鳥飼潟

図10　竹崎季長の奮戦（『蒙古襲来絵詞』）

の塩屋の松で合戦となった。たちまち旗指《はたさし》が落馬、季長の馬も射られてはげしく跳《は》ねる。季長自身も激しく射られ、いまさに討ち取られようとするところに、肥前国御家人の白石通《しらいしみち》泰《やす》が大勢で駆け付け、季長を救出し、元軍を麁原に追い返す。季長は、からくも先駆けの高名を挙げたのである。

　この戦闘の様子は、『絵詞』にダイナミックに描かれている。矢を射られて飛び跳ねる馬の姿。季長の左膝には矢が突き刺さっている。その左からは元軍が弓で攻撃を仕掛け、季長の頭上では「てつはう」が破裂している。「てつはう」は、火薬を使った武器で、鉄の半球を二つ合わせて中に火薬を仕込んだもので、投擲《とうてき》器を使って敵陣に投げ込み威嚇《いかく》する兵器であった。馳弓《はせゆみ》姿で駆け付ける白石通泰の一団も描かれている。逃げていく元軍の先にある麁原の陣地の元軍の姿は、楯の後ろに槍を持った歩兵を置き、その後方に騎馬を置いている。銅鑼《どら》や太鼓を持っている兵もみられる。これらのものは戦闘合図のために使われるものとみられ、集団戦のためのも

図11　蒙古軍の陣地（『蒙古襲来絵詞』）

のであった。騎馬武者による馳弓を主体とする鎌倉武士の戦いとは対照的なものであった。

戦いの不利を感じた大将少弐景資は博多を捨て、大宰府にまで撤退する。水城《みずき》を頼りとして迎撃戦を行う作戦であった。博多には元軍が入って占領する。その時筥崎八幡宮も焼かれ、元軍の捕虜になるものも多かった。ところが元軍は、そのまま博多に宿営することはなく、すべて船に引き上げてしまった。高麗軍の金方慶は大宰府追撃を主張したが、日本軍の夜討ちを恐れた総司令官の忻都は、副将劉復亨の負傷もあり、船に帰ることを選択した。元・高麗軍という他民族連合軍内部に対立が生まれた。

翌二十一日の朝になると、蒙古の船はすべて撤退し、志賀島で一艘が座礁しているだけであった。従来では前日の夜に暴風雨があり、いわゆる「神風」が吹いて蒙古の軍船を沈めたとされる事態である。しかし、最近では遠征軍の内部分裂と、思ったより強烈な日本軍の抵抗から撤退を決め、帰還する途中で嵐に遭遇したのではないかと考えられている。ともあれ、合浦に帰還した時の元軍の兵は、一万三五〇〇人もその数を減らしていたという。

総動員体制の進展

戦勝の報告を受けた幕府と朝廷は、大きな喜びにわいた。しかし、このまま元が日本再来襲をあきらめるとは考えられなかった。翌建治元年（一二七五）二月から本格的な形での異国警固番役が開始される。九州の武士は、国ごとに守護に指揮され、春は筑前・肥後、夏は肥前・豊前、秋は豊後・筑後、冬は日向《ひゅうが》・大隅《おおすみ》・薩摩《さつま》と三ヵ月ずつそれぞれ防備にあたることになった。各武士は一カ月ずつ三番交替だった。

また、本州の最西端の長門《ながと》も守るべき防衛地点であった。同年五月に、守護二階堂行忠から長門国警固のための軍事力の不足を訴えられた幕府は、長門に周防・安芸を加えた三ヵ国の御家人による警備を命じた。これを長門警固番という。その直後備後を加え、さらには山陽道・南海道各地にも地域を拡大していく。異国警固番役・長門警固番役とも御家人だけではなく。本所一円地住人も動員された。

それと同時に、同年三月から再度の来襲が予想される博多湾沿岸に、石築地《いしついじ》の構築が開始される。いわゆる元寇防塁である。その構築は九州の各国ごとに地域を分担して実施されることとなった。それは、香椎《かしい》が豊後、多々良浜《たたらがはま》が筑前、箱崎が薩摩、博多前浜が筑前、姪浜《めいはま》が肥前、生《いき》の松原が肥後、

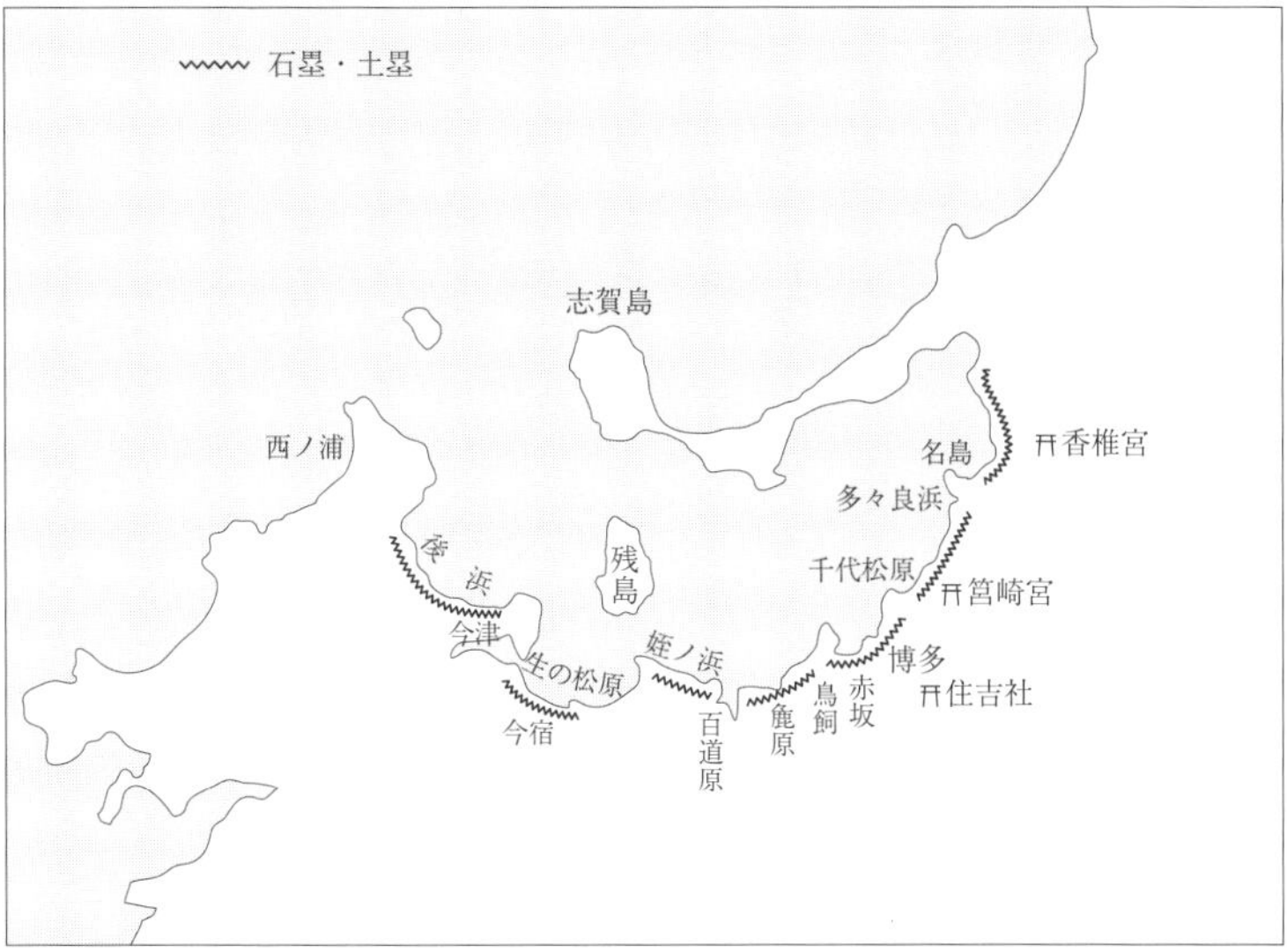

図 12　博多湾周辺図

図 13　元寇防塁（生の松原地区）

青木横浜が豊前、今津が大隅・日向、という形で分担された。完成目標は八月とされ、大田文の田数を基準として、御家人領・本所一円地に関わらず賦課された。その原則は田地一反につき一寸という基準であった。調査された石築地によれば、高さは約三メートル、台形に石が積まれ下幅は約三メートル、上幅は約二メートルあった。前面に石垣が露出し、後方は土砂を盛ってゆるやかな傾斜がつくられていた。この石築地が、博多湾に総延長約二〇キロにわたり構築された。

石築地の完成は、八月からずれこみ、翌建治二年（一二七六）に入ってからであるとみられる。完成とともに、警固番役のシステムが変化し、それぞれの担当部署を、担当国が一年を通じて勤めることとなった。武士ごとの勤仕期間は一ヵ月から三ヵ月交替となった。

このように、元の再来襲に備えるための総動員体制が進展していく。そしてそのような防衛と表裏の関係として、大陸への出兵計画が進んでいくことになる。

高麗出兵計画

最初の元襲来の翌年、クビライから日本に使者が派遣された。その使者は日本宣撫《せんぶ》使《し》礼部侍郎杜《と》世忠《せいちゅう》らであった。高麗の通訳を従えた彼らは四月に長門に着いた。杜世忠らは、そのまま鎌倉に護送され、九月七日に竜口《たつのくち》の処刑場で斬首された。幕府は元との徹底抗戦を内外に宣言したのである。このまま防備を固めて再度の来襲を迎え撃つのか、それとも大陸に渡海して先制攻撃を仕掛けるのか、幕府内部で議論が戦わされるが、結局後者が選択された。

使者が処刑された直後の十一月から、守護の大幅な人事交代が実施された。九州の豊前・筑後には北条一門、肥後には得宗に近い有力御家人の安達泰盛、長門・周防には時宗の弟北条宗頼が就任し、播磨・備中には時宗自身が就任した。九州北部・長門・周防等の最大の防衛拠点から山陽道につながる連絡を密にするとともに、出兵のための施策の行使を有利にしようとする意図があったものとみることができよう。同年十二月、幕府は翌年三月に高麗へ出兵することを大宰府の少弐経資に伝え、九州諸国に梶取《かんどり》・水手《かこ》の用意を命じる。

出兵の準備は、翌建治二年（一二七六）から本格的に開始される。少弐経資の命を受けた九州各守護は、御家人に対して、所領の面積、領内の船の櫓《やぐら》数、異国へ同行する人々の数と年齢、携行する武器などを報告することを命令した。海津一朗は、「異国征伐」のために軍事動員された人々の事例を二四例確認している。その上で、有力御家人より地元の中小御家人、本所一円地住人の事例が多いことを指摘し、日頃抑圧されている中小武士が高麗出兵に活路を求めたことを述べている。実際に肥後国窪田荘（現、熊本市）の荘官定愉《じょうゆ》が提出した報告書によれば、自身以外に郎従一人、所従三人、馬一匹を引きつれ、兵具は鎧《よろい》一両、腹巻一両、弓二張、征矢《そや》二腰、太刀、という小規模な武力であった。

この高麗出兵計画は、結局立ち消えになってしまうが、元軍再来襲の後で、二度にわたる計画が立てられる。ある意味、外敵を契機とした、得宗による権力集中の政策であるということもできよう。

弘安の役

先述したように、一二七六年に南宋は元に降伏する。これは、元にとって南宋の軍事力、特に海軍力を日本攻撃に使用することが可能となったことを意味した。

しかし、クビライはなお日本を招諭する望みを捨てていなかった。杜世忠に引き続き、一二七九年に南宋の降臣范文虎に命じて再び使者を日本に送る。范文虎の部下である周福《しゅうふく》・欒忠《らんちゅう》が使者として選ばれ、さらに使節には日本からの渡宋僧も加えられて、いわば用意周到に準備された最後の使者であった。しかし、この使者は鎌倉に上ることもなく、博多で斬って捨てられた。

杜世忠が斬られたことを知り、さらにその後送った使者も帰ってこないことを知ったクビライは、ついに再遠征を決意する。一二八〇年八月に日本遠征の司令部として「征収日本行中書省」(征東行省)が設けられ、忻都・洪茶丘、さらには范文虎がその長官となった。高麗の忠列王はクビライのもとに召喚され、作戦会議の結果、モンゴル人・高麗人を中心とする四万の兵は、高麗の合浦を基地として、司令官忻都・洪茶丘、さらに高麗の将軍金方慶の指揮の下で出撃(東路軍)。范文虎が指揮する南宋の降兵を中心とする一〇万の軍(江南軍)は、慶元(寧波)を基地として出撃。両軍は壱岐で合体し、九州に上陸するという作戦を決定した。合わせて一四万、多民族連合の世界史的にみてもかつてない規模の軍隊ということができる。江南軍は鋤《すき》・鍬《くわ》などの農具を持参していて、占領後には移住・植民することも視野に入れていたようである。クビライの命を受けた高麗は、兵船の建造等の戦争準備を急ぎ、同年中には兵船九〇〇艘、兵一万の準備が完了したことをクビライに伝えた。再遠征の準備は整った。

弘安四年(一二八一)五月三日、東路軍四万は合浦を出発する。二十一日に対馬、二十六日に壱岐を侵し、ついで翌六月六日には博多湾志賀島で日本軍主力との戦闘が開始された。本来は壱岐で江南軍を待つはずが、東路軍単独での戦闘になってしまったのである。遠征計画は最初から食い違いをみせてしまっていた。志賀島の戦いは六日から十三日頃まで続くまさに激戦であった。博多湾入り口に浮かぶ元軍の船に向かい、日本軍は軍船に分乗して攻撃を仕掛けた。伊予の河野《こうの》通有《みちあり》の活躍が目立ち、彼らに組織された瀬戸内海賊が海戦に際して大きな力となっていたものとも考えられる。志賀島に上陸を遂げた元軍には、この地域担当の豊後大友氏が率いる武士らが攻撃を仕掛けた。元軍を博多湾頭で食い止め、上陸を許さなかったことは、異国警固番役と石築地が実際に機能していたことを意味する。竹崎季長もこの時奮戦し、『絵詞』には軍船に乗って元軍に向かって

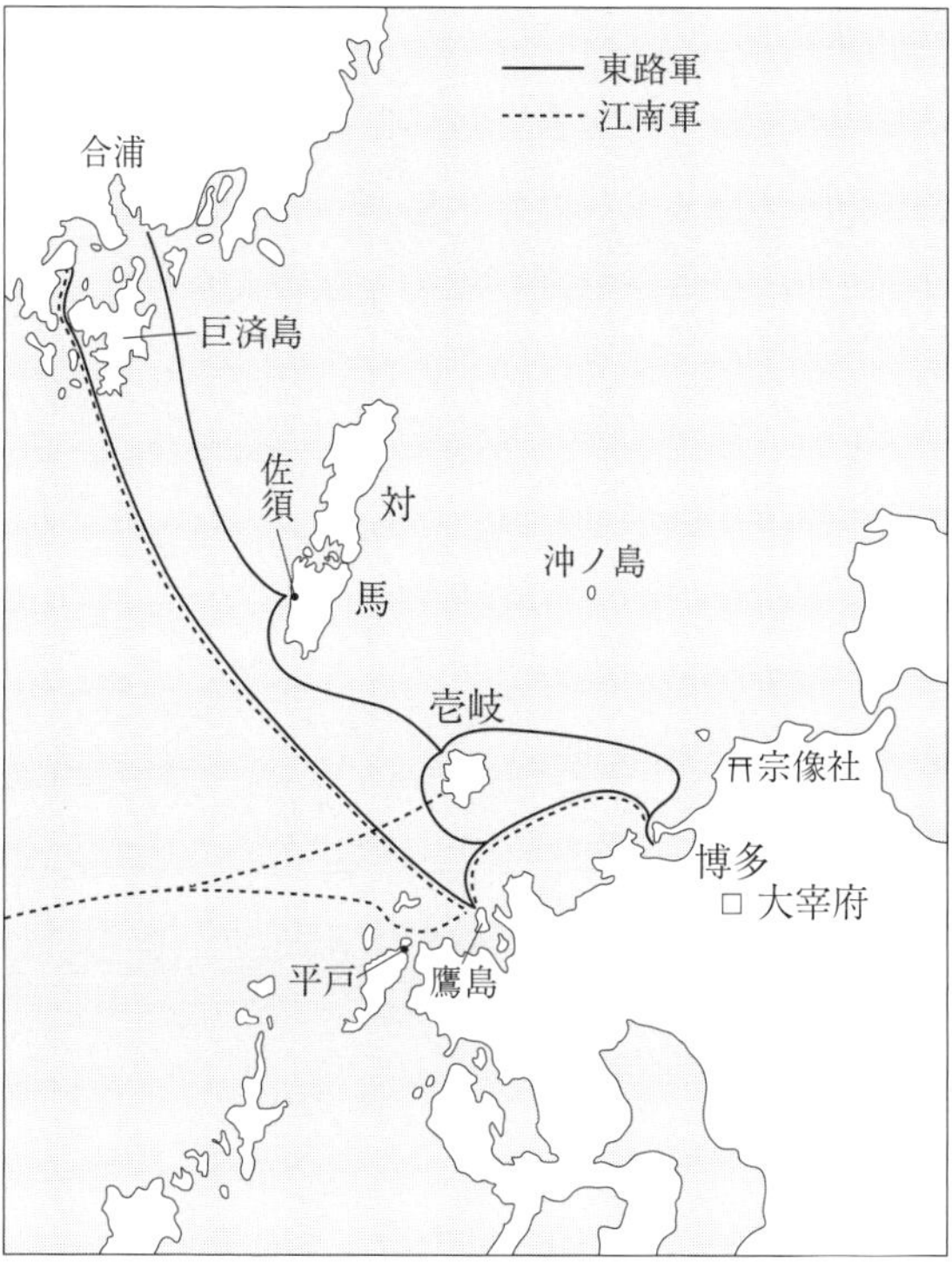

図14　弘安の役の蒙古・高麗・南宋軍の進路

いく季長の姿が描かれる。

東路軍は一旦壱岐に退き、江南軍の到着を待つことになった。しかし、江南軍はモンゴルから派遣された総司令官の交代もあって、大幅に出発が遅れていた。また、待ち合わせ場所を壱岐から平戸へと変更するなど、連絡の不十分さもあった。さらには東路軍でも、伝染病が発生し、忻都・洪茶丘は撤退の意見を述べて金方慶と対立するなど、大軍の持つ弱点が露呈されていた。

七月初旬、東路軍・江南軍が平戸から五島にかけての海域で合流・集結した。ここで彼らは約一カ月滞留する。休養をとっていたともいわれるが、真相はわからない。これが元軍の命取りとなった。七月下旬元軍は九州上陸を目指して東進し、主力は肥前伊万里湾口の鷹島（長崎県鷹島町）に至り、先行部隊は博多湾に迫った。ところが七月三十日風が吹き出し、夜には暴風雨となった。季節柄大型台風とみて間違いない。暴風雨は翌閏七月一日も吹き荒れた。この日京都では夜に入って嵐となっている。暴風雨の直撃を受けた元軍は翻弄され、船は沈み、兵は溺れた。残った船で再上陸を果たそうという意見もあったが、ほとんどの将は戦意喪失、残敵を求める日本軍の追撃もあり、范文虎らはわれ先に逃げ帰った。鷹島に残された元軍は、船を作って帰還しようとしたが、捕虜とされてしまった。二〜三万人もいたという。捕虜のうち、モンゴル・高麗人は殺され、旧南宋人は奴隷とされた。戦死・溺死するもの一〇万以上。まさに壊滅であり、日本にとっては、文字通り「奇跡」的な「勝利」であった。

異民族との世界戦争

モンゴルという異民族との世界戦争は、いったいなにをもたらしたのであろうか。よく言われるように、集団戦をとる元軍との戦いにより、一騎打ちから集団戦へ戦争の方法が変わったということも確かにあるだろう。ただ、やはり最も重要なのは、この世界戦争により、日本が東アジア史、またそれにとどまらず、グローバルな世界史に本格的に巻き込まれていく嚆矢となった、ということであると思われる。

もちろんそれ以前にも遣唐使・日宋貿易などの個別的な交流はあったが、望むと望まらずに関わらず、この時期から世界史全体の中に日本列島が投げ込まれていくのである。クビライのもとにやってきたベネチア人マルコ・ポーロは、後に日本を黄金の国とする物語を書く。『東方見聞録』である。この物語は、いわば伝説のように語り継がれ、三〇〇年後に日本にやってくるヨーロッパ人により、日本はグローバル資本主義の直接のターゲットとなる。

しかし日本では、「奇跡」による「勝利」によって神国思想は強化され、独善的な自国優越意識と、他国を敵として他民族との関わりを避けようとする観念が進展し、広がっていった。世界戦争の「勝利」は、ある意味ゆがんだ国際意識を生み出したのかもしれない。

話が先走りすぎたようである。次章では、モンゴル戦争の影響が鎌倉幕府体制に何をもたらし、それがどのような形で幕府崩壊につながっていくのか述べていこう。

二　徳政と得宗専制

1――時宗の死と安達泰盛の登場

その後の元寇

弘安四年（一二八一）閏七月一日の暴風雨により、モンゴルとの戦争に奇跡的な勝利を収めた幕府は、その余勢をかって翌八月に、高麗への派兵を行うことを決定した。それは少弐氏または大友氏を将軍として、筑前・肥前・豊後三ヵ国の御家人を動員するというものであった。敗走するモンゴル軍を追撃しようとする計画だったものとみられる。しかし、現実にこの派兵が行われた形跡はない。直前になって、中止されたものであろうか。

この派兵計画の際に、畿内の悪党の派兵が幕府により要請されていたことは注目されよう。これは、大和・山城悪党五六人を八月までに九州に集結させるように、という命令であった。この命令に対し、興福寺や東大寺は国民（興福寺支配下の武士）はいいが、寺僧は駄目である、という対応をしていて、実際に悪党の徴兵が行われたことがうかがわれる。この時期の幕府は、外の敵（モンゴル）と内の敵（悪党）に対し、同時に対応することを迫られていた。

外の敵も、まだ完全にその動きをやめたわけではなかった。弘安の役以後においても、モンゴルの三回目の遠征があるということは、日本で信じられていた。それは、弘安六年秋であるとか、また弘安七年春の襲来であるというものであった。実際にクビライは、弘安六年（一二八三）正月に征東行省を復活させ、日本征討の準備に入っていたのである。司令官には弘安の役での江南軍総司令官アタハイや高麗の忠烈王《ちゆうれつ》が任命された。このまま行けば秋までに三度目の征東軍が出発した可能性があった。しかし、高麗で国王に対する批判が増し、さらには江南で叛乱が起こったこともあり、クビライは五月には征東を中止する。日本での襲来のうわさも、事実を示していたのである。

クビライは、なおも征東の意欲を燃やすが、なかなか実際に行うまでには至らなかった。江南やインドシナの情勢悪化や元内部の内乱により、征討どころではなかった。しかし、正応五年（一二九二）に、クビライは第三次日本征討を決意する。高麗の忠烈王も積極的に協力した。クビライは、高麗に造船と食料徴発を命じ、江華島に江南の米一〇万石を運び込んだ。しかし、この計画も水泡に帰す。永仁二年（一二九四）正月にクビライは死去してしまう。このクビライの死により、ようやくモンゴルの危機は去ることになるが、それまで、またそれ以後も、幕府はなお臨戦態勢を継続する。鎌倉後期という時期は、モンゴルの恐怖がなお社会に蔓延《まんえん》し、幕府はそのような状況の下で政治を行う、いわば幕府による戒厳令《かいげんれい》下ともいえる時期であったといえよう。

図15　円覚寺舎利殿

時宗の死

鎌倉市山ノ内に臨済宗円覚寺《りんざいしゅうえんがくじ》がある。室町時代には鎌倉五山の第二に位置づけられた名刹《めいさつ》であるが、実はこの寺はモンゴルとの戦争に深い関わりを持っている。文永の役の後、執権北条時宗は、鎌倉にひとつの寺院を建立することを発願する。時宗の父時頼が開基した建長寺の開山蘭渓道隆《らんけいどうりゅう》はすでに没しており、時宗は南宋から高僧無学祖元《むがくそげん》を招く。弘安四年（一二八一）に建立が開始され、翌年十二月には僧堂などが完成する。

円覚寺の名は、建立の際に地中から石櫃に入った、大乗経典の「円覚経」が出土したことからつけられ、また、瑞鹿山《ずいろくさん》という山号については、無学祖元が開堂儀式の際、法話を聞こうとした白鹿があつまったということからつけられたとされる。弘安六年（一二八三）に、時宗は円覚寺に尾張国富田荘（現、名古屋市中川区）等の所領を寄進している。円覚寺は、両軍合わせて一〇万を超える戦死者を、敵味方の区別なく弔《とぶら》うために、時宗が建立した寺であった。未曾有の大戦争をなんとか乗り切った時宗の心の平安は、このような形でしか得られなかったのかもしれない。

弘安七年（一二八四）、幕府に大事件が起きた。三月の末、身体の不調を訴えた時宗は、数日床に伏した後、四月四日にあっけなく死去した。三十四歳の若さであった。病となる直前まで、ふだんのように執務していた。幕府・朝廷ともに、大きな衝撃を受けたのはいうまでもない。臨終の直前に時宗は、無学祖元により出家し、道杲《どうか》という法名を授けられ、評定衆・引付衆の大半は出家してあとを弔うことになった。また朝廷は、諸社の祭りをとどめるとともに、翌閏四月三日までの三〇日間の「天下触穢」を決定し、さらには四ヵ月間の洛中の殺生禁断を命じた。時宗の死因は定かではない、しかし、十八歳で執権となって一六年間、激動の年月の舵を取り続けた疲労の蓄積は、まちがいなくあったものと考えることができよう。

時宗の死の直後、いくつかの騒動が勃発する。六波羅北方探題北条時村《ときむら》（政村子）は、鎌倉に向かうが、三河で追い返される。南方探題北条時国《ときくに》は関東に召喚され、鎌倉に入ることなく常陸に移されて殺される。時国叔父にあたる北条時光《ときみつ》も陰謀露見として拷問された上佐渡に流される。六波羅探題を含む北条氏の中枢部にも、動揺・対立が生まれた。

時宗子息の貞時《さだとき》が十四歳で残され、他に子はなかった。貞時は七月七日に執権に就任し、時宗の後継者となった。しかし若年である。この貞時の後見として、時宗死去後の幕府政治を実質的に運営した人物、それが、時宗の妻の兄であり、貞時には伯父にあたる安達泰盛であった。

安達泰盛

前章で述べたように、安達氏と時頼—時宗—貞時三代の北条得宗家は密接な関係を持っていた。まとめるなら、北条時頼の母は安達景盛の娘（松下禅尼）であり、また時宗の妻、つまり貞時の母は、景盛の子義景の娘（泰盛の養女となって堀内殿と称する）であった。安達氏は、得宗家の外戚として大きな影響力を持っていた。

安達氏の出自について定説はなく、武蔵武士の足立氏の一族であるともいわれ、また細川重男は三河国小野田氏一族の可能性を指摘する（細川二〇〇〇）。安達氏の祖盛長《もりなが》が源頼朝の乳母比企尼《めのとひきのあま》の娘婿であったことから、頼朝の伊豆流人《るにん》時代から近習《きんじゅう》として仕え、幕府成立後も頼朝の側近として活躍した。盛長の後、安達氏は景盛—義景—泰盛と続くが、景盛が建保六年（一二一八）に秋田城介《あきたじょうのすけ》に就任し、以後世襲の職となる。有力御家人として幕府内で重要な位置に付き、前章で述べたように景盛は、時頼の外祖父として宝治合戦で三浦氏を滅亡させた。

泰盛は、寛喜三年（一二三一）に誕生する。父義景が死去後の建長五年（一二五三）には引付衆に入り、三年後には引付頭人となる。以後評定衆・越訴奉行《おつそぶぎょう》を歴任し、着実に幕府内部での地位を高めていく。娘婿にあたる時宗とも深い関係にあり、時宗の元服や貞時の元服の際には、泰盛が烏帽子《えぼし》を持参する役を勤めている。得宗のもとで開かれる「寄合《よりあい》」「深秘御沙汰《しんぴのおさた》」に安達氏惣領は参加していたが、泰盛も文永三年（一二六六）に時宗亭で開かれた「深秘御沙汰」に北条政村・実時とともに出席し、宗《むね》尊《たか》親王の追放を決定した。彼は最重要事項に関する意志決定に、深く関わっていた。

それと同時に、将軍とも密接な関係を持っていた。近習・昼番・蹴鞠《けまり》奉行などを勤め、将軍の側近にあり、洗練された文化的な能力を持っていた。そして、それを通じて京都の政界や文化人との関係をとり結んでいたのである。『徒然草』に「城陸奥守《じょうむつのかみ》泰盛はさうなき（比べるもののない）馬のりなりけ

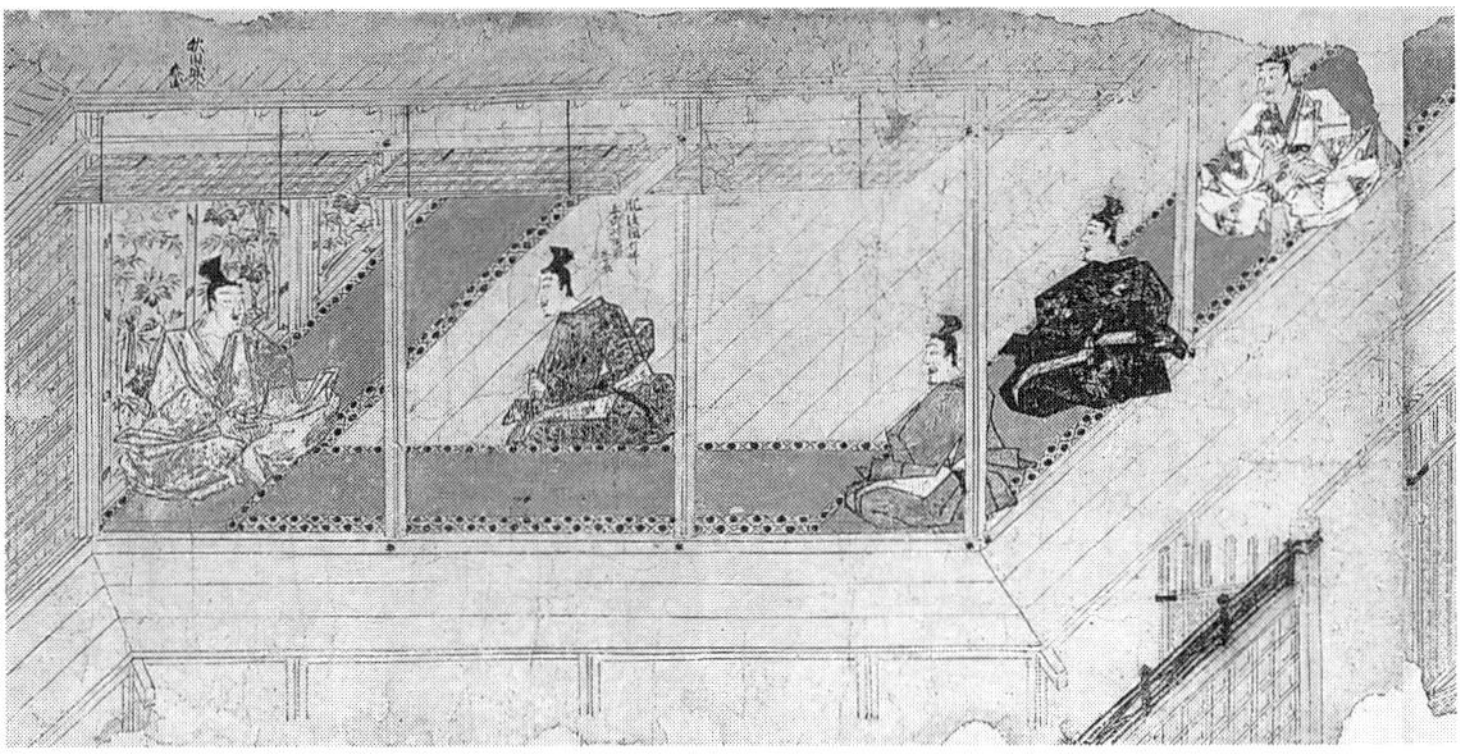

図16　安達泰盛に陳情する竹崎季長（『蒙古襲来絵詞』）

り」といわれた武勇だけではなく、人間的な豊かさを持った、スケールの大きい政治家ということができよう。

御恩奉行として

泰盛の幕府における地位の重要性を示すのが、文永の役の後の御恩奉行（武士への恩賞に関わる役職）への就任である。『蒙古襲来絵詞』には、御恩奉行としての泰盛の姿が描かれている。

文永の役における先駆《さきがけ》の高名に対する恩賞を願い出るために、竹崎季長ははるばる鎌倉に赴《おもむ》く。どの奉行にも相手にされず鶴岡八幡宮へ願をかける。その甲斐もあってか、ようやく時の御恩奉行である泰盛への面会が叶う。図16は、泰盛に必死に訴える季長を描いたものである。左にいるのが泰盛、右の板の間で必死に訴えている人物が季長。季長の後ろに控えている三人の人物は泰盛の家臣とみられる。

季長の主張は、幕府への戦功の注進から先駆けの高名が漏れていたということであった。泰盛は最初は分捕《ぶんどり》・討死《うちじに》の戦功がないことから季長の主張を退けようとするが、季長は「直接に恩賞が

図17　安達泰盛から馬を賜る竹崎季長（『蒙古襲来絵詞』）

欲しいという訴えではありません。先駆けについて大将である少弐景資殿にお尋ねになって、私が偽りを申したならば、勲功を捨てられて首を切られてもかまいません」と言って必死に食い下がる。彼の熱意に負けた泰盛は、恩賞について「間違いないと思う」と請け合う。一月後、季長は恩賞付与の下文を直接に手渡される。これは、たいへんに名誉なことであった。同時に泰盛から個人的に馬を賜わる。図17は、その場面を描いている。庭で馬の手綱《たづな》を持っているのが季長、画面の右、畳の上に座って季長をみやっているのが泰盛、縁の角に座るのが泰盛の弟長景である。

このエピソードは、泰盛の人物の大きさを伝えるとともに、実は恩賞の差配を実際に行っているのは泰盛であることを示している。季長のように満足する結果となった御家人の場合はよいが、もし恩賞に満足しない場合には泰盛にその不満が集中していく。御恩奉行という重職は、幕府内で大きな力を持つが、逆にそれゆえのアキレス腱を抱え込んでいたといえよう。

この泰盛が進めた政治改革、それが弘安徳政であり、これ以後の鎌倉後期の政治は徳政を中心に進められていくことになる。

2―弘安徳政

徳政とは

モンゴルとの戦争後の時代、つまり鎌倉後期の政治史を特徴づけるキー・ワードの中心は、「徳政」である。徳政とは徳のある政治を意味するが、これは本来、古代中国の思想と関わる。その思想とは天人相関説《てんじんそうかん》と易姓革命説《えきせいかくめい》である。

天人相関説とは、天と人には関係があるとする考え方で、天に意志、つまり天命があると考えた孔《こう》子《し》に始まり、前漢の儒学者董仲舒《とうちゅうじょ》により完成する。それは災異説ともいわれ、地震や彗星出現等の天変地異は、君主の不徳にその原因があるとする考え方で、君主が過ちを犯すと、天は小さなわざわいとしての「災」を起こして警告し、さらにそれを無視すると大きなわざわいとしての「異」を起こすと考えられ、君主は仁政を行わなければならないと考えられた。

もうひとつの易姓革命説とは、「姓を易《か》え命を革《あらた》む」ということであり、不徳の政治を行った王朝はその故《ゆえ》に衰え、あらたな王朝がこれにかわり姓が異なる天子が立つ、という意味である。この思想は、孔子段階ではまだ認められず、君主の悪徳が王家を滅ぼすという中国戦国時代の墨子《ぼくし》（「非攻」で有名）の思想から、同時代の孟子《もうし》によって完成する。孟子は、天の意志は「民の眼、民の聴」により示されるとして、天名に従って徳のある政治を行ったもののみが君主としての資格があると説いた。

このように易姓革命説は、本来君主権力を相対化する、いわば民本主義的思想ともいえるものであった。この易姓革命説と天人相関説は結びつき、君主権を下から規制するイデオロギーとなっていく。これらの思想は日本にも受容されていき、それは天皇による徳政という形であらわれ、古代においても凶事の際に、天皇の名で改元、恩赦《おんしゃ》、救恤《きゅうじゅつ》（貧しい者を救済すること）などが実施された。しかしその徳政は、易姓革命説のような王統そのもののドラスティックな変革を要求するものではなく、いわば骨抜きされたものとなっていた。

中世の徳政の変化を、王権による徳政から民衆による徳政への性格変化ととらえる見方もあるが、徳政とは、本来王権そのものを強烈に批判するイデオロギーであったことは、おさえておく必要がある。

神々の戦争

王権による徳政として、平安期に公家新制《くげしんせい》といわれるものが実施された。著名な荘園整理令も徳政としての公家新制であり、その他禁酒令や殺生禁断令《せっしょうきんだん》など、その内容は多様である。この公家新制により、古代王権は中世王権へ変革をとげていったと考えられている。さらに幕府成立後においては、幕府も徳政を行うようになっていった。これを武家徳政という。

中世における徳政の中でも特に重要な政策は、訴訟興行、つまり裁判制度の整備と、仏神事興行、つまり仏神に対する加護であった。仏神事興行の中で最も重要な政策は、仏神領興行、つまり寺社領荘園の保護である。この仏神領興行がモンゴル戦争以後に大きな問題となっていく。

モンゴルとの戦争を題材にした幸若舞《こうわかまい》「百合若大臣《ゆりわかだいじん》」に、次のような一節がある。

> 蒙古が向ふ日よりして、天《あめ》が下の神達《かんだち》め、高天原《たかまがはら》に衆会《しゅうえ》して、戦評定《いくさひょうじょう》とりどりなり。しかりとは申せども、蒙古が大将両蔵がしようで（上手）に放す毒の矢が、住吉の召されたる神馬の足に立つ。此の痛み癒《いや》さんそのために、神の戦を延べられたり。

蒙古との戦争を前にして、日本の神々が高天原に集まって戦評定をしているというのである。そして、蒙古の大将が放った矢が住吉神の神馬にあたり、神の戦は延期されている。この部分の後で、「凡夫」つまり人間の戦がはじまるのであるが、その大将が百合若大臣であって、それならば神々も味方するであろうと述べられる。モンゴルとの戦争では、武士だけではなく神々も戦ったと考えられていた。

寺社の恩賞要求

実際にこの時期、国家的に大規模な異国降伏のための祈禱《きとう》が行われている。建治元年（一二七五）九月には、幕府は諸国一宮・国分寺以下の諸大寺社に対して、異国降伏祈禱を行うように命令を出した。この祈禱は、表面的なものではなく、神々を奮い立たせて戦いに向かわせる力を持っていると考えられていた。文永・弘安の役においてモンゴル軍を圧倒・壊滅させた暴風雨は、この神々の戦い、つまり「神風」として当時の人々に強くとらえられた。

勝利した仏神は当然武士のように恩賞を要求する。寺社にとっては、自らの権益を拡大し、また失われた権益を復活させるチャンスとなった。文永の役以降、異国降伏祈禱命令は朝廷に代わり幕府が出すようになった。そのため、寺社の恩賞要求は幕府へと向かうことになる。幕府は仏神、つまり寺社への恩賞を付与しなければならない義務を負うようになってしまったともいえる。

弘安の役後、各地の大寺社による恩賞要求が相次いで行われた。例えば、弘安の役直後の弘安四年(一二八一)九月に興福寺衆徒が蜂起し、春日大社の神木《しんぼく》を奉じて翌月には入洛する。これは、興福寺領である山城国大隅荘(現、京都府京田辺市)の山野領有を主張するために行われたものである。これに対抗するように、山野をめぐって争っていた隣接する薪荘(現、京田辺市)の荘園領主である石清水八幡宮の神輿《しんよ》も上洛する。また弘安六(一二八三)年には、比叡山が天王寺の別当職を要求して、日吉・祇園の神輿を洛中に乱入させる。これらの強訴のため、朝廷の儀式はほぼ丸二年延期されることになった。荘園の領有という恩賞を求めて、新たな仏神の戦いが始まったのである。この戦いの矢面《やおもて》に立たなければならなくなったのが、幕府である。

弘安徳政

安達泰盛は、寺社の恩賞要求という困難な問題への対応も含む、モンゴルとの戦争の戦後処理の責任者であった。戦争そのものは確かに大きな事業であるが、たとえ勝利を得た後でも、その戦後処理こそが実は最も困難な事業なのである。泰盛はそのための政治改革を、弘安七年(一二八四)五月から矢継ぎ早に行い、それは時宗から貞時への「代替わり徳政」として実施された。これを、弘安徳政と呼ぶ。

この弘安徳政の関係法は、九〇ヵ条以上に上るが、村井章介の整理によれば、Ⅰ君徳の涵養《かんよう》、奢侈《しゃし》の抑制、Ⅱ関東御領の興行、Ⅲ主従関係の確立・拡充、Ⅳ悪党・博徒《ばくと》の禁圧、Ⅴ在京人の派遣、Ⅵ流通経済の統制、Ⅶ訴訟制度整備、訴訟担当者引締め、Ⅷ寺社領・仏神事の興行、に分類される（村井二〇〇一）。

この内、Ⅰは徳政の本来の意味として、得宗北条貞時及び将軍源惟康《みなもとのこれやす》（親王であったが源氏賜姓を受ける）に対し、その生活の引き締めや徳のある公平な政治の必要性を示したものである。またⅡは、将軍の経済基盤を確立しようとしたものということができる。Ⅰ・Ⅱ合わせて、得宗と将軍の協力体制を整えようとしたものとみることができる。その意味で泰盛の徳政は、将軍権力の強化という性格も持っていたということができる。

Ⅲは、御家人の拡大を意図としたものであり、泰盛にとって重要な政策ということができる。九州の名主や公文・田所等の荘園の諸職を持つ非御家人に対して、鎌倉幕府から名主職の安堵を行うという法令、いわゆる九州名主職安堵令《みょうしゅしきあんど》である。名主職は本来幕府の管轄の外であり、荘園領主の管轄となる。しかし幕府はここに介入し、彼らに関東の御家人と同じ下文を与えるというのである。これにより、モンゴルとの戦争に参戦した九州の本所一円地《ほんじょいちえん》（武家領ではない荘園）の武士は、御家人化していくことになる。

Ⅳは悪党禁圧という形をとった治安強化政策である。Ⅴは政策遂行のために実際に幕府から使節を派遣するということであり、これにより政策は単なる法令というだけでなく実際に現地で執行されることになる。この使節は「四方発遣人《しほうはつけんにん》」と呼ばれていた。Ⅵは河手《かわて》・津料《つりよう》などの交通税を禁止し、人々のわずらいを救済するという内容を持つものである。

Ⅶは、徳政の基本政策である訴訟興行であり、引付の権限が強化・整備されるようになった。例えば評定に上げられる判決原案が引付で一本化され、裁判の迅速化がはかられた。

そしてⅧが、神領興行法であり、さきに述べた寺社の恩賞要求に応えるための法である。

神領興行法

弘安徳政の中で最も特徴的な政策が、神領興行法である（海津一九九四）。その基本条文は、「鎮西《ちんぜい》（九州）の主要な神社の領地について、甲乙人（一般の人々）が、買得した土地や質流れの土地であるとして、みだりに所有・支配しているという聞こえがある。子細《しさい》をよく調べてもとのように返付させるために、明石民部大夫行宗《あかしみんぶたいふゆきむね》・長田左衛門尉教経《おさださえもんのじようのりつね》・兵庫助《ひようごのすけ》三郎政行《まさゆき》を差し遣わす」というものであった。

他人に売却された九州の神領について、もとのように神社に返付させるというものであり、土地の戻しという意味では、有名な永仁《えいにん》の徳政令と類似する。ただし、こちらは神領についてであり、モンゴルとの戦争への神々の参戦に対する恩賞としての意味を持っていた。同時に社殿の修造や神事の興隆が命じられ、全体として神々への手厚い保護政策となっていた。

この政策の実施のため、明石行宗・長田教経・兵庫助三郎政行が実際に現地に派遣され、合奉行の

図18　高野山町石

大友頼泰《よりやす》・安達盛宗《もりむね》・少弐経資《つねすけ》とともに、社領返付の審査と執行を行った。明石と大友が肥前・筑前・薩摩、長田と安達が豊後・豊前・日向、兵庫助三郎と少弐が肥後・筑後・大隅という形で分担する、具体的で職権的なものであった。この機関は博多に置かれ、「特殊合議訴訟機関」として位置づけられ、後の鎮西探題《ちんぜいたんだい》という鎌倉幕府による九州統治機関へとつながるものとされている。また、この神領興行法は、九州とほぼ同時に伊勢神宮の神領に対しても出されたことが明らかにされている。

神領興行法は、各地の神社にとって、「失われた所領をもとに戻してくれる法」（旧領回復令）として認識された。弘安七年（一二八四）五月に、幕府が全国の一宮《いちのみや》の興行を指令したこともあり、各地の神社は、社領を取り戻すための積極的な運動をはじめた。海津一朗によれば、紀伊国では従来一宮として認識されていた日前《ひのくま》・国懸宮《くにかかす》のかわりに天野《あまの》社《しゃ》丹生《にう》明神《みょうじん》が一宮と認定され、紀伊国をパニック状態にしたという（海津一九九八）。そしてこの背景には、天野社をバックアップした高野《こうや》山金剛峯寺《さんこんごうぶじ》と高野山と関係が深い安達泰盛の意向があったとされる。泰盛の祖父景盛は高野山に覚智《かくち》院を開き、泰盛自身も高野山参詣道に町石塔婆《ちょういしとうば》を造立する事業を積極的に進めていたのである。

このように神領興行法の発令は、地域社会で神社相互の対立を巻き起こすとともに、社地を領有していた在地の御家人や一般の人々にも大きな影響を与えることになった。この法令により、当知行《とうちぎょう》（実際の支配）から排除されることになった集団から悪党が出現していくことも海津により指摘されている。神領興行法を柱とする弘安徳政は、幕府内部ばかりでなく、地域社会に大きな影響をもたらしていくのである。そしてそれが、泰盛の立場にも影響を与えていくことになる。

3——得宗専制

得宗と得宗専制

得宗とは、執権北条氏の家督《かとく》をいう。具体的には、北条時政から義時・泰時・時氏・経時・時頼・時宗・貞時・高時の九代である。得宗とは義時の追号である「徳（得）崇（宗）」に由来し、徳の有る人という意味を持つ。ただし、北条家の家督を得宗と呼ぶのは貞時以後であり、時宗は徳宗を自称していた。その後、時宗以前の家督も得宗と呼ぶようになっていった。得宗とは、徳の有る政治、つまり徳政を執行する主体としての意味を持っていた。

佐藤進一は、鎌倉幕府の段階を三つの段階に分けた。第一期の将軍独裁政治、第二期の執権政治、第三期の得宗専制政治である（佐藤一九九〇）。この時期区分の全体については、現在に至るまで、大きな異論はない通説となっている。ただし、第二期と第三期の境目、つまり得宗専制政治の開始をどこに設定するかについては議論があり、特に安達泰盛の弘安徳政をどのように位置づけるかが論点となっている。佐藤自身は、弘安徳政の崩壊、つまり泰盛の死をもって得宗専制の開始とした。この説は鎌倉幕府論の研究者に広く受け入れられた。それに対し、泰盛の改革（弘安徳政）を得宗専制の出発点として位置づける見解もある。この見解の相違は、泰盛が有力御家人であり、しかも彼の改革が一見将軍権力の強化と見え、得宗専制とは相反するかのように見られることからくるといえる。

確かに泰盛の改革は、その後幕府内部に大きな対立を生み出す。しかしその対立する両者は、得宗を中心とする強力な幕府をつくりだそうとする点では、同じ方向性を持つものであった。改革の基本構想そのものは、時宗が泰盛と共に抱いていたとみられることからも、弘安徳政から得宗専制政治が開始されるという理解が適切であろう。泰盛の改革路線は結局失敗に終わるが、それは同じ得宗専制路線の中での路線対立と考えるべきであろう。そして泰盛のいわば急進的な改革に対して、保守的な反対勢力として存在したのが、得宗御内人《みうちびと》を中心とする勢力であった。

得宗御内人

得宗御内人とは、北条得宗に仕える被官《ひかん》・家人《けにん》である。それに対し一般の御家人を外様《とざま》といった。将軍との関係からいえば、御家人がより直接的な主従関係であり、御内人は陪臣《ばいしん》にあたるが、得宗の権力が強化されるとともに、幕府内での彼らの勢力は増大することになった。

彼らは、北条得宗の家政機関である公文所《くもんじょ》に出仕して、全国に広がる北条氏領の管理にあたった。そのため、大きな経済力を有していた。また侍所《さむらいどころ》についても、執権政治成立期に執権が侍所別当を兼務するようになって以来、侍所の頭人である所司《しょし》には御内人が主に就任するようになった。侍所は、御家人を統制し、また鎌倉の検断（警察）を担当する機関であり、その機関の長が御内人となることによって御内人の権力は大きなものとなっていった。この所司は、長崎氏が代々世襲した。さらに長崎氏は「寄合」という、得宗のもとでの私的な合議機関、じつは実質的な最高議決機関にも参加していた。

長崎氏以外の代表的な御内人としては、尾藤《びとう》・諏訪《すわ》・安東・関・万年・金窪・宿谷《しゅくや》氏などがいた。御内人の多くはもともと御家人であり、北条氏との密接な関係を結ぶことによって生き延びることを選択した者たちであるということができる。中小の御家人の中には、有力な御内人の郎従《ろうじゅう》となるものもあり、御内人の勢力は増大していった。有力御内人の中で、この時期に特に強大な勢力を誇ったのが長崎氏の一族、内管領平《うちかんれいたいらのよりつな》頼綱であった。内管領とは北条氏の家政を統括する職であり、いわば御内人の筆頭であった。この頼綱を中心とする御内人が、安達泰盛の最大の対抗勢力となっていたのである。

霜月騒動

弘安八年（一二八五）十一月十七日、平頼綱に主導された軍勢が兵を挙げた。これは、泰盛の子宗景《むねかげ》が将軍位をうかがったとして、泰盛・宗景らを誅伐するためのものであった。同日正午頃に、鎌倉松谷の別邸から塔ノ辻の館に向い、次いで執権貞時の館に向かおうとした泰盛をこの軍勢が攻撃した。泰盛は自らの館に逃れたが、その周囲が囲まれ、激しい攻撃がなされた。

午後四時頃に戦闘は終了し、泰盛・宗景及び弟らは、館の燃えさかる火の中で自害して果てた。二〇名をこえる武士が彼らと運命をともにした。

同時に各地で泰盛派の武士に対する攻撃が開始され、泰盛の守護国である上野《こうずけ》や武蔵《むさし》の御家人五〇〇人余りが合戦で討死にし、また自害したといわれる。九州ではその余波として岩門《いわと》合戦が起こった。この合戦は武藤景資《むとうかげすけ》が、惣領経資《つねすけ》から離反して筑前国岩門城で挙兵し、結局経資により討たれた事件である。景資は、モンゴルとの戦争に勲功を上げながら適切な恩賞が与えられず、経資に対し不満を持っていたようである。霜月《しもつき》騒動は、全国に大きな影響を与え、御家人層の分裂を誘ったのである。もし、この分裂がより拡大していけば、全国的な内乱になる可能性もあったと思われるが、泰盛が早く滅亡したこともあり、そうはならず、泰盛派とされた武士たちは殲滅《せんめつ》された。

平頼綱が武力を使ってまで泰盛を打倒したのはなぜであろうか。通説では、泰盛を御家人勢力の代表ととらえ、また頼綱を御内人の代表として、御家人と御内人の激突と考えられてきた。しかし、先に述べたように両者ともに得宗を中心とする幕府を構想した点は同じである。そこに根本的な違いはない。ただ泰盛の政治は、名目とはいえども将軍を表に立てている点が重要であろう。彼は将軍を表に出すことにより、非御家人の武士をも御家人化して全国の武士を統率し、さらには朝廷をも射程《しゃてい》に入れつつ、専制的な得宗中心の政治を構想していたものとみられる。この革新的で過激な政治方針が、得宗と御内人を中心としつつ、従来の範囲で御家人層を統制しようとする保守的な頼綱の方針と激突したものであろう。

平禅門の乱

泰盛の後を受けて、幕府政治の中心となったのが内管領の平頼綱である。この時期の政治段階を、平頼綱政権という。その時期は、霜月騒動の弘安八年（一二八五）十一月から、平禅門《へいぜんもん》の乱が勃発する永仁元年（一二九三）四月までの七年五ヵ月間である。この間得宗である貞時は、十五歳から二十三歳の間、つまり得宗が自立するまでの政権であった。

細川重男の整理によれば、霜月騒動の直後からの約一年五ヵ月の間に、幕府は一九ヵ条の法令を矢継ぎ早に発布している（細川二〇〇七）。そして、その後ほぼ一年間発布が断絶している。この最初の一年半が、弘安徳政の軌道修正の時期であったとみることができよう。この時期に出された法としては、自領内に悪党を隠し置いた者に対する処罰を命じた悪党禁止令をはじめとして、異国警固に関する法令、訴訟の公正や迅速化をはかる法令などがあり、基本的には弘安徳政と大きな路線の相違はなかった。その中では弘安九年（一二九四）七月の、鎮西談義所《ちんぜいだんぎしょ》設立に関する法令が重要である。鎮西談義所は九州の統治及び訴訟処理のために博多に設置され、大友頼泰《おおともよりやす》・少弐経資《しょうにつねすけ》・宇都宮通房《うつのみやみちふさ》・渋谷《しぶや》重郷《しげさと》の四人が談義所頭人として任命され、合議制で運営された。

しかし、弘安徳政の二つの大きな柱である、神領興行法と九州名主職安堵令《みょうしゅしきあんど》令についてはは否定された。弘安九年（一二九四）閏十二月九日に、宇佐神領に引き続き伊勢神領においても、弘安徳政で発布された神領興行法は撤回され、相伝の所領を社家に引き渡した本領主はもと通りに所領が返還されることになった。弘安徳政で派遣された「御使」の下知があっても返還されるという、徹底的なものであった。これにより神領興行法は廃法となった。しかし、法の最後に本領主に対する神役勤仕が命令されていることから、神領興行そのものが廃止されたのではなく、神領興行法が生み出した在地の紛争をできるだけ少なくするための、一種の修正令とみることもできる。

御家人の拡大を目的とした九州名主職安堵令については、すでに安堵下文《くだしぶみ》の価値を重くしないという修正令が出されていた上に、祖父母が御下文を持つ者について御家人と認めるという法が出されることにより、九州の非御家人が新たに御家人に認められる可能性はなくなった。頼綱の政策は、従来の御家人と御内人の権益を擁護するという保守的な専制政治であるということができよう。

頼綱は得宗貞時を補佐して幕府の最高議決機関である寄合を主導しながらも、評定衆・引付衆に一門を就任させることはできなかった。その意味で彼の権力は脆弱《ぜいじゃく》なものであったということができる。得宗貞時が若年の時は、その発言権や北条一門や御家人に対する監察権も大きかったと思われるが、貞時の成長につれて求心力を失ってきた。それを打ち破るために、次男資宗《すけむね》の官職上昇をはかる等の策を用いるものの、それは彼の権力そのものを根本的に強化するものではなかった。頼綱は、ちょうど後の足利氏に対する家宰高《こう》氏のような立場にいたのである。得宗あっての頼綱であった。

永仁元年（一二九三）四月十三日、鎌倉を大地震が襲った。建長寺は全焼し、二万人以上の人々が死んだ。人々の不安がいまだおさまらない二十一日の早朝、得宗貞時の命を受けた軍勢が鎌倉経師ケ谷の頼綱屋形に向かった、合戦が行われて頼綱・資宗父子は炎の中で自害、九三人が火中で果てた（平禅門の乱）。形を変えた霜月騒動の繰り返しである。泰盛・頼綱ともに、時宗から貞時へと得宗が代替わりする途中での、いわば「つなぎ」の政権であるということができる。彼らは路線上は対立しつつも、同じく「つなぎ」の役割を果たした後、歴史の表舞台から消えていった。以後、得宗貞時自身による得宗専制の時代が始まる。この政権は泰盛・頼綱の残した路線を批判的に継承していくことになるが、それは鎌倉幕府最後の四〇年の始まりであった。

4──永仁徳政

後嵯峨院の後継者

ここで京都の様子を見ておこう。鎌倉時代は鎌倉に幕府、京都に朝廷といういわば二重の権力が併存《へいぞん》する時代であった。朝廷権力が将軍権力に呑み込まれてしまう室町時代とは、その点で大きな違いがあった。朝廷は西国の荘園、特に地頭不設置の荘園（本所一円領という）に対してなお大きな支配権を持つとともに、政治の主体でもあった。

仁治三年（一二四二）に即位した後嵯峨《ごさが》天皇は、四年後に、即位の翌年に生まれた皇子に皇位を譲り（後深草天皇）、院政を行った。院政などにより実際に朝廷を支配する人物を、「治天《じてん》」または「治天の君」と称した。治天後嵯峨の院政は、幕府の指導を受けた公武協調政策をとり、鎌倉幕府にならって朝廷の訴訟機関である院評定制を整備するなど、公家政治の基礎を作っていった。建長元年（一二四九）、後嵯峨の中宮である、西園寺《さいおんじ》実氏《さねうじ》の娘姞子《きっし》が若宮を出産する。後深草にとっては、母を同じくする弟となる。すぐに親王に立てられ、恒仁《つねひと》と命名される。この皇子が後の亀山天皇であり、後深草との間で皇統の分裂を招き、南北朝の内乱につながっていく問題を引き起こすことになる。

後嵯峨は、幼少から病弱であった後深草よりも、健康な恒仁を早くから愛していたようである。正元元年（一二五九）に、後嵯峨の命により後深草から亀山への譲位が行われる。後深草は新院と称され、後嵯峨の治天としての院政はそのままであった。文永五年（一二六八）、すでに誕生している後深草の皇子をさしおいて、わずか二歳の亀山の皇子が親王宣下を受け、世仁《よひと》と名付けられた。後の後宇多天皇である。同年、亀山天皇は院評定にも出席する。天皇が院評定に出るのは、これがはじめてである。後嵯峨は、亀山を自分の後継者として考えていたのである。後嵯峨は出家して法皇となった。モンゴルとの外交問題が勃発している時期でもあり、朝廷内の実力者である関東申次《かんとうもうしつぎ》西園寺実氏とともに、幕府との調整にあたった。

図19　亀山天皇

モンゴル襲来直前の文永九年（一二七二）二月十七日、後嵯峨は病気のために世を去る。治天の君の継承については、白紙のまま幕府に委《ゆだ》ねられることとなった。幕府は大宮院姞子に後嵯峨の意志を尋ねたうえで、亀山天皇を治天として決定した。亀山天皇の時代が訪れたのである。

治天となった亀山天皇は、親政《しんせい》（天皇が直接政務をとること）を行った。院御所《いんのごしょ》で行われてきた評定を内裏清涼殿《だいりせいりょうでん》で行うなど、積極的に政務を執《と》った。文永十一年（一二七四）正月に後宇多天皇に譲位し、自らは院となる。第一次モンゴル襲来（文永の役）の年であった。国家的な危機の中で、亀山は幕府と協調しながら、新帝の即位の儀や大嘗会《だいじょうえ》の豊明節会《とよあかりのせちえ》を新しい方式で執行するなど、朝廷内の刷新にあたった。

亀山の弘安徳政

モンゴル襲来後、安達泰盛の弘安徳政に呼応するように、亀山は積極的な徳政政策を行っていく。西大寺《さいだいじ》派律宗《はりつしゅう》の叡尊《えいそん》に深く帰依《きえ》した亀山は、彼の勧めにより弘安七年（一二八四）に宇治川の網代《あじろ》を破却、五畿七道に殺生禁断の宣旨を下している。そして翌弘安八年十一月十三日、二〇ヵ条の宣旨《せんじ》を発布する。これは包括的な徳政令であった。

その第一・二条では、寺社領を俗人領に寄付することを禁じ、また流失した寺社領については、寺社に返付することが命じられた。安達泰盛の弘安徳政における神領興行法と同じ趣旨の法である。同時に、訴訟に関する手続きが決められた、例えば訴状に対する陳状（抗弁書）については、陳状提出命令が出されて三〇日を過ぎても提出されない場合は敗訴とする、というような規定である。翌年には、訴訟の公平性を維持するため、訴訟に関わる評定衆・伝奏《てんそう》・職事《しきじ》・弁官《べんかん》に対して、不正のないこと、賄賂《わいろ》をとらないことなどを誓う三ヵ条起請文を提出させている。同時に院評定制にも大きな改革が加えられ、評定を「徳政評定」と「雑訴評定」に分け、前者は月三回行われて、神事・仏事・任官等について審議し、後者は雑訴（所領の訴訟）についての審議を行った。朝廷が積極的に訴訟に対応していこうとする意欲が示され、またそれは現実に行われた。

さらに、弘安八年十二月には弘安書札令《しょさつれい》が制定された。それは書札の差出人と受取人との間の礼法を、現在の官位で割り切り、固定しようとしたものであった（百瀬二〇〇〇）。礼の秩序を国家的統制のもとで一元化することを目的としたものであり、これも徳政令の一環として考えることができる。

このように、亀山上皇は泰盛の弘安徳政が霜月騒動で破綻した後も、なお徳政政策を継続・推進していったのである。弘安徳政は、公武同時の徳政として行われ、それは朝廷側でより積極的に進められていった。

図20　西園寺実兼

伏見徳政

建治元年（一二七五）十二月、後宇多天皇の皇太子として、後深草上皇の子である煕仁《てるひと》親王が立った。これは幕府による裁定として行われ、使者によって告げられた。この背景には、後深草に接近して勢力を保持しようとした関《かん》東申次《とうもうしつぎ》（幕府との連絡・交渉にあたる役職）西園寺実兼《さねかね》の意向があったとされる。これにより、亀山・後深草とも表面上は平穏である

図21　伏見天皇

が、どちらが朝廷内の実権を握るか、微妙な関係となっていった。なお、後深草の皇統を上皇が持明院《じみょういん》を御所としたことから持明院統と呼び、亀山―後宇多の皇統を亀山や後宇多が後に大覚寺《だいかくじ》で院政をとったことから、大覚寺統と呼ぶ。

亀山の積極的な政治は、霜月騒動以後の幕府にとって、疑いをもたらすものとなっていた。弘安十年（一二八七）十月、幕府使節として上洛した佐々木宗綱が、熙仁親王を即位させ、後深草を治天とすることを西園寺実兼に申し入れた。亀山は鎌倉に使者を派遣するが幕府は動かず、同月伏見天皇が即位し、後深草の院政が開始された。朝廷の政局は、一変した。

後深草は正応三年（一二九〇）二月に出家して政務から離れる。これにより、伏見天皇による親政が開始される。そして、その直後に事件が勃発する。伏見天皇の内裏に武士が乱入したのである。天皇は中宮の座所にいたが、武士が捜しあぐねているうちに、女官が女装させ避難させた。篝屋《かがりや》警固の武士が駆けつけ、乱入した武士は自害した。甲斐小笠原一族の浅原為頼《あさはらためより》という人物であった。安達泰盛派として所領を没収され、諸国流浪の悪党であった。為頼自刃の刀が亀山法皇の側近三条実盛《さねもり》のものであることがわかり、背後に亀山法皇がいるともうわさされた。亀山は、事件に関係ないことを幕府に誓約して事件はとりあえず落着した。伏見親政には、反対勢力としての大覚寺統があったのである。

伏見親政は、基本的には亀山の徳政政策を受け継ぐものであった。正応五年（一二九二）に訴訟手続きに関する法令を定め、翌年には、雑訴評定の制度が改革された。亀山徳政で徳政沙汰と雑訴沙汰を分離したのを改め、大納言・中納言・参議ら公卿が三番に結番し、各番が月二回ずつ合計で六回の評定を行うようにしたのである。同時に記録所庭中《きろくしょていちゅう》という制度が設けられ、直訴《じきそ》を扱うこととなった。これらの改革のブレーンは、伏見側近の権中納言京極為兼《ごんちゅうなごんきょうごくためかね》であった。為兼は、国家の安泰と徳政の興行を祈願するための使節として伊勢神宮に派遣された。そして徳政の一環として改元が行われ、永仁とされたのである。

北条貞時の政治改革

京都における伏見徳政と歩調を合わせるように、幕府でも政治改革が進められた。その中心となったのが、平頼綱を打倒し、自立することに成功した北条貞時であった。

平禅門の乱の後、貞時は評定衆・引付衆・奉行人に忠誠を誓わせるとともに、奉行人からは賄賂《わいろ》をとらないという起請文《きしょうもん》を提出させた。さらに、知行地を持たない「無足《むそく》」の者でも、曽祖父の時に安堵《あんど》の下文をあたえられたものを御家人として認定し、弱小御家人を保護する姿勢を示した。御家人に対して、「徳政」を行う得（徳）宗として、自らを位置づけたのである。貞時の徳政も、他の徳政と同じように訴訟制度の改革から手が付けられた。

永仁元年（一二九三）十月には引付を廃止し、執奏《しっそう》の制を制定した。執奏は六番からなり、参考資料を提出し、貞時に意見具申《ぐしん》する権限を与えられ、裁判の最終決定は貞時の直裁により行われることになった。当然判決は、貞時による即決主義となる。さらに貞時は、自らが下した判決については越訴を認めないという、専制的な体制をつくりだした。

この改革は訴訟の拡大をもたらすことになり、貞時自ら膨大な訴訟案件に立ち向かうことになる。その問題もあってか、永仁三年（一二九五）十月には、引付が復活した。ただ「重事（重要案件）」については、なお自らの裁断権を残していた。

平禅門の乱の直前、六波羅《ろくはら》探題《たんだい》北方の北条兼時《かねとき》と名越公時《なごしきみとき》の子時家《ときいえ》が鎮西に派遣された。クビライによる第三次の征討計画がすすめられていることを知った幕府が、襲来を阻止するための軍事指揮官として派遣したのである。貞時による頼綱打倒とそれに続く一連の改革は、この危機に対し、父時宗のように貞時が自ら対処することを目指して行われたとみることもできる。

兼時・時家の二人は、鎮西に到着後、軍事・政務の統率を行うことになった。鎮西探題の成立である。この後、鎮西探題は訴訟受理機関としても整備されていく。正安元年（一二九九）には探題を補佐するための評定衆が任じられ、鎮西引付も編成された。引付は三番で構成され、一番は北条氏、二番は少弐氏、三番は大友氏が頭人であった。鎮西探題の裁判権は、荘園領主が一円支配する荘園の境相論にまで及ぶ大きな権限であった。

御家人の実状

ここで御家人の実状についてみておきたい。この時代の武士はいわゆる分割相続という体制をとっていた。所領を一族に分割し、それぞれに責任を負わせる形で所領支配を行わせる方法であった。特に、承久の乱の勲功の賞として西国に所領を獲得した関東の御家人は、新たに獲得した西国所領に一族を派遣したのである。これら西に所領を獲得し、移住した武士を西遷《せいせん》御家人という。

例えば、武蔵国新座《にいざ》郡片山郷《かたやま》（現、埼玉県新座市）を本拠としていた片山氏は、遠く丹波《たんば》国和知《わち》荘（現、京都府京丹波町）を承久の乱の勲功の賞として獲得し、地頭として西遷した。和知荘の片山氏は、戦国時代を生き延び、さらには近世に土着し、今でもその子孫を現地に残している（藤木・小林二〇〇七）。このように、西遷した武士の方が長く生き延びる場合も数多いのである。

所領が広大な場合には、分割相続は開発や所領支配のための拠点形成という点で、大きな意味を持っていた。しかし、時が経ち、御家人の世代が重なるとともに、分割地は狭小となっていき、分割相続の問題点が露呈するようになる。それとともに、御家人相互の土地をめぐる紛争は、一族内部や他氏との紛争とともに増加するようになっていく。

このような紛争として、特に女子分に対する押領や押妨《おうぼう》が目立つようになる。甲斐の御家人深沢隆経《ふかざわたかつね》から、孫の女子源氏に、深沢村（現、山梨県勝沼市）のうちの田屋敷と山林が譲られた。ところが約三〇年後の永仁年間に、弟の秋町信経《のぶつね》との間に相論が生じ、結局女子源氏分は「一期《いちご》」（当人限り）の知行であるとして信経に渡されることになった。このような例は、当時の史料に数多く残される。女子分を否定・没収することで所領の細分化を阻止しようとしているのである。このような動向の延長線上に、多くの御家人の一族内部の所領紛争が生まれる。

所領の紛争を幕府裁判に訴える方法もあったが、自律的に一族内部の合議・裁判によって解決することも行われていた。例えば薩摩の御家人渋谷氏は、一族内部の紛争を解決するための、「一門評《いちもんひょう》定《じょう》」と呼ばれる、幕府裁判にも匹敵する紛争解決システムを生み出していた。一族紛争は幕府に訴訟される前に、渋谷一族の有力者による合議である「一門評定」で処理されていた（小林二〇〇二）。このようなシステムも、鎌倉後期の御家人が、所領支配をめぐって問題を抱え込んでいたことから生まれたのである。御家人が抱え込む問題にどこまで幕府が答えることができるのか、それは幕府にとっての試金石であった。

さらに、売買によっても御家人所領の細分化は進展し、「無足」の御家人が大量に生み出されていた。貞時の最大の政治課題は、訴訟制度の整備とともに、この「無足」の御家人の救済にあった、ということができよう。

永仁の徳政令

永仁五年（一二九七）二月十九日、西の夜空に彗星《すいせい》が輝いた。彗星は凶事の予兆とされ、為政者による徳政が要請されるものであった。それに応えるように三月六日幕府評定は、三ヵ条の法を制定した。いわゆる、「永仁の徳政令」である。内容について掲げておく。

一　越訴《おっそ》を停止すべき事
越訴については、毎年加増し、敗訴した側は訴えに疲れ、勝訴した側も安心できない。そこで、人々の煩いを考え今後は越訴は禁止する。審理中の案件については、適応されない。荘園領主の訴訟については、一度だけ認めることにする。
二　質券売買地の事
所領の質入れや売買は、御家人が困窮する原因である。今後は停止する。以前に売却した所領については本の主（御家人）に返還する。ただし、幕府からの下文を買得した銭主が所持している場合や、銭主が知行して二〇年過ぎたものについては、現状をかえての返還は行わない。銭主が非御家人や凡下（侍身分以外の人々）の場合には、二〇年を過ぎていても本主のものとせよ。
三　利銭出挙《すいこ》の事
利子付き貸借や出挙によって、裕福な者はさらに富み、貧しい者はますます困窮する。今後は、債権の取り立ての訴えについては一切取り上げない。たとえ下知状《げちじょう》を持って訴えてきても一切関知しない。ただし物品を質物に入れることについては、禁制することはしない。

第一条は、前述したように越訴の停止による裁判の簡略化と判決の固定化を目的としたもので、貞時の専制化を示したものといえる。第二条・三条が土地の徳政令であり、中でも第二条がその中心となる。

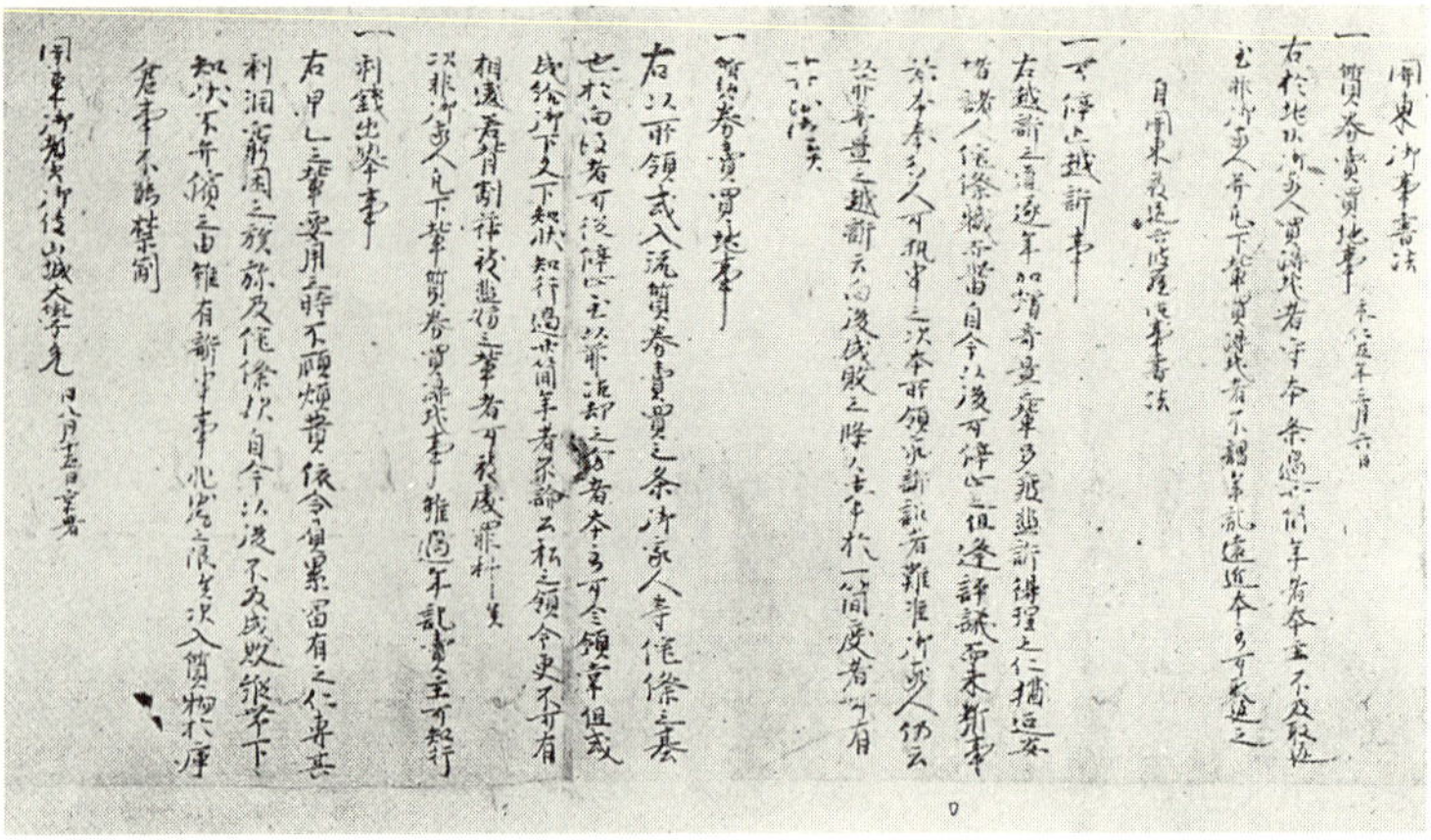

図22　永仁の徳政令

その内容は、御家人の所領の質入れと売買を禁止した上で、それ以前に移動した所領については、本の持ち主としての御家人が無償で取り戻すことを認めるというものであった。幕府からの下文を買主が持っている場合や二〇年を過ぎた場合は除かれるものの、基本的には御家人は失った所領を取り戻すことができたのである。特に御家人以外の商人等に売った場合には、二〇年年期の規定も適用されないという、徹底的な御家人擁護の徳政であった。本来は神仏のものを神仏に返却するという意図を持つ徳政令が、御家人という「人」の所領にまで拡大されたということを意味し、徳政令というものの大転換を示しているということができる。

この法令が発布された後、各地で本主による売却地の取り戻しが行われ、その取り戻しは「濫妨《らんぼう》」と称される暴力的なものでもあった。例えば同年秋に和泉《いずみ》国近木《こぎ》荘（現、大阪府貝塚市）では、「御家人」を称する麻生《あそう》五郎入道・高志《たかし》四郎親《ちか》藤《ふじ》子息らが「御徳政」を理由として、多くの人数を率いて武

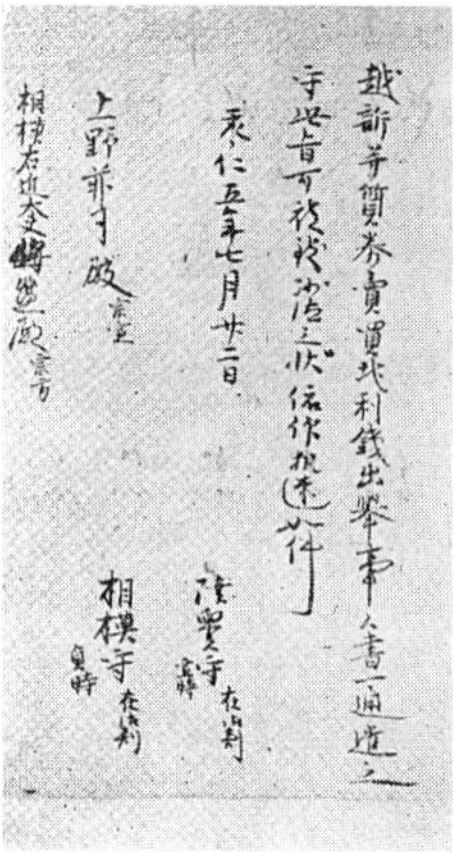
越訴并質券賣買地利銭出挙事、条々一通遣之、
守此旨可被沙汰之状、依仰執達如件、
永仁五年七月廿二日
陸奥守 在判 宣時
相模守 在判 貞時
上野前司殿 宗宣
相模右近大夫将監殿 宗方

装して荘内に乱入し、稲を刈り取り、年貢を抑留している。しかも、取り戻しを行ったのは御家人だけではなく名主《みょうしゅ》百姓にまでも及んでいた。

徳政令は、その立法意図を離れて、この時代の人々に広く受容されていく。そして、その結果各地で徳政令をめぐる紛争が勃発する。室町期の徳政一揆に通じる状況が、生み出されてしまったのである。得宗の専制化を進める北条貞時は、いわばパンドラの箱を開けてしまったということもできよう。各地で生まれる武力紛争、それは「悪党」と称される。次章では目を在地社会に転じて、悪党をキーワードとして見ることにしたい。

三　悪党の時代

1 ―『峯相記』は語る

『峯相記』とは

幕府の使者は彼らから受ける賄賂や彼らの勇威を恐れて、幕府の命令を実行せず、御教書《みぎょうしょ》は役に立たなくなってしまった。播磨《はりま》国中の者たちは、彼らに同意するようになってしまい、正直で真面目な人々は耳を押さえ目をふさいで日を送るうちに、はたして元弘の大事件が勃発した。彼らの所行は、幕府の政策の失敗によるのである。

ここにみられる「彼ら」こそが、悪党である。元弘の大事件とは、後醍醐天皇によって鎌倉幕府が倒されたことを示す。幕府が倒れたのは、悪党のためだという。しかも悪党は、国中の人々から同意を得ているという。さらにこのような悪党を生み出したのは、幕府の失政によるという。

この史料は、南北朝時代に成立した、播磨国を題材とする記録『峯《ぶしょう》（峰）相《（みねあい）》記』である。ある旅の僧が、貞和四年（一三四八）に播磨国鶏足寺《けいそくじ》を訪れ、そこの老僧と播磨の寺社の縁起、歴史や伝説について問答するという形式で書かれている。作者の詳細については不明であるが、大山喬平により播磨で活動した浄土宗関係の人物であると推定されている（大山二〇〇三）。

大山は、『峯相記』を播磨の歴史を同時代も含めて述べた「歴史叙述」としてとらえ、その作者を「日本を代表する優れた歴史家」としている。同時代の歴史家は、悪党こそが鎌倉幕府滅亡の原因であったと、はっきりと語っている。悪党の実態を知るのに、これ以上の史料はない。そこで、この貴重な史料をもとにして悪党の具体的な姿をみていくことにしたい。

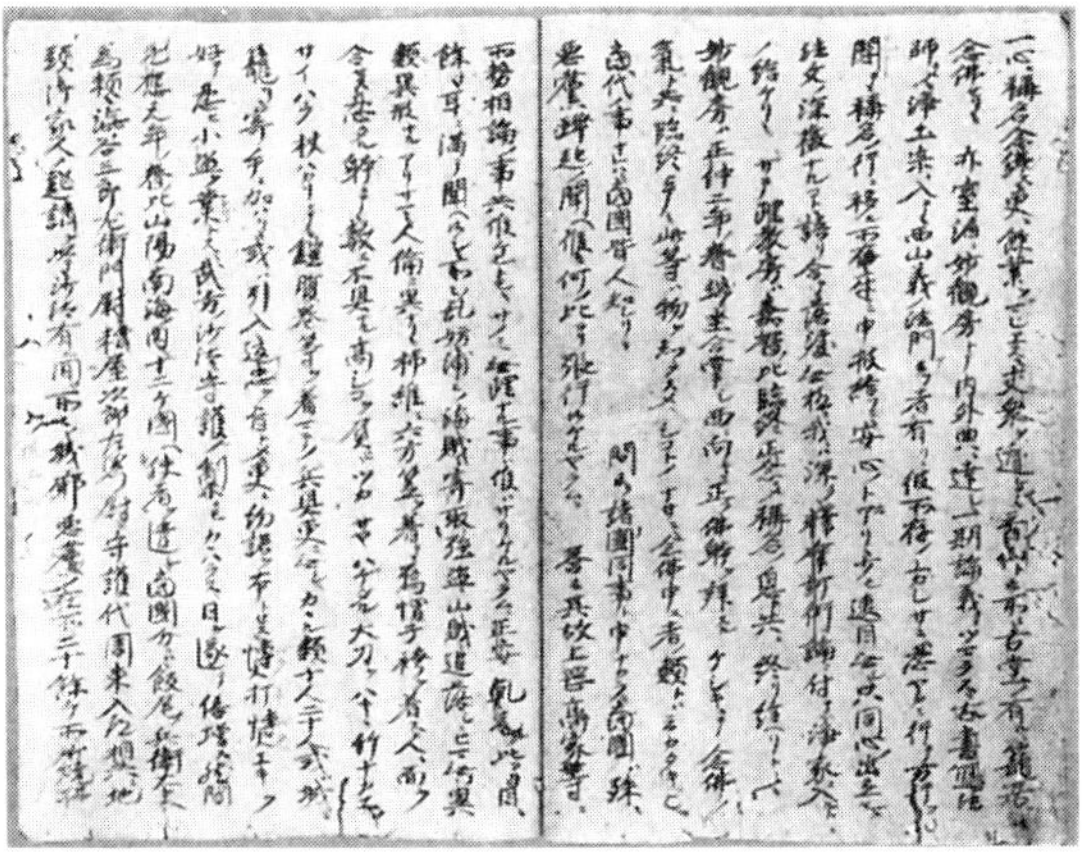

図23　『峯相記』

前期悪党と異類異形

『峯相記』の悪党記述は、大きく三つに分けられる。最初は正安《しょうあん》・乾元《けんげん》の頃（一二九九〜一三〇二年）の悪党、いわば前期悪党である。次に元応元年（一三一九）の幕府による悪党鎮圧。最後は正中・嘉暦の頃（一三二四〜二八年）の後期悪党である。

最初に述べられる前期悪党の姿は、次のようなものである。それは、正安・乾元の頃から目に余り、耳に聞こえるようになった。乱妨・海賊・寄取・強盗・山賊・追落など休む間もないありさまで、その異類《いるい》・異形《いぎょう》の様子は、普通の人々とはまったく異なる。

図24　異形の人々（『融通念仏縁起絵巻』）

柿色の帷子《かたびら》に六方笠を着け、烏帽子《えぼし》や袴《はかま》は着けない。人に顔を合わせないように忍び隠れている様子である。不揃いの竹籠を背負い、柄《つか》・鞘《さや》のはげた太刀を所持し、竹長柄《ながえ》・サイホウ杖程度で、鎧《よろい》・腹巻等の兵具はまったくない。こうした輩が、一〇人・二〇人あるいは城に籠もり、寄せ手に加わり、或いは味方を引き入れ、裏切りを専《もっぱ》らとし、約束を守らず、博打《ばくち》・博奕《ばくえき》を好み、盗人を生業《なりわい》としている。

前期悪党の最初の特徴は、異類異形というところにある。この時代の一般の男子ならば必ず頭につけるべき烏帽子をつけず、柿色の帷子を着て、女物の笠をかぶっている者もいる。この時代、服装は一種の身分標識であった。異類異形とは、身分による社会秩序から離れているということを意味していた。特に柿色は、非人《ひにん》という差別された人々の標識ともいえる色であり、悪党は非人と近い存在であり、また自らそう主張していた。

彼らの所持する武器については、鎧・腹巻などはつけず、太刀と竹長柄（竹の棒）やサイホウ杖（撮棒、堅い木の棒）等の軽武装である。面白いことに竹の籠を背負っているという。盗品を入れるためのものであろうか。人と顔を合わせないようにしているというのも興味深い。蔵持重裕によれば、中世で顔を隠すことは匿名性を示すという（蔵持二〇〇七b）。彼らは党という集団に隠れ、匿名の自由を謳歌していたのであろう。逆に言えば、名指しされる事は彼らにとって最も怖ろしいことであった。

彼らは、一〇〜二〇人の小集団を形成し、乱妨・海賊・寄取（債権がある等の理由をつけて物品を奪う行為）・強盗・山賊・追落（路次で物品を奪う行為）などの犯罪行為を行っている。結論的に言えば、前期悪党はアウトロー的な犯罪者集団であるということもできよう。これが、最初の悪党の姿であるといえる。ただ、彼らが城に籠もっている点には注意する必要がある。後述するが、城郭を構えることは、正当性と関連する行為である。アウトローとは、体制側からの物言いであり、彼らは彼らなりの主張や正当性を帯びていた。

悪党禁制

たとえ、彼らなりの正当性を持つ行為であったとしても、国家的な秩序維持の執行者である幕府にとってみれば、悪党は許されるべきものではなかった。幕府は鎌倉時代の始めから数度にわたり悪党を禁止する法を発布している。特に弘安徳政における弘安七年（一二八四）の悪党禁制では、悪党の証拠が無くても、そのうわさがある者について近隣の地頭御家人に尋ね、うわさを聞いているという場合には逮捕して六波羅に差し出せ、という職権的な禁制が制定された。さらに、次の平頼綱政権期においても悪党禁令は強化され、悪党を所領内に居住させた御家人については、所領三分の一の没収ということになった。

しかし、地域の地頭御家人にその責任を押しつけるだけでは、悪党を鎮圧することは不可能である。特に、幕府の警察権が及ばない西国の本所一円地（地頭職が設置されていない荘園）の悪党は、いわば野放し状態であった。そこで幕府（北条貞時）と朝廷（伏見天皇）は、協力しながら「徳政」の名のもとで悪党を逮捕するためのシステムを作り出した（近藤成一一九九三）。

朝廷は悪党を「違勅《いちょく》の狼藉《ろうぜき》」、つまり天皇の命に背いた国家的犯罪者と認定し、六波羅探題《ろくはらたんだい》に悪党逮捕を依頼するとともに、その名を示した「悪党交名《きょうみょう》」を提出する。それを受けた六波羅は、武装した使節を派遣して悪党を逮捕する、という強制執行のシステムであった。このシステムにより、悪党は六波羅の軍勢と直接戦わざるを得なくなる。これは確かに、悪党鎮圧のためには効果があるということができよう。しかし、いわば対症療法的な対応であり、たとえ一時的には効果があるにしても、悪党問題に対する抜本的な対策ということはできない。しかもこのシステムのため、幕府は悪党と直接的に、しかも強圧的に関わらざるを得なくなっていく。得宗専制というのは、悪党対策の中から生み出されてきたということもできよう。

『峯相記』では、播磨国で行われた六波羅探題による悪党鎮圧について述べられる。

元応元年の春、山陽・南海の一二ヵ国に悪党鎮圧のための使者が派遣された。播磨国では飯尾為頼《いのおためより》・渋谷三郎左衛門尉《さえもんのじょう》・糟屋《かすや》次郎左衛門尉・守護代周東入道《すとうにゅうどう》が使者となり、播磨国の地頭・御家人に起請文を出させて命令し、所々の城郭、悪党の在所二〇ヵ所を焼き払い、現行犯の悪党は討ち取った。それ以外の悪党五一人については、使節上洛の前に名を明らかにして、国中の地頭・御家人に必ず逮捕するように命じたが、その実行はされなかった。

六波羅は、西国一二ヵ国に使節を派遣し、国内の地頭御家人を動員して悪党鎮圧戦争を実行したのである。この悪党鎮圧戦争については、他の史料にも「文保三年悪党対治《たいじ》御使下向之時」とあることから、文保三・元応元年（一三一九）に実際に行われたことは間違いない。播磨国における対悪党戦争は、彼らの拠点の二〇ヵ所を焼き払うという厳しいものであった。しかし、それでも播磨国の悪党をすべて逮捕することはできなかった。使節は上洛前に、悪党五一人を指名手配し、地頭・御家人に逮捕を命ずるが、実効性はなかった。すでに、国中の者の悪党への同意は始まっていた。

それでは、そのような幕府の鎮圧の対象となった悪党はどのようなものであったのか。『峯相記』は、後期悪党の姿を次のように述べる。

後期悪党の姿

正中・嘉暦のころになると、彼らの振る舞いははるかに目立ってきて、世間の人々を驚かすようになってきた。よい馬に乗り連なって五〇騎一〇〇騎と続き、引馬の馬具・唐櫃《からびつ》・弓箭《ゆみや》・兵具などには金銀をちりばめ、鎧・腹巻は照り輝くばかりである。

前期悪党の姿とは、まったく異なっている。特に変化しているのはその武装である。前期悪党の竹長柄や撮棒などという、武器ともいえないようなものから、弓箭を帯び鎧・腹巻きを着けた立派な騎馬武者の姿に変化している。さらに、彼らは馬に乗り、戦闘単位も五〇騎・一〇〇騎という、いわば一つの軍団としての性格を持つようになっている。しかも馬具・兵具に金銀をちりばめるという財力も持っている。

なぜ、彼らはこのような変化を遂げたのであろうか。犯罪者集団が武士化したのであろうか。もちろん、それもあるだろう。海賊・山賊行為等により利益を獲得した悪党が、馬や武器を手に入れて重武装化することも、当然想定することができる。

ただそれと同時に、悪党と認定される集団そのものが変わった、ということも考えられよう。まず考えられるのは、御家人そのものが悪党化するということである。御家人はいわば幕府の正規軍であり、彼らが悪党化すれば騎馬武者姿で描かれるのは当然である。先述の弘安七年（一二八四）の禁制では、悪党のうわさとなった人物が御家人である場合についても想定されている。実際に、御家人の悪党化が進展していた可能性は高い。これは、幕府にとってその根幹を揺るがすような大問題であった。

もうひとつは、御家人・非御家人にかかわらず、地域社会の有力な人物が悪党化している可能性である。『峯相記』には、文永年間に播磨国に「五ヶ所ノ奇麗《きれい》ノ念仏堂」が成立したことを記している部分がある。これらの念仏堂は当初浄土宗寺院として建立されたが、どれも費用をかまわず金銀を使い、華麗を尽くした建築であったという。その建設費の出資者である「檀越《だんおつ》」は、すべて「当国富貴ノ輩」であった。その一人の「南三郎入道」は、播磨国矢野荘（現、兵庫県相生市）に乱入する悪党浦《うら》上誓願《がみせいがん》の一族であったと考えられている。このような、播磨国内の有力者として財力もあり、念仏堂の「檀越」として地域に幅広く受け入れられていた人々が悪党化している。こうなると、もう彼らを単なる犯罪者集団とすることはできない。

悪党の城

彼ら後期悪党の行動を追っていこう。

さて、彼らは論所でもないのに、本の持ち主の方人（味方）だと称して、所々を押領している。党を結んで契約をし、与力や、契約と号する輩が、あるいは城を落とし、城を構えている。軍陣作法に従って塀を作り、矢倉を構え、ハシリを使い、飛礫《つぶて》を投げ、物見のための櫓《やぐら》をたて、屛風楯・箱楯を並べ、皮をしくなどのさまざまな用意をしている。

彼らの行動は、強盗や山賊・海賊ではなく、押領《おうりょう》が主なものとなっている。押領とは、武力によって相手を排除し、土地を占有（現実的支配）することをいう。中世では、このような武力による現実的な土地支配を「当知行《とうちぎょう》」と称した。悪党は、土地の当知行を目的とする集団となっていた。この悪党の押領は、論所、つまり悪党本人が訴訟で争っている土地でもないのに、本の持ち主の味方であると称して行われている。この本の持ち主とは、なんらかの理由で土地を手放してしまった者たちである。悪党は彼らの味方となって、現在の土地所有者を排除し、その土地を当知行している。

『峯相記』では、悪党に関する問答の最初に、次のようにある。

上岡・高家等に所務《しょむ》相論の事はあったけれども、それほど無理なことは起きなかった。ところが、それは正安・乾元の頃から目に余り……

悪党が出現する以前には、播磨国内の上岡《かみおか》・高家《たかや》荘（現、兵庫県山崎町）等に土地をめぐる争いがあっても、平和的に解決されていたのである。ところが、悪党が紛争に武力介入することで、紛争は武力紛争となっていった。

紛争に際し、当知行のために構えられたものが城郭である。城郭は、一種の当知行宣言としての意味を持っていたとみることができる。城郭が当知行のシンボルとなり、その城郭を落とすことが、相手の当知行を否定することになる。鎌倉後期になると地域の紛争は、城郭をめぐるものとなっていく。

悪党の城は、塀や櫓を持つ山城であった。鎌倉期の武士の館は平地の方形館であり、それとは根本的に性格が異なるものである。また、川合康によれば源平合戦期の城郭は、戦時の際に街道に設営された大規模なバリケードであったとされ、それとも異なる（川合二〇〇四）。悪党の城は、この時期に地域の当知行のために生み出された、新しい城郭の形式であった。

そして、そこで使われた武器としてハシリと飛礫があった。ハシリとは走木であり、山城の上から大木を下の敵に向かい転がり落とすというものであった。また飛礫は、下から攻め上がる敵に石を投げつけるものであり、どちらも山城に相応《ふさわ》しい武器である。

後期悪党は、武力によって土地支配の正当性を主張する集団となっていった。もちろんその正当性は、幕府の正当性とは異なる。しかし、正当性とはつねに相対的なものである。地域は、幕府の正当性を受け入れず、悪党の正当性を受け入れつつあった。

こういう輩の多くは、但馬《たじま》・丹波《たんば》・因幡《いなば》・伯耆《ほうき》からやってくる。かねてからの約束の賄賂《わいろ》を山コシと称し、将来の嘱託《しょくたく》を契約と言っている。

傭兵と契約

悪党の多くは、播磨周辺の国々からきたという。播磨は中国地方の瀬戸内側にあるが、悪党は但馬・丹波などの日本海側の国々から来るというのである。播磨とこれらの国々とは、中国山地を越えて東西南北に繋がる多くの街道や峠によって結ばれていた。悪党の行動範囲が、一国を超える広汎なものであったことがわかる。悪党の行動範囲が広いと言うよりも、本来、流通・交通の広汎なネットワークを持つ者たちが、悪党となっていったと考えることもできよう。

ここには彼らの集団の作り方について、二つのパターンが示されている。その一つは、かねてからの約束の賄賂《わいろ》としての、山コシである。この山コシ（山越）については、戦国期の『信長公記《しんちょうこうき》』に事例がある。石山合戦の最後、本願寺顕如《ほんがんじけんにょ》の石山退出の際に、近年山越をとって妻子を育んでいた雑賀《さいか》・淡路のものどもが、ここを離れては迷惑であると、石山退去に反対した。彼らは、妻子を育むために周辺地域から参戦した傭兵《ようへい》であるということができる。山越とは傭兵に支払われる反対給付なのである。播磨の悪党にも、約束の賄賂、つまり反対給付としての米や銭により傭兵として雇われた周辺の国々の者たちがいた。

もうひとつの原理が、将来の嘱託という契約である。これはどういうものであろうか。将来とあることからみて、これは、例えば悪党Aが悪党Bの協力を要請して武力行使をする場合に、将来悪党B

が紛争当事者となった場合には、今度は自分（悪党A）が協力することを契約することと考えることができる。未来の紛争を想定して相互に契約した、攻守同盟と考えることができよう。

悪党とは、傭兵と契約という二つの結合原理で結びついた集団であった。自らの権益を集団を形成しながら自らの武力で守り、またその武力により権益を拡大していく。そういう目的を持ったものであった。

悪党と荘園　もうすでに、そのものどもは人目をはばかったり、恥じ恐れるようなことはない。警固の守護も彼らの権威を恐れ、追罰《ついばつ》の武士の方が逆にはばかっているような始末である。よって追捕《ついぶ》、狼藉《ろうぜき》、苅田《かりた》、苅畠《かりばた》、打入、奪取などしほうだいで、結局残る荘園はあるとは思えないありさまである。

後期悪党は、前期悪党のように人目を避けるようなことはしない、逆に守護や悪党追罰の命令を受けた武士の方が彼らを恐れているという。そしてその結果、播磨の荘園は残らなくなってしまったというのであるが、彼らの行動を示す言葉が興味深い。

まず追捕であるが、これは追捕狼藉ともいわれる。追捕狼藉は、家の中に入り、物品を奪取する行為である。しかし単なる強盗とは異なり、年貢未進などの債務があるとして米・銭などを奪いとることをいう。つまり、理由があるとして動産を差し押さえまた奪取するもので、正当性を主張するための行為ということができる。また苅田・苅畠は、紛争地の田畠の作毛を相手が刈り取る以前に、強制的に刈り取ってしまう行為である。ただしこれも、その土地が自領であることを主張するためにおこなう行為であり、もし刈り取りをしなければ、相手の支配を認めてしまうことになってしまう。

ここにみられる後期悪党の行為は、単純な犯罪とは異なり、荘園の当知行の正当性を主張する行為ということができる。中世では、このように武力で自らの正当性を主張する行為は普通に行われ、このような行為を自力救済《じりききゅうさい》という。中世社会は、自力救済が認められていた社会ということができ、悪党は自力救済を行う集団なのである。

自力救済が拡大していけば、それはもう小さな戦争、つまり私戦である（鈴木国弘二〇〇三）。悪党は荘園に城郭を構え、年貢を奪取し、作毛を刈り取る。もちろんそれは、荘園領主からみれば、違法であるが、悪党からみれば合法的な行為であった。後期悪党は、荘園領主を否定し、私戦の主体として、地域の中で荘園の支配を現実に行う集団となっていた。

このような状況が国中に広がってしまえば、『峯相記』のいう、残る荘園がなくなってしまったというのも理解できる。幕府は強圧策で悪党を鎮圧しようとするが、それも大きな効果はない。内乱の時代は、もうすぐそこまでやってきている。それについて述べる前に、この時代の荘園の変化や村落の姿について述べておくことにしたい。

2――荘園の激変と村の自立

山野紛争と荘園

荘園が一定の閉ざされた領域を持つ場合を、領域型荘園という。その領域は四至牓示と呼ばれるランド・マークによって東西南北を区画され、田畠のみならず山野河海を囲い込む形で成立した。領域型荘園の成立時期は、一二世紀であり、領域型荘園はいわば中世荘園として考えることができよう。領域型荘園の典型としては、神護寺《じんごじ》領紀伊国桛田荘《かせだ》（現、和歌山県かつらぎ町）が有名である。山野河海を囲い込んでいることからみて、領域型荘園の成立には中世村落の成立が前提となっていた（小山一九九八）。

山野河海は、荘園住民の生活にとって必要不可欠のものであった。例えば、木材は建築用材であるばかりでなく、薪《たきぎ》や柴、またそれを加工して生産される炭は燃料として生活には欠かせないものであった。これらの建築用材や燃料は自分の村で消費されるばかりでなく、山を持たない村落や近隣の都市的な場に商品として流通していた。また河や海は水産資源の場であるとともに、川の水は用水としても利用され、水そのものも重要な資源であった。山野河海はいわば資源の宝庫であり、その資源をめぐる紛争も鎌倉中期から多発するようになる（高木二〇〇八）。

紀伊国の粉河寺《こかわでら》領丹生屋村《にゅうのや》（現、和歌山県粉河町）と、それに隣接する高野山領名手荘《なて》（現、粉河町・

那賀町）は、境界を流れる水無川《みずなしがわ》からの取水権と源流地帯の椎尾山《しいおやま》の帰属をめぐって激しい紛争を起こした（高野山文書）。

この紛争は最初は訴訟によって始まり、訴えは六波羅探題から朝廷に持ち込まれ、建長二年（一二五〇）に朝廷から丹生屋村有利の裁許が下った。しかし、それに不満を持つ名手荘側は、直後に弓矢で武装し、甲冑を着て丹生屋村に乱入し、用水堰《ようすいせき》を埋めるとともに、刃傷行為を行った。紛争はさらに拡大し、建長四年（一二五二）には、名手荘の領主高野山は、各地から悪党を招き寄せ、支配下の各荘園から兵粮米を徴収し戦争準備態勢を整えた。そして、同年三月から四月にかけて、名手荘側は数百人の武装した軍勢で丹生屋村に乱入し、住宅を焼き払い、住人の刃傷・打擲を行った。この武力紛争はかなり大規模なものであることから、名手荘民だけではなく、寺僧なども含んだ、高野山領の武力を結集したものとみることができよう。この紛争で、名手荘悪党としてその張本とされたのが、名手荘野上《のがみ》村では礼仏法師《れいぶつほうし》以下の一一名、馬宿村では絃惣行事《つるそうぎょうじ》以下の一一名であり、山野をめぐる武力衝突が、悪党事件とされている。

このように村落レベルでの山野・用水紛争が拡大すると、それは荘園相互の紛争となっていき、荘園領主は住民保護の立場からその紛争に関与するようになっていく。それとともに紛争はより拡大し、悪党＝私戦化していくことになる。このような、山野や用水などの資源をめぐる村相互の紛争が、悪党問題の基礎に存在していた。

領域型荘園というものは、村から領主までを含んで、武力を集中しながら、領域の囲い込みを行うシステムであった。領域型荘園の発展、つまり村落側の要求を受けた山野河海の囲い込みの進展は、当然近隣との紛争を生む。悪党は、根本的には領域型荘園が持つ構造的な問題から生まれたのである。

悪党になる沙汰人

このような、荘園における悪党事件の中心を担っていたのが、沙汰人《さたにん》という荘園内部の有力者であった。沙汰人は、「沙汰人中」という集団を作り、荘園内部の有力者集団として村落と荘園領主の中間に位置していた（大山一九七八・小林二〇〇七c）。彼らは領主の意向を村落に通達し、また村落の意志を領主に伝える役目を担った。年貢収納などの実際の業務を行ったのも彼ら沙汰人であった。また沙汰人は古老として荘園の検断（刑事）事件の解決のために尽力し、紛争の際には戦いのリーダーとなった（蔵持一九九六）。このような多彩な役割を果たす沙汰人を媒介にすることによってはじめて、荘園領主の荘園支配は可能になったということができよう。さらに沙汰人の代表者が、公文《くもん》・田所《たどころ》等の下級荘官に任命され、荘園経営に深く関わっていた。ところが鎌倉後期になると、この荘園領主の支配を下から支えている沙汰人そのものが悪党になっていく。

丹波国大山荘（現、兵庫県篠山市）では、正和年間（一三一二〜一三一六年）から荘園領主の東寺に排斥《はいせき》された寺僧厳増とその代官が、荘園内に乱入し、悪党行動を行っていた（東寺百合文書）。荘内の西田井村百姓は、この厳増と同意して年貢を東寺に払わない、等の行動に出た。荘内が分裂してしまう危機に陥ったのである。この事態に対して、荘内の一井谷に居住する沙汰人藤原家安《いえやす》は、自らの計略によって、他所から人勢と兵粮米を調達し、悪党との私戦を行う。この戦いによって悪党厳増は鎮圧されたものとみられ、この後悪党行動は史料上現れなくなる。家安は、この後領主東寺に対して「御恩」を望むが、東寺は逆に家安を沙汰人から外すという行為にでる。それとともに、家安に東寺への忠節を誓約させるのである。東寺は、悪党を戦いで破った家安の実力と村の武力を恐れた。

この事件の場合には、家安は東寺の味方として働いたが、これがいつ荘園領主支配に反抗するものになるかわからない。沙汰人が領主から離脱すれば、領主の荘園支配など成り立たない。現に、代表的悪党として有名な東寺領播磨国矢野荘(現、相生市)の寺田法念は、沙汰人の代表者である公文であったが、荘園領主東寺と対立して悪党化していく。

荘園の一円領化

東寺領大和国平野殿荘《ひらのどの》(現、奈良県平群町)では、永仁年間(一二九三〜一二九八年)から、隣接する興福寺領安明寺《あんみょうじ》・吉田荘(現、平群町)との間で境界の山野をめぐる紛争が勃発する(東寺百合文書)。安明寺・吉田荘側は、下司《げし》・庄司《しょうじ》以下の荘官・沙汰人・百姓を結集して武装し、平野殿荘の山野に乱入し、木を伐採して草を刈り取るという実力行使を行った。平野殿荘民は事件を領主東寺に訴えたが、一向に解決がなされない。その結果、平野殿荘の荘官と百姓らは、東寺の支配から離れて興福寺の支配に入ることを選択し、現地での紛争の解決を目指そうとする。荘園現地の要求に応えられない領主は、在地の荘官・沙汰人・百姓らによって見限られるのである。

このように鎌倉後期になると、荘園現地と荘園領主との関係の緊張が高まり、現地からの安全保障の要求に応えられない領主は排除され、領主としての責任を果たすことができる領主だけが、領主として認められるようになっていく。いわば、領主と荘園現地の結びつきが再確認されていくのである。従来、この時期から荘園が一円領化するといわれている。一円領化とは、荘園において他領主による支配を排除し、単独の領主が排他的に荘園を支配することをいう。鎌倉時代前期の荘園では、一つの荘園に本家《ほんけ》・領家《りょうけ》等の荘園領主から、預所《あずかりどころ》・下司などの荘官、さらには地頭などが重なりあって権利を持っていた。一円領化とは、このような錯綜《さくそう》した権利が整理され、領主と現地が直接結びつくことをいう。

高等学校の日本史の教科書に、下地中分《したじちゅうぶん》として取り上げられていることも、ひとつの一円領化である。教科書では、地頭が荘園を侵略した結果、荘園が荘園領主分（これを領家分と言う）と地頭分の二つに分割されると説明される。この説明でも間違いではないが、荘園領主にしろ地頭にしろ、一円領化して現地との結びつきを強めなければ、領主としての支配ができない状況になっている。

悪党も、この一円領化の運動と密接に関係しているとみることができる。荘園現地の有力者である沙汰人の領主からの離反、そして荘民の持つ力の拡大、それは新しい領主の選択という形で、下から荘園の一円領化を推し進めるエネルギーとなっていた。

飢饉の時代

この時代の荘園の激変、それはいったいなにが原因なのであろうか。今それにすべて答えることは難しい。第一章で述べた、モンゴルとの戦争にともなう荘園現地への軍事的な役の賦課が、現地における矛盾を拡大したことも当然考えられよう。しかし、それにもまして最も重要な原因として考えられるのは、鎌倉後期の社会そのものが危機に瀕《ひん》していたということである。それは、激しい天候不順とそれにともなう飢饉《ききん》、そしてそれに追い撃ちをかける疫病《えきびょう》の流行である。鎌倉時代後期は、「飢饉の時代」であった。

中世の気象災害について網羅的に年表化した、藤木久志の仕事がある。この労作『日本中世気象災害史年表稿』により、私たちは、はじめて中世の飢饉について通覧することができるようになった（藤木二〇〇七）。この年表を参照しながら、十三世紀後半から鎌倉幕府滅亡までの飢饉状況をみることにしたい。

大きなものだけをみても、まず建長五年（一二五三）から建長七年を中心とする飢饉がある。そしてそれに連続するのが正嘉元年（一二五七）から正嘉三年にかけての正嘉の飢饉である。この飢饉は「天下餓死」「餓死者その数を知らず」、さらには「国衰亡」とまでいわれる鎌倉後期最大の飢饉であった。文永年間も飢饉が続き、特に文永九年（一二七二）から文永十一年にかけては旱魃《かんばつ》による不作と飢饉が続いた。文永の役は、このような飢饉状況の中での戦争であった。弘安年間は毎年のように大雨や暴風雨が続き、朝廷では雨を止めるための祈禱が行われた。弘安の役の際にモンゴル軍船を壊滅させたのも、このような暴風雨のひとつであった。

永仁三年（一二九五）も、大雨・大風が続き、「天下一同大損亡」とされる年であった。このような

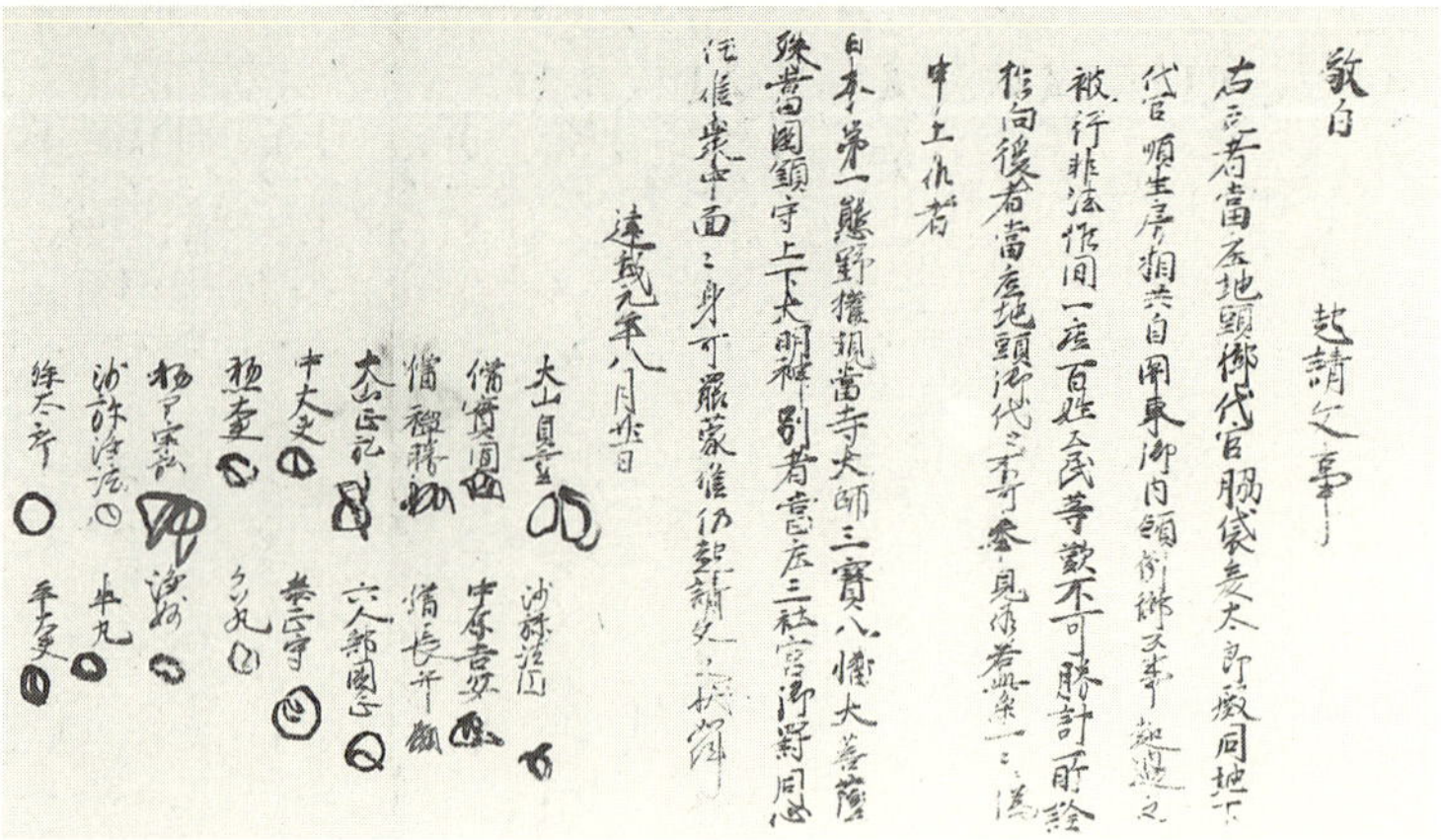

等連署起請文

状況は翌年も続き、永仁五年三月の永仁の徳政令は、このような中で出されたのである。しかし、徳政令の翌年も「大飢渇」とされる状態は続いた。

十四世紀に入ると、ますます飢饉の連続という状況になっていく。嘉元二年（一三〇四）から嘉元四年（一三〇六）にかけて旱魃による飢饉となり、さらに延慶二年（一三〇九）からも「天下飢饉」とされる全国的な飢饉となり、全国的な疫病の流行もそれに追い撃ちをかけた。それは、応長二年（一三一二）にようやく「天下豊豊饒《ほうじょう》」と称されるまで続いた。嘉元の飢饉・延慶の飢饉ということもできよう。正和三年（一三一四）から正和四年にかけても飢饉の年になり、さらには元亨元年（一三二一）には「大旱・大飢饉・餓死」、正中二年（一三二五）には「天下大洪水・田畠水損・飢饉」となり、元徳元年（一三二九）の疫病《えきびょう》の流行による「人民多死」を経て、ついに鎌倉幕府滅亡に至る。

鎌倉後期のこのような飢饉・疫病の連続は、荘園現地の荘

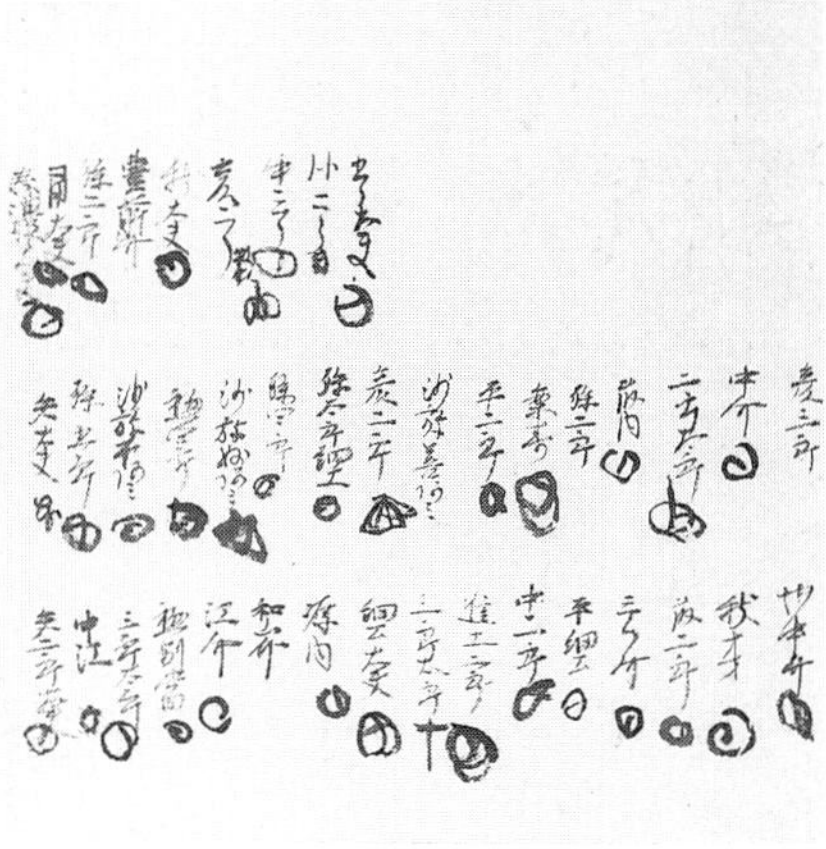

図25　太良荘百姓

民に生き延びることができるかどうかを迫り、さらには荘園領主や地頭に「領主」としての責任を厳しく問うとともに、限りもない社会不安の増大は、政権担当者としての幕府・朝廷を大きく揺り動かしていった。

荘家の一揆

このような飢饉状況の中で、荘民や沙汰人はなんとか生き延びるための方策を模索する。かれらが行ったことは、領主の安堵《あんど》責任つまり、安全保障の責任を問い、飢饉から身を助けることであった。そのために彼ら荘民が行った行為が、領主への訴訟である。そしてその訴訟は、年貢の減免という主張に象徴されていた。

嘉元年間の飢饉の中で、若狭《わかさ》国太良《たら》荘（現、福井県小浜市）の荘民は領主東寺に対して粘り強い年貢減免の要求をしていく（東寺百合文書）。嘉元二年（一三〇四）九月に荘民らは東寺に申状を提出し、「一国平均の大公損」であることを訴え、年貢の減免により百姓を「安堵」させることを要求している。翌年においても百姓は五石の減免を獲得したが、そこであきらめることはなく、さらなる減免を要求する。しかもその際には、もし減免がなされないならば、稲に手をかけない、つまり刈り取りを行わないとまで主張するのである。稲を刈り取らなければ、領主も年貢をとることができなくなるとともに、百姓らも餓死の危機に瀕することとなる。彼らはその危険を承知の上で、なんとしても領主からの年貢免除を獲得することを要求する。

さらに嘉元四年（一三〇六）には、「当年大損亡」と称して、得宗領である地頭分においてはすでに減免の可能性があることを述べつつ、東寺からの減免措置がなされない場合には、百姓が安堵の思いをすることができないとして、同じく「作稲取るに及ぶべからざる」と主張している。荘民は、飢饉における領主の危機管理能力を鋭く追及しているのである。

このような、荘民による年貢減免要求のための闘いを、「荘家《しょうけ》の一揆」という。鎌倉後期から南北朝期は、荘家の一揆が頻発する時期でもあった。そして、太良荘のような状況になれば、荘民が領主から離反するのも時間の問題であろう。

逃散と一味神水

荘民が領主から離反するということを、象徴的に示す行為が逃散《ちょうさん》である。逃散は、領主が荘民の要求を受け入れない場合に、荘民の方から一時的に領主との関係を断絶する行為である。入間田宣夫は、中世百姓は、年貢さえ納めれば去留《きよりゆう》の自由を持ち、不都合な領主を捨てて、より良い領主のもとへ行くことができることを述べている（入間田一九八六）。そして、そのような中世百姓の自立を前提として、逃散は荘民の神聖な権利でもあった。

荘民は、飢饉などの重要な問題が生じた場合には、何度も申状を提出して、領主と交渉する。そしてその際には、一味《いちみ》神水《じんすい》という行為が行われた（千々和一九八三）。一味神水とは、荘民一同が一致協力することを起請文に記し、参加者全員が署判した後、その起請文を焼いた灰を神水（神に捧げた水）に混ぜ、その水を皆が飲む行為である。この行為により、神との一体化がはかられ、それとともに荘民全体の強固な意志が確認された。

荘民は一味神水をした上で、領主と交渉し、要求がかなえられない場合には逃散を行った。塩の荘園で有名な東寺領伊予《いよ》国弓削島《ゆげしま》荘（現、愛媛県弓削町）では、代官である承誉《しょうよ》が年貢の塩を私的に責め取る等の非法を行ったため、代官が交替されなければ、荘民らは一味神水を飲んで逃散する、ということを東寺に訴えた（東寺百合文書）。さらに、実際に承誉が荘内に乱入した際には、荘民は逃散を実施した上で、領主東寺の成敗によって百姓を還住させることができた時に、年貢を支払うと述べている。荘民は、逃散を切り札として領主とギリギリの交渉を行っている。

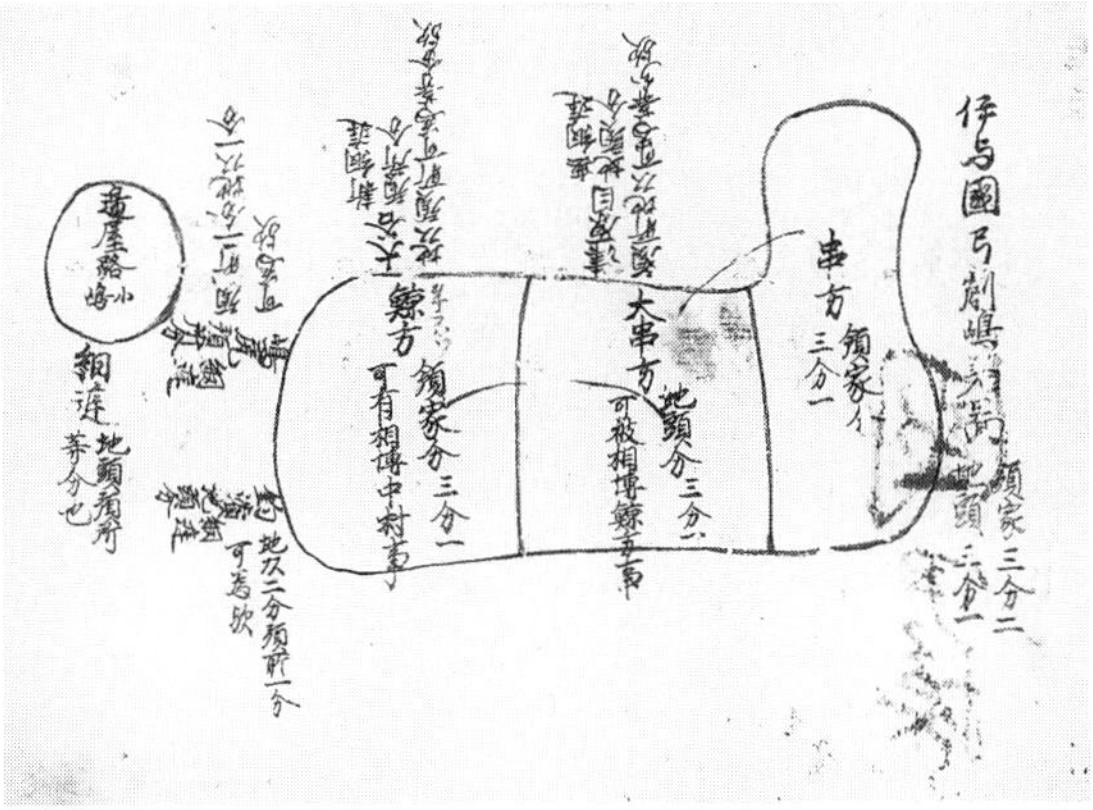

図26　伊予国弓削島荘和与絵図

このように、鎌倉後期の危機的な社会状況の中で、荘民は領主に対する政治力を高めていく。その結果、年貢そのものも、一定の額を荘民が請け負うようになっていく。この額は荘民有利の条件で設定される場合が多かった。これを地下請《じげうけ》

(百姓請)といい、鎌倉後期の丹波国大山荘などにみることができる。このような形で、荘民と荘園領主の関係は一種の契約関係のようなものとなっていく。荘民の要求に応え、安堵責任を果たすことができる領主を荘民の側が選択し、領主による安堵の対価として一定の年貢を支払う。荘園の一円化の背景には、このような動向が存在していた。

自立する村

荘園が激変するとともに、荘園内部の村落も変化していった。そのような事態を従来では、「惣村《そうそん》」の成立と称してきた。中世の惣村の典型として有名な近江《おうみ》国菅浦《すがうら》(現、滋賀県西浅井町)は、鎌倉後期に新しい村として自立する。菅浦は本来近隣の大浦《おおうら》荘(現、西浅井町)の一つの名《みょう》であったが、大浦との境界にある日差《ひさし》・諸河《もろかわ》の田畠をめぐる紛争の中で、大浦からの独立を目指した。

南北朝初期の菅浦と大浦を描いた荘園絵図には、赤線で菅浦と大浦下荘の境界が菅浦有利の形で描かれていて、菅浦は独立した集落となっている。また大浦荘内部にもいくつかの集落が記載され、これらの集落は後の近世村につながるものであることが指摘されている。日差・諸河だけではなく、背後の山野も含み込んで菅浦の領域が設定されていることから、山野・湖上の漁場の領有も意図していたものとみることができよう。新しい村落は、山野河海の囲い込みと独占を志向する中から生まれてきた。これは、飢饉の時代の中で、村落が生き延びるための一つの選択でもあった。

菅浦では貞和二年(一三四六)に村掟《むらおきて》が制定される。内容は日差・諸河の土地の売却を禁止したものであり、大浦との紛争を背景にした掟である。後半には掟に背いた村人に対して、惣への出仕を止める事が記されている。惣という新しい共同の組織が成立し、村人はその組織に参加し、組織に従わなければならなくなった。この組織が、危機への対応として生み出された、新しい「惣村」である

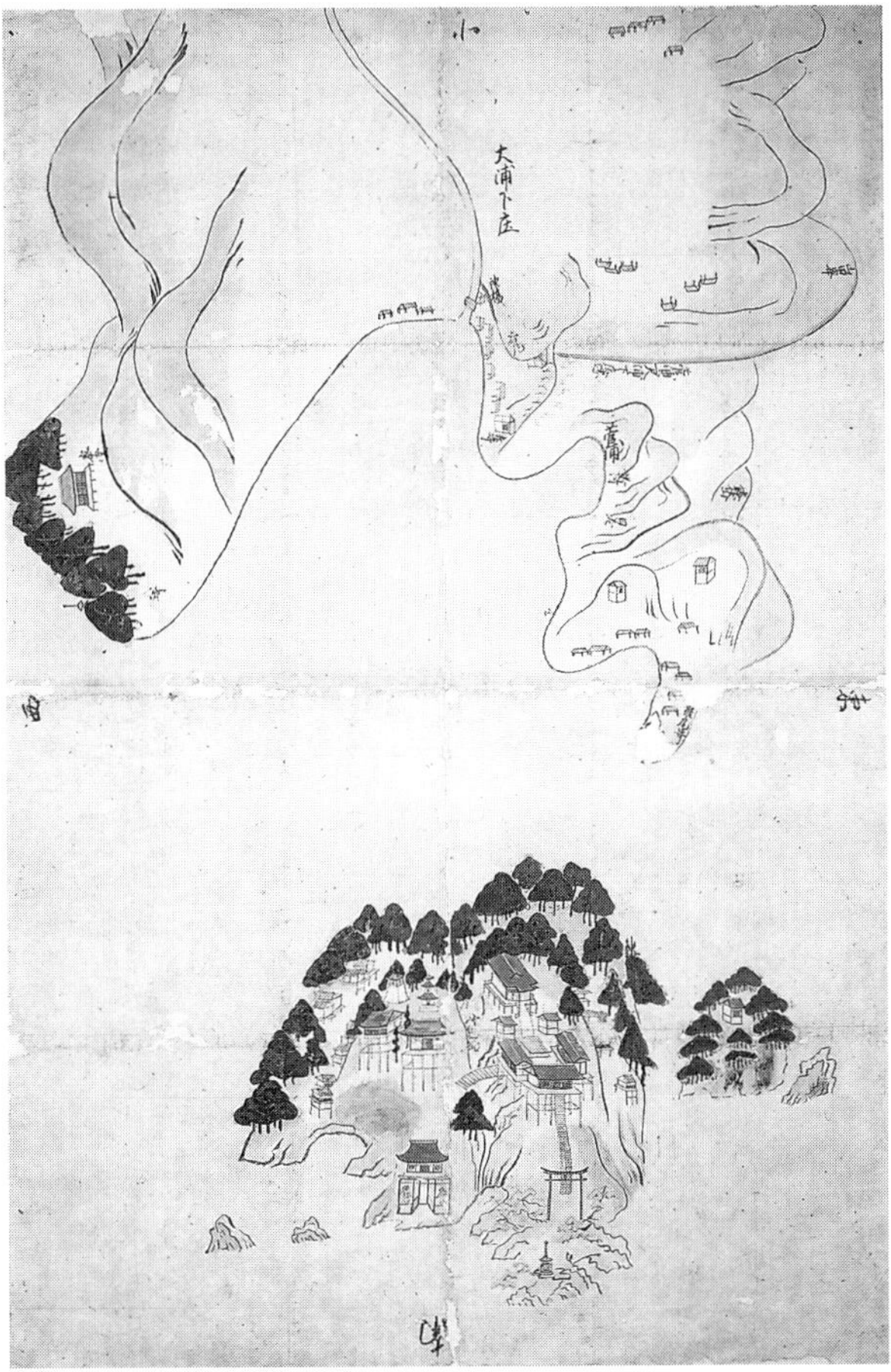

図27　近江国菅浦絵図

（蔵持二〇〇七ａ）。

またこのような「惣村」は、荘園秩序の変質から生み出されてきた。鎌倉期の荘園においては、荘民内部に身分的な差が存在していた。有力荘民としての名主《みょうしゅ》クラスと一般荘民としての小百姓《こびゃくしょう》クラスである。そして、荘園の運営は名主層が中心となって行われていた。両者の身分的な差は、荘園鎮守《ちんじゅ》の祭礼や寄合の場における座の席次等で表現されていた。しかし、新しい村である「惣村」は、より平等な形での組織として形成されてくる（黒田弘子一九八五）。

東大寺領備前《びぜん》国野田荘（現、岡山市）では、荘園鎮守野田八幡宮の祭礼の際に、小百姓が名主の座より上位の座を望み、両者の間に激しい紛争が起きている（東大寺文書）。小百姓層の政治的成長が、それまでの荘園秩序を下から突き上げ、崩していった。その結果、小百姓層を含み込んだ平等な組織としての「惣村」が形成されていったと考えられるが、それは小百姓層と名主層の厳しい対立を経てはじめて生まれた（小林二〇〇七ａ）。小百姓層の政治的成長は、彼らが飢饉などの社会的危機の影響を直接受けたためとみることができよう。この両者の対立とその解決への模索という事態が、荘園秩序を下から動揺させ、荘家の一揆や悪党を生みだし、荘園、さらには社会そのものを激変させていく。

3——銭の時代の到来と救済事業

これまで荘園と村落について述べてきた。いわゆる農業民を中心とする世界である。しかし、中世社会に生きた人々は農業民だけではなかった。そこには多くの非農業的な職業に従事する人々がいたのである。

非農業民集団の活動

具体的には、海や河川、湖を生業の基盤とする漁民、材木・板の加工・販売、炭の製造や柴薪という燃料用材の採取・販売を行う山を生業とする人々、そして都市や市場を基礎とする商人、鋳物・木工品・衣料品などさまざまな物を生産する手工業者、さらには田楽師《でんがくし》・猿楽師《さるがくし》・白拍子《しらびょうし》や人形を使う芸能を行う傀儡《くぐつ》師などの芸能民である。彼らは、特産品を商品化して交易に関与し、また手工業者や芸能民は小集団を形成して各地を遍歴しながら活動していた。

例えば金属製品を生産する鋳物師《いもじ》は、鋳物師集団を統括する惣官のもと、いくつかの小集団があった。これらの集団は番頭を中心として、内部に大工《だいく》・長《おさ》・小工《しょうく》・列《れつ》（連）などの身分秩序を持っていた。そして彼らは、農具をはじめとして寺院の梵鐘《ぼんしょう》に至るまで、さまざまな製品を生産していた。そして自由な活動の保障のため、利益の一部を朝廷に納めるかわりに、蔵人所《くろうどどころ》から許可書を得ていたのである。

同様に芸能民も、例えば傀儡師の場合には、党という小集団を形成して活動していた。そして、彼らの活動の自由もまた保障されていた。建長年間（一二四九～一二五五年）に、東海道沿いの駿河国宇《う》津谷《つのや》郷今宿（現、静岡市）の傀儡師に対し、領主の久遠寿院《くおんじゅいん》が人夫役を賦課した。傀儡師は、これを拒否し、結局幕府の裁判に持ち込まれた。幕府は、昔から役や税は負担していないという傀儡師の主張を支持し、結局傀儡側が勝訴した。世俗的な支配に伴う税や役は、彼らには賦課《ふか》されなかった。

このように商人・手工業者・芸能民らは、中世社会の中で自由な活動を行い、人と人、モノとモノ、地域と地域を結びつけていた。彼らは、社会を維持するための潤滑油や血液のような役割を果たしていたということができよう。そして、このような彼らの活動を支えていたのが銭であった。

銭の時代の到来

一九七六年に韓国の全羅南道新安《しんあん》郡曽島沖で、数点の中国陶磁器を地元の漁師が引き上げた。これをきっかけとして付近の海底が調査された結果、沈没船の存在が確認され、引き上げられた。船体の長さ約三〇メートル、推定二〇〇トン級の構造船であった。同時に二万点以上の陶磁器をはじめとする遺物が発見され、「新安沈没船」として大きな注目を集めたのである。木簡などの遺物の調査・研究により、この船は一三二三年に中国の寧波《ニンポー》から博多に向かっていた途中で沈没したと推定されている。この新安沈没船には陶磁器とともに、大量の銅銭が積まれていた。約八〇〇万枚、約二八トンである。これはほんの一部であり、毎年大量の銅銭が中国から日本に運ばれていたことが想像される。

このように宋銭・元銭などの流通が、日本社会の中で飛躍的に拡大していった。銭の流通は、地域間の交流と交易を飛躍的に拡大させていく。特にその地域だけでは需要《じゅよう》が少ない、塩・材木・薪炭・栗・大豆など各地の特産品を流通のルートにのせていく。その結果、従来では年貢・公事《くじ》として都市の荘園領主に差し出されていた特産品は、流通ルートにのることにより各地で売買され、需要が拡大していく。そして、鎌倉後期の慢性的な飢饉状況は、生き伸びるための銭を得る手段としての特産品の流通を、さらに推し進めていく。

教科書では、鎌倉後期から荘園の年貢・公事が銭で納めることが行われるようになったことが述べられる。これを代銭納《だいせんのう》という。代銭納は山間地帯ではじまり、在地側の要求によることが指摘されている（大山一九七八）。この代銭納も、各地の特産品が流通ルートにのったことを反映している。

阿波《あわ》国の吉野川南岸に麻殖山《おえやま》（現、徳島県美郷村・山川町）という山間地帯がある。国衙領《こくがりょう》であり、在京の冷泉《れいぜい》家が地頭職を持っていた。現地から京都への年貢・公事としては、材木・板や皮などとともに絹糸があった。そしてこれらの年貢・公事は、鎌倉後期に現物納から銭納化される。この背景には、麻殖山の特産品が実際には吉野川沿いの地域市場や河川・海上を通じて京都に運ばれ、売買の対象となっていたことがあるとみられる。そして、この特産品の交易に関わっていたのが、番頭といわれる、沙汰人と同様の地域の有力者であった（小林二〇〇四）。

彼らは、鎌倉の最末期である正慶・元弘年間（一三三二～三三年）に二度にわたって一揆を結び、紛争の自律的な解決を誓約している（三木文書）。この紛争とは、具体的には山間資源の流通及び権益に関する紛争であるとみられ、彼らは有力者集団を形成して、山間資源＝特産品から得られる利益を維持・独占しようとしているのである。このような地域社会の経済的な実力者を「有徳人《うとくにん》」と呼び、彼らは経済を通じて地域社会のリーダーとなっていた。沙汰人や番頭というものも、現実的にはこのような有徳人であったとみられ、悪党の中にも、有徳人は数多く存在していたものとみられる。

このように鎌倉後期は、大陸からの大量の銭の流入により、特産品を中心とする物資の流通が飛躍的に拡大している時期であるということができよう。代銭納の進展は、荘園年貢を銭そのものでなく、中世の為替である「割符《さいふ》」で支払うシステムを発展させ、高利貸し等の金融業者を生み出していった（桜井英治一九九六）。銭の流入により、経済活動は飛躍的に進展していったのである。

叡尊・忍性の救済事業

経済活動の進展は、有徳人を生み出すとともに、貧しい人々を生み出す。貧富の差の拡大である。さらに飢饉は、貧者を飛躍的に拡大していく。そして、彼らは都市に流入していった。『方丈記《ほうじょうき》』には、養和の飢饉の際の京都の描写として、「乞食《こつじき》、路のほとりに多く、愁へ悲しむ声耳に満ちてり」とある。飢饉による難民は、京都・奈良などの都市において、乞食をすることで生き延びようとしたのである。そしてこれらの貧者は、最底辺の身分としての非人を形成していった。

このような社会の中に拡大していく貧者や非人《ひにん》を救済しようとする考えが、仏教勢力の中で生まれてきた。その中心となったのが、大和西大寺《さいだいじ》を拠点として、戒律《かいりつ》の復興運動を行った叡尊《えいそん》（思円）と、その弟子忍性《にんしょう》（良観）である。戒律とは、仏の戒めと僧の規律を意味する。叡尊は、戒を受けることは自らのためではなく、他者のためであると考え、社会的な慈善救済活動を行っていった（細川涼一

図28　叡　尊

図29　忍　性

一九八七)。

叡尊は、各地で非人に対して戒を授け、食料の施し(施行《せぎょう》)を行った。中でも最大の事業が、文永六年(一二六九)に、奈良における非人の集住地である奈良坂般若寺《はんにゃじ》の、文殊菩薩《もんじゅぼさつ》像完成の際に行われた文殊供養である。そこでは、非人二〇〇〇人を般若寺の周囲に集め、生身の非人を文殊菩薩にみたてて儀式が行われた。その際には、非人一人一人に、袋に入れた米一斗・汁二掬《すく》い・餅《もち》一枚・蜜柑《みかん》・筵《むしろ》・檜笠《ひがさ》・浅鍋等が与えられたという。これらの筵などの道具類は、乞食のための道具とみることができる。

叡尊が畿内中心に活動したのに対し、忍性は主に関東で活動を行った。建長四年(一二五二)に関東へ下向し、最初は常陸三村寺を拠点としたが、文永四年(一二六七)には鎌倉極楽寺《ごくらくじ》を拠点として活動を行った。現在、極楽寺を描いた絵図が残されている。江戸時代に鎌倉末の姿をしのんで作成されたものとされるが、そこには療病院・薬湯室・施薬悲田院《せやくひでんいん》・病宿・無常堂《むじょうどう》等が描かれている。無常堂とは、捨てられた病者を収容する施設と考えられる。極楽寺は、いわば鎌倉の福祉センターであったということもできよう。

叡尊・忍性の慈善事業を、単純にプラス面だけでは考えられない。蒙古襲来の中で叡尊は公武権力に急接近し、四天王寺・伊勢神宮等で異国調伏祈禱を積極的に行い、時代の立役者となっていく。このことは、彼らの活動が政治権力と連携し、差別的な身分秩序を固定化することにつながっていった、とみることもできる。しかし、鎌倉後期の貧富の差の拡大という、最も根本的な社会問題に、彼らが宗教者として真摯《しんし》に向き合おうとしたことは間違いなく、彼らの活動は、問題そのものを正しくとらえていたのである。

一遍と念仏集団

叡尊・忍性と同じ時期に貧者・非人の救済事業を行った人物が、もう一人いる。一遍《いっぺん》である。一遍は、伊予の御家人河野通広《こうのみちひろ》の子として延応元年（一二三九）に生まれた。十歳で出家し、浄土教を学びその奥義を受けた。そして、伊予の窪寺で三年間に及ぶ難行《なんぎょう》の後、文永十一年（一二七四）に念仏布教を志し故郷を捨てて遊行《ゆぎょう》を開始したのである。

一遍は、人々の極楽往生は、南無阿弥陀仏《なむあみだぶつ》という念仏のみでよいとし、信心不信心を問わず、浄不浄を問わないという考え方を徹底したのである。そして、踊り念仏と「南無阿弥陀仏　決定往生　六十万人」と書かれた札を配る（賦算）ことを通じて、全国に念仏を広めていった。その対象は、貧し

図30　甚目寺に参詣する一遍と弟子たち（『遊行上人縁起絵』）

い庶民が中心であった。そしてその中から、一遍とともに遊行し、また活動する集団が生まれてくる。それは時《じ》衆《しゅう》と呼ばれ、江戸時代に時宗として教団化された。時衆はいわば念仏集団であり、各地に道場と呼ばれる拠点を形成し、布教を進めていった。

一遍も、貧者・非人への施行を積極的に行った。弘安六年（一二八三）に尾張《おわり》国甚目寺《じもくじ》に参詣に訪れた一遍と弟子達は、七日間の断食修業に入った。結願の日近くに、近くの萱津宿《かやつしゅく》（現、愛知県甚目寺町）の有徳人が、甚目寺の毘沙門天《びしゃもんてん》が現れ、大事な客人がいるのでかならず供養して欲しいと言った夢をみた。そして有徳人の力で、一遍と僧らに料理が振る舞われると同時に、周辺の貧者・非人らにも施行《せぎょう》がなされたという。また一遍とともに遊行した集団には、多くの非人がいたことも明らかにされている。一遍による極楽往生の対象は、叡尊・忍性と同じ社会的に最底辺に置かれた弱者であった。

それでは、一遍の時衆と律宗との違いはどこにあるのだろうか。応安年間（一三六八〜一三七四年）に作成された『善光寺縁起《ぜんこうじえんぎ》』には、興味深い挿話がある。信濃《しなの》国善光寺念仏堂にいた四八人の時衆が戒律を守らなかったので追放され、鎌倉の極楽寺から律僧を招いた。ところが、念仏堂の井戸に白蛇が現れて、律僧らを悩まし、またある夜、夢に老僧が現れ、「自分は清い流れではなく、濁った水に棲《す》みたいのだ」と律僧らに告げた。律僧らは、「私たちがここに居るのは如来《にょらい》の本意に背くのですか」と問うたところ、老僧は「そうだ」と答えた。その結果、時衆が再び念仏堂に戻ってきたというのである。清い流れが律宗を示し、濁った水が時衆を示しているとみることができよう。

戒律という上からの立場で、社会的弱者である貧者・非人を救おうとする考え方は、非人らの支持をどこまで得られたのか疑問である。濁った水こそが、本当に人々とともにあり、人々を救うことができる。民衆、その中でも最底辺の弱者は、蒙古襲来の中で体制仏教となってしまった律宗よりも、時衆にその救いを見いだしていったのではないだろうか。

一遍は、正応二年（一二八九）六月から「寝食つねならず」という重い病となった。八月に兵庫観音堂に着いたときにはすでに危篤《きとく》状態であり、同月二十三日に多くの弟子や信奉者に見守られながら往生する。五十一歳であった。彼の目指した弱者の救済という、いわば「社会問題」の解決は、俗世界ではやはり統治者の仕事であるといえよう。しかし、すでに鎌倉幕府はその力を失っていたのである。問題は解決されず、ついに社会の大変動へとつながっていく。

四　幕府滅亡と建武の新政

1――後醍醐天皇と幕府滅亡

両統迭立

永仁六年（一二九八）七月、積極的に徳政を進めていた伏見天皇は、十一歳の皇子胤《たね》仁《ひと》に譲位し（後伏見天皇）、伏見上皇となってなお政務をみることとなった。持明院統内部の皇位継承である。これは一見持明院統の勢力拡大ともみえる事態であったが、内実は異なっていた。皇位継承の直前に、伏見のブレーンとして徳政を推進した京極為兼《きょうごくためかね》が幕府に捕らえられ、佐渡に流されている。伏見の退位は、現実には伏見徳政の挫折を意味していた。

伏見と為兼は、得宗北条貞時を中心とする幕府に批判的であった。神鏡が安置される内侍所《ないしどころ》に捧げられた伏見の願文には、「（朝廷の中に）みだりに不実を関東に訴えて、天下をくつがえそうとする者がいる。ことは火急であり、恐怖極まりない」とある。朝廷内部に親幕府勢力があり、伏見の権力を揺さぶっていたことがわかる。伏見と貞時の政治は、激しくぶつかりあっていた。朝廷・幕府ともに徳政として行った訴訟制度の整備が、前章で述べたような在地社会の激しい対立・紛争に対応すること

図31　両統迭立

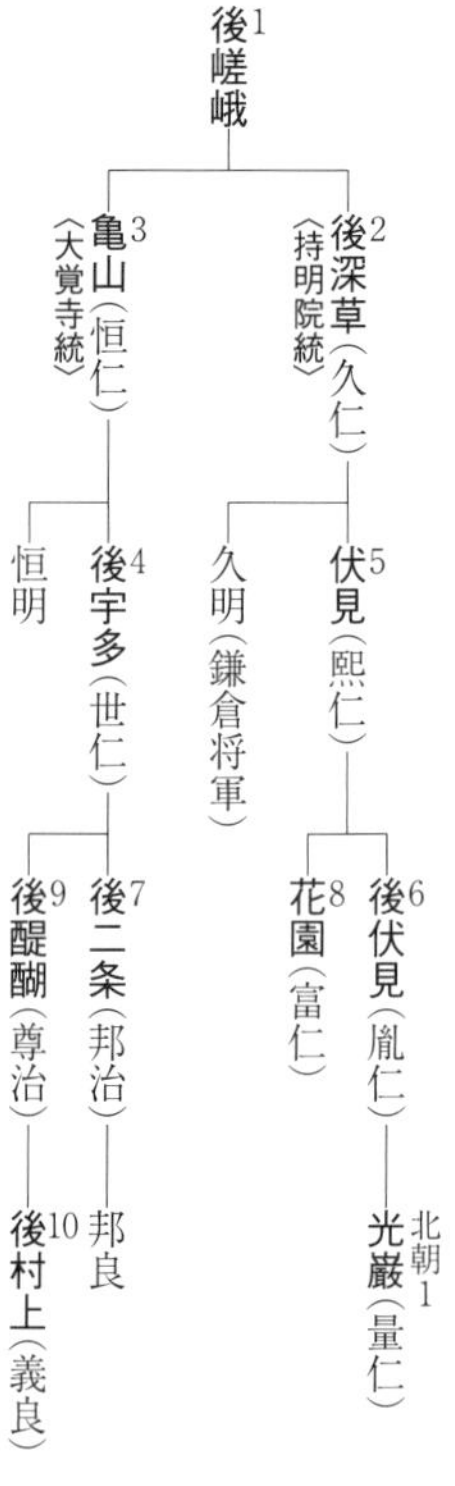

ができず、逆に朝廷・幕府ともにそれに巻き込まれながら、相互の対立を深めていったとみることができる。

　このような状況の中で、朝廷内部で親幕府の立場をとっていたのが、朝廷と幕府との連絡・交渉役として大きな力を持っていた、関東申次《かんとうもうしつぎ》の西園寺《さいおんじ》実兼《さねかね》であった。実兼は為兼と対立し、為兼の配流の背景には実兼の意向があったものとみられる。この機に乗じて、大覚寺統の後宇多も幕府に働きかけ、後宇多の皇子邦治《くにはる》が皇太子となる。そして、正安三年（一三〇一）一月に、邦治は後二条天皇として即位し、後宇多上皇による院政が行われることとなる。同時に次の皇太子が問題となり、大覚寺統は後二条天皇の弟尊治《たかはる》（後の後醍醐天皇）を推し、持明院統は後伏見上皇の弟富仁《とみひと》（後の花園天皇）を推した。両者は激しく幕府に働きかけたが、幕府は両統から交互に皇位につかせる原則を確認し、幕府の意見の通り、富仁を皇太子とすることとなった。このように大覚寺統と持明院統が、ほぼ交互に皇位を継承することを両統迭立《りょうとうてつりつ》という。

両統の対立は皇位継承だけが問題ではなく、その背景には荘園所領の問題もあった。正安二年（一三〇〇）に膨大な遺領を残して、後堀河天皇の皇女である室町院が没した。室町院は遺言を残さなかったため、大覚寺統側は後宇多妃の永嘉門院《えいかもんいん》の相続の正当性を主張したが、持明院統側は折中を主張して激しく反対した。その結果、幕府の調停により折中で決着したものの、両統の対立は残った。

嘉元二年（一三〇四）七月に後深草上皇が死去し、さらに翌年九月に亀山上皇が死去する。両統の実力者の相次ぐ死は両統の対立をより深め、さらに公家や寺院内部の対立と結びつきながら拡大していくことになる。

嘉元の乱

一方、幕府内部も激しく対立し、分裂していく。永仁の徳政令に代表される執権北条貞時による徳政は、在地社会に問題を巻き起こし、政策変更をせざるを得なかった。永仁の徳政令発布の翌永仁六年（一二九八）二月、徳政令で禁止された越訴制は復活し、また所領の売買質入れの禁止は解除された。徳政政策の大幅な後退ということができる。

正安三年（一三〇一）八月、突然貞時は三十一歳の若さで出家してしまう。執権には時宗の弟宗政《むねまさ》の子、貞時には従弟にあたる師時《もろとき》が就任し、連署には北条泰時弟の政村の子、一門最長老の時村《ときむら》が就任した。しかし、出家はしたものの貞時はなお寄合で幕政を指導し、その専制的な政策は強化されていった。嘉元元年（一三〇三）に、殺害・刃傷・夜討・強盗・山賊・海賊などへの刑量を定める法令が出され、たとえ御家人であっても斬罪、という厳しい処罰がなされることが明示された。ちょうど『峯相記』で初めて悪党が描かれてくる時期である。幕府は悪党に対して、職権を強める「専制」で対応せざるをえなくなっていく。悪党が幕府の専制化を招いていくのである。しかしこのような対応は、幕府内部にさらなる分裂をもたらすことになる。

嘉元三年（一三〇五）四月二十三日、貞時の命を受けたと称する集団が連署時村の館を襲撃、多くの一族とともに時村は斬殺され、鎌倉は大騒動となった。貞時の命令は偽りであるとして襲撃者は斬首される。事件の背後にいる人物は北条宗方《むねかた》であるとされ、執権邸で得宗貞時・執権師時らによる評定が行われている最中、宗方は手勢を率いて執権邸に向かい、合戦となって宗方は討死する。この事件を嘉元の乱という。

北条宗方は、時宗弟宗頼《むねより》の子であり、師時と同じく貞時の従弟にあたる。二十歳での六波羅北方探題就任以来、貞時政権のもとで重職を歴任し、事件直前には得宗家執事《しつじ》・侍所《さむらいどころ》所司《しょし》の地位にいた人物である。なぜ彼がこのような事件を起こしたかについては、謎に包まれている。従来では、宗方が同年代で執権となった師時をうらやんだとか、また宗方の背後には有力御家人勢力があり、霜月騒動の再現であるとも考えられていた。しかし細川重男は、この事件の背後には、得宗貞時と、時村を代表とする北条氏庶流との対立があったとする（細川二〇〇〇）。貞時の片腕である宗方が、貞時の意を受けて連署時村を殺害したというのである。しかし、結局宗方は貞時に裏切られ、乱の責任を押しつけられて、切り捨てられてしまった。得宗の専制化は、幕府内部に激しい対立と矛盾をもたらすことになっていく。

この後、貞時に幕府官僚の中原（従来は平とされていた）政連《まさつら》が差し出した諫奏《かんそう》（意見を述べる文書）によれば、貞時に対してきちんと評定に参加するように述べ、また連日の酒宴を自粛《じしゅく》すること、倹約をすべきことを訴えている。貞時は嘉元の乱以後政事に対する興味を失い、退廃的な生活に入っていく。応長元年（一三一一）十月二十六日、貞時は四十一歳で死去する。鎌倉後期の危機状況への対応に疲れ果てた最後だったと思われる。そして得宗の地位は、わずか九歳の最後の得宗、北条高時に受け継がれることになる。

後醍醐天皇の登場

京都では、徳治三年（一三〇八）、後二条天皇が没し、皇太子富仁が皇位を継承して花園天皇となった。同時に父伏見上皇が院政を行うことになる。京都の政権は、大覚寺統から持明院統に移ったのである。両統迭立の原則からいえば、次の皇太子は大覚寺統から選ばれることとなる。皇太子候補としては、後宇多の弟恒明《つねあき》と、後宇多の子で、後二条の弟にあたる尊治《たかはる》（後の後醍醐天皇）がいた。後宇多が、最終的には後二条の子邦良《くによし》への皇位継承を望んでいたこともあり、また恒明を抑えるため、結局尊治を皇太子に立てることに決定した。尊治の母は五辻忠《いつつじただ》継《つぐ》の女忠子、晩年には後宇多の父亀山の寵愛を受けたともいう。尊治は、いわば中継ぎとしての皇太

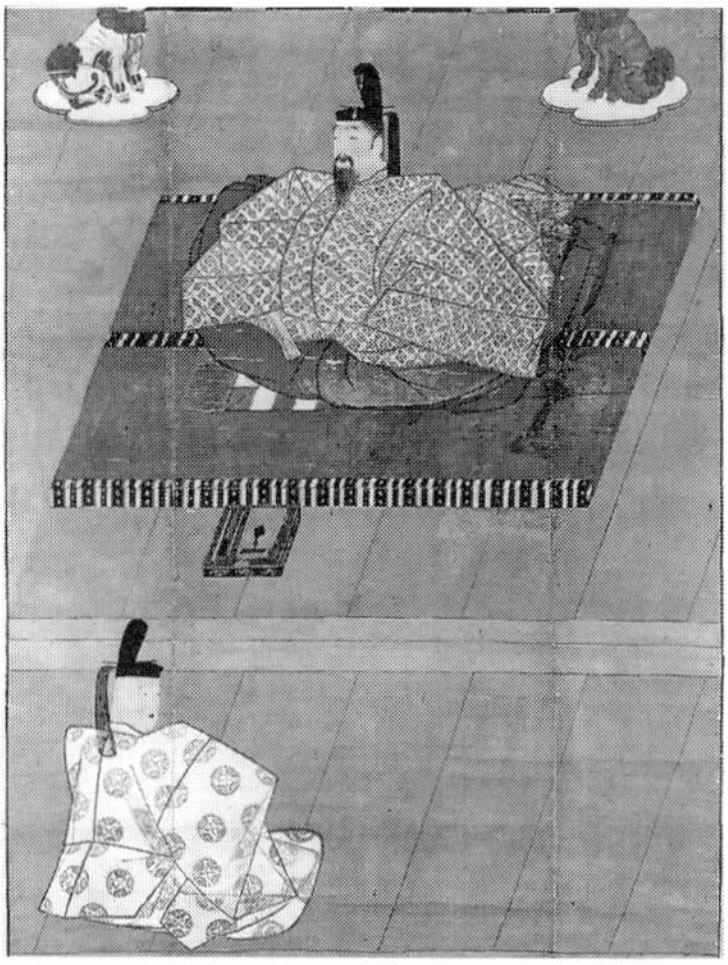

図32　後醍醐天皇

子であった。

　持明院統の花園天皇の在位が足かけ一〇年に及び、後宇多は皇位継承を強く望むようになる。そして文保《ぶんぽう》元年（一三一七）四月、鎌倉から使者の摂津《せっつ》親鑑《ちかあき》が上洛する。親鑑は皇位継承について、「皇太子（尊治）が即位した際には邦良親王を皇太子に立て、その後の皇太子を後伏見上皇の皇子量仁《かずひと》とすべきである」という意見を提出した。この結果、大覚寺統から二代続けて天皇が即位し、その後持明院統に移ることが今後の方針とされた。これを文保の和談という。

　そして翌年二月二十六日に尊治に皇位が譲られ、後醍醐天皇として即位する。同時に父後宇多が院政を開始する。皇太子は邦良となった。後宇多にしてみれば理想の展開である。この時期に後宇多はつぎのような歌を残す。

　我す（住）めは　さひしくもなし　山里も　朝まつりこと　おこたらずして（『増鏡』）

　治天としてその得意の絶頂にあった後宇多であったが、その院政も四年で終わり、いよいよ後醍醐天皇が歴史の表舞台に登場する。

北条高時政権

貞時から得宗の地位を受け継いだ高時が、執権の地位につくのが正和五年（一三一六）、十四歳の時であった。しかし、執権とはいっても形ばかりであり、実際に政務に携わるようになるのは、文保二年（一三一八）の寄合・引付・評定出仕初めの時からであった。しかし、その実務といっても連署の金沢貞顕《かねさわさだあき》を中心とする北条一門や、得宗家執事の長崎高綱《ながさきたかつな》・高資《たかすけ》父子、舅《しゅうと》の安達時顕《ときあき》らに支えられるものでしかなかった。

高時の人物評価については、『保暦間記《ほりゃくかんき》』に次のようにあるのが有名である。「頗《すこぶる》亡気の躰《てい》にて、将軍家の執権も叶《かな》い難《がた》かりけり」、はっきりとしない人物で、とても執権職につくことができるような人物ではないという。また、『太平記』でも、「日夜朝暮にもてあそぶこと他事なし」とされるまで田楽を好み、また、「錦を着た奇犬」が鎌倉中に四、五千匹も充満したとまでいわれるほど闘犬に惑溺《わくでき》した、無能で遊興的・退廃的な人物であるとされた。もちろん、高時自身にその傾向はあったことを否定することはできないが、高時の時期の幕府政治のシステムが、それ以前のものから変化していたことも考えられよう。

図33　北条高時

嘉暦元年（一三二六）の三月に、高時は病を理由として執権を辞任する。次の執権には連署金沢貞顕が就任するものの、直後に辞任し、結局執権は北条一門の赤橋守《あかはしもり》時《とき》、連署は大仏維貞《おさらぎこれさだ》となる（嘉暦の騒動）。この背景には、高時の執権辞任の後、次期執権の最有力候補である高時弟泰家《やすいえ》への執権職就任を望まなかった、長崎高資の陰謀があったとされる。この騒動を中心に、高時政権の性格について検討した細川重男によれば、高時政権の重要政務は、長崎高綱・安達時顕・摂津親鑑・赤橋守時らの少数特定の人物による合議で行われたことが指摘されている（細川二〇〇〇）。その中でも、中心となった人物が長崎高綱と安達時顕であったという。

このように、得宗の政治的主体性は失われ、その周囲の特権層が権力を握るシステムに変化していた。得宗は、とりあえず存在してさえいればいいのである。そしてこのような形は、貞時徳政の失敗の中から選択された道ということもできる。言い換えれば、周囲が得宗高時に政治力を与えなかったのである。高時自身の頽廃も当然であろう。得宗の権威の失墜は、北条氏が担うべき幕府の求心力を失わせていくとともに、少数特権層への御家人の不満を高めていく。幕府滅亡は、秒読み段階に入っていく。

正中の変

頻発する飢饉とそれに伴う社会不安、荘園制の矛盾から各地に噴出する悪党、朝廷や幕府内部の激しい分裂と対立、時代を変えようとするエネルギーが社会全体に満ち溢れてきた。そのエネルギーを、倒幕という形に結集させていったのが、後醍醐天皇であった。元亨《げんこう》元年（一三二一）十二月、後宇多の院政は停止され、後醍醐天皇の親政が開始される。訴訟機関として記録所が設置され、日野俊基《ひのとしもと》の蔵人《くろうど》登用に代表されるような家格を無視した人事等、政治の刷新がおこなわれていく。

さらに、後醍醐は京都を中心とする商業に関する法令を、矢継ぎ早やに発布する。元亨二年（一三二二）に発布された、洛中酒麹役《さけこうじやく》賦課令と神人公事《じにんくじ》停止令である。網野善彦によれば、前者は諸社に属していた洛中の酒屋を天皇の支配下に入れ、直接酒麹役を賦課しようとしたものである。また後者は、神人《じにん》（諸社に属して商業活動に従事した者）に対し、神社が公事（税）を賦課することを禁止したものである（網野一九九五）。どちらも、天皇が京都を直接支配することを意図したものとみることができる。後醍醐天皇は、今までの治天とは異なる意志を持っていた。そしてその意志は、支配を京都のみならず全国へ拡大することを目指していた。

新しい政策が行われると同時に、倒幕計画は密かに進められていた。天皇は無礼講《ぶれいこう》と称する会合を開き、ほとんど裸で酒を酌《く》み交わしながら、幕府転覆の相談を進めた。参加者は側近公家としては日野資朝《すけとも》・同俊基・花山院師賢《かざんいんもろかた》・四条隆資《しじようたかすけ》、僧玄基《げんき》、足助重成《あすけしげなり》・多治見国長《たじみくになが》らの武士も参加していた。元亨四年（一三二四）六月には後宇多が死去し、後醍醐を抑えるものはなにもなくなった。計画は同年九月二十三日の北野祭の当日、必ず起こる喧嘩《けんか》をきっかけに蜂起して六波羅探題を急襲するというものであった。しかし計画は、同志の土岐頼員《ときよりかず》から漏れた。頼員は計画を妻にもらし、妻からその父の六波羅奉行人斎藤利行《さいとうとしゆき》へと伝えられたのである。六波羅は大軍で多治見国長らの館を急襲した。日野資朝・俊基らは逮捕された。計画は完全に失敗した。

直後に万里小路宣房《までのこうじのぶふさ》が関東に向かい、後醍醐自身はこの陰謀に関与していないことを幕府に弁明した。幕府はそれを認め、そのかわりに日野資朝は佐渡に流罪、俊基は証拠不十分ということで赦免《しゃめん》された。この事件を、一般的には正中《しょうちゅう》の変（十二月に正中と改元）という。

倒幕計画の進展　後醍醐の倒幕計画は一時的に挫折する。この期に乗じて、持明院統側は皇位継承について激しく幕府に要求することになった。その中で正中三年（一三二六）三月、皇太子邦良親王が死去する。そして持明院統の後伏見上皇の皇子、量仁《かずひと》親王（後の光厳天皇）が皇太子に立てられる。後醍醐以後は、大覚寺統から持明院統への交替が基本路線となった。後醍醐は追いつめられ、もう残された時間はなくなっていった。

後醍醐は慎重に、しかし着実に倒幕の計画を進めていった。それは、あらゆる方策を伴っていたのである。百瀬今朝雄は、嘉暦元年（一三二六）から四年間にわたって後醍醐の中宮禧子《きし》の御産祈禱が行われていたことに注目し、これは御産祈禱ではなく、幕府調伏祈禱であったことを明らかにしている（百瀬一九八五）。後醍醐が密教に強く傾倒し、後醍醐に重用された真言僧の文観《もんかん》が大きな役割を果たしていたことについては、網野善彦も注目している（網野一九八六）。神仏の力を動員することで、倒幕を行おうとしていたのである。それと同時に、現実的な武力として興福寺（南都）と比叡山（北嶺）の協力を得ることを構想していた。その一環として、皇子護良《もりよし》親王を天台座主《てんだいざす》につけている。さらに元徳二年（一三三〇）三月には、倒幕への協力を得るために後醍醐自身が南都・北嶺を歴訪する。

機は熟してきた。

元弘の変

一直線に倒幕へつき進む後醍醐に対して、批判的な人物が朝廷内部にもいた。後醍醐の側近である吉田《よしだ》定房《さだふさ》は、十ヵ条の諫奏《かんそう》を天皇に示していた。王者は仁をもって暴に勝つべきである、として武力による倒幕を堅く戒め、戦争がいかに民の力を消耗するか、民の命がいかに大切かを述べた上で、幕府の力も必ず衰えるときが来る、兵を用いずしてその時を待つべきであると、激しい調子で訴えていた。しかし、この命を捨てての意見も、後醍醐の受け入れるところではなかった。

一方、持明院統の花園上皇は甥にあたる皇太子量仁に対し、長文の訓戒《くんかい》を与えた。「誡太子書《かいたいししょ》」という。「世が太平ならばどんな凡庸な君主でも、国を治めることができる。しかし、今乱の兆《きざ》しがある。いったん乱が起これば、英明な君主でもそれを収めるのに数年の年月がかかる。もしこの時に君主が凡庸ならば、たちまち国は瓦解する。恐らく皇太子が即位するときは、この乱の時期であることに間違いはない。今こそ身を慎み、学問を行い、徳を積み、百姓にまでその徳を与えよ」という内容である。花園は的確に未来を予測していた。そして花園の予測通りに、歴史は大きく歯車を動かし始めた。

元徳三年（一三三一）四月、吉田定房は後醍醐の倒幕計画を幕府に訴えた。幕府は急ぎ長崎高貞らを上洛させ、日野俊基・文観らを召し捕らえた。しかし、ここで幕府が内紛を起こす。北条高時が、側近に命じて内管領《うちかんれい》長崎高資を討たせようとしたのである。この事件は、対朝廷政策の強硬派である高資に対し、二階堂道蘊《にかいどうどううん》（貞藤）らの穏健派が高時を動かしたものと考えられている。この非常事態に際し、幕府側も分裂を抱え込んでいた。八月九日、朝廷は改元を行い元弘《げんこう》元年となる。しかし、幕府はこれを認めず元徳年号を使う。

決意を固めた後醍醐は、三種の神器を持って内裏を脱出し奈良に向かった。一時東大寺東南院に入るが、笠置寺《かさぎでら》に移りここを本陣とした。この知らせは八月二十九日に鎌倉に届き、幕府は大仏貞直《さだなお》・金沢貞冬《さだふゆ》・長崎高貞らの大軍を派遣、続々と笠置に向かった。翌月二十日に皇太子量仁が皇位を継承する（光厳天皇）。花園のいったとおり、乱の真っ最中での皇位継承であった。幕府の大軍が笠置を包囲している時に、後醍醐方として河内で楠木正成《くすのきまさしげ》が挙兵する。しかし、笠置は持ちこたえられずに二十八日に陥落。後醍醐は山中をさまよい正成を頼ろうとしたが、結局捕らえられる。翌年三月に後醍醐天皇は隠岐《おき》に流され、日野資朝・俊基は処刑された。この後醍醐による再度の挙兵を、元弘の変という。

隠岐脱出

しかし、反幕府勢力はその力を失ったわけではなかった。すでに、時代を変えようとするエネルギーを押しとどめることはできなかった。楠木正成と後醍醐皇子護良は、なお河内から大和南部で倒幕活動を進めていた。元弘二年（一三三二）暮れに、正成が千早城《ちはやじょう》で、護良が吉野で挙兵する。正成は、河内・和泉を勢力下に入れながら、天王寺《てんのうじ》まで進出して六波羅軍と戦った。

さらに各地で反北条の旗を揚《あ》げる者が続く。播磨では赤松則村《あかまつのりむら》（円心）が挙兵し、摂津に進出した。四国では伊予の河野一族や忽那《くつな》一族が挙兵、瀬戸内海航路の要衝《ようしょう》である鞆《とも》の津（現、広島県福山市）を占領した。九州では、菊地武時《きくちたけとき》が挙兵して鎮西探題を攻撃するが戦死。しかし、大きな力を持つ肥後《ひご》一宮《いちのみや》阿蘇社大宮司らが武時の味方についた。倒幕の動きは、畿内から各地に広がりをみせていった。鎌倉末期のさまざまな矛盾・対立は地方に集中的に現れ、やがてそれは倒幕の旗印のもとに結集していった。

騒然とする中で、後醍醐は元弘三・正慶二年（一三三三）閏二月に隠岐を脱出。伯耆《ほうき》名和湊《なわみなと》（現、鳥取県名和町）に到着して、名和長年《ながとし》に迎えられ、船上山《せんじょうさん》にたて籠もった。佐藤和彦は後醍醐の隠岐脱出について、各地の反幕勢力と充分な連絡・連携をとって行われたことを指摘している。後醍醐は、倒幕の象徴として反幕勢力により支えられ、担がれる「神輿《みこし》」となっていった。各地の矛盾・対立を、倒幕の戦争によって一気に解決しようとするエネルギーは、後醍醐自身の意志をも超えてふくれあがっていく。

図34　名和長年

正成は、河内・紀伊国境にある千早城にたて籠もる。『太平記』には、正成や彼に味方する野伏《のぶし》らが、補給路へのゲリラ戦や走木や飛礫《つぶて》を使った戦術で、六波羅軍をさんざんに苦しめている様子が生き生きと描かれている。正成が構えた城郭は、前章で述べた悪党の城の典型と言うことができよう。幕府は、六波羅勢を援助するため、関東から足利高氏《あしかがたかうじ》（のち尊氏、以下尊氏とする）・名越高家《なごしたかいえ》を中心とする大軍を派遣した。

尊氏はいったん京都に入るが、後醍醐が籠もる船上山を攻撃するとして、山陰道を北へ向かう。そしてついに丹波篠村《しのむら》（現、京都府亀岡市）で幕府から離反、後醍醐方につくことを決意し、結城宗広《ゆうきむねひろ》・周防《す》忠兼《おうただかね》・大友貞宗《おおともさだむね》・島津貞久《しまづさだひさ》らに自軍への参加を呼びかけた。この時に篠村八幡宮に納めた尊氏の願文には、「民を利し、世を救うために、勅命によって義兵を挙げた」と述べられている。自らの正当性を主張する行為であるとともに、軍の不安を一掃するためのパフォーマンスであったとみることもできよう。

幕府滅亡

尊氏は京都に戻り、五月八日に六波羅探題を攻撃する。西からは赤松勢もそれに参加、怒濤《どとう》のような攻撃に六波羅勢は打ち破られる。探題の北条仲時《なかとき》・時益《ときます》は、持明院統の後伏見・花園・光厳を奉じて鎌倉に向かう。しかしその途中野伏の攻撃を受け、時益は戦死、万策尽きた仲時は鎌倉に向かうことをあきらめ、近江番場《ばんば》宿（現、滋賀県米原町）で自害して果てた。この時、ともに自害した人々は五〇〇名を超えていた。彼らの名は番場蓮花寺《れんげじ》の過去帳に今でも残される。そして三人の上皇・天皇らは捕らえられ、京都に送られた。

一方関東でも倒幕の火の手が挙がる。上野《こうずけ》国新田《にった》荘（現、群馬県太田市・新田町）で新田義貞《よしさだ》が五月八日に挙兵、鎌倉街道を進み一路鎌倉を目指す。この挙兵には、鎌倉を脱出した尊氏の子千寿丸《せんじゅまる》（後の義詮）も、もう一人の大将として参加していた。義貞挙兵は、尊氏の要請に応じたものとみることができよう。尊氏の叛意は、鎌倉を出るときにはすでに固まっていたのである。

当初は一五〇人ほどの軍勢であった義貞軍であるが、鎌倉街道を南に進撃する間に、何十倍にもふくれあがる。多くの武蔵・相模の武士は、北条氏に反旗を翻《ひるがえ》したのである。両国とも北条氏の直轄《ちょっかつ》地ともいえる地域である。北条氏の支配は、その足下から崩れていった。幕府は防衛のため北条泰家《やすいえ》を中心とする軍を向けるが、義貞軍は武蔵分倍河原《むさしぶばいがわら》（現、東京都府中市）でこれを撃破する。この時戦死した上野国武士飽間《あきま》氏一族を供養する板碑（青石で造られた供養塔）が、武蔵国徳蔵寺《とくぞうじ》（現、東京都東村山市）に今でも残される。十八日、ついに義貞軍は鎌倉に攻撃を開始。幕府軍と熾烈な攻防戦をくりひろげ、鎌倉方の多くの者は討死、あるいは自害した。この時、討死・自害した人物の名には有力御家人の名はあまりみられず、北条一族か得宗被官が多い。幕府最後の実態は、ここに象徴されているといえよう。

図35　蓮華寺過去帳

二十二日、得宗北条高時と長崎高綱・安達時顕・金沢貞顕ら北

条一門や御内人は、小町の館から北条一門の墓所である葛西ヶ谷《かさいがやつ》の東勝寺《とうしょうじ》に移る。そして、燃えさかる館の炎を見つめながら、高時をはじめとする人々はつぎつぎと自害して果てていった。ここに鎌倉幕府は、滅亡した。

時代を変えた人々

鎌倉幕府を滅亡させた力は、なんだったのだろうか。もちろん最後にそのとどめを刺した人物は足利尊氏と新田義貞であった。この二人とも、頼朝以来の有力御家人の家筋である。足利氏・新田氏ともに源義家《よしいえ》の子義国《よしくに》の流れを引き、義国の子義兼《よしかね》の系統が足利家であり、また同じく義重《よししげ》の系統が新田氏となる。足利氏は下野国足利荘（現、栃木県足利市）、新田氏は上野国新田荘という北関東の広大な所領をその本拠とした。

幕府内の地位では足利氏の方が上で、北条氏嫡流と姻戚《いんせき》関係を結んでいた。しかし、その血筋の良さが逆に北条氏にうとまれ、幕府内で大きな政治力を発揮することはなかった。その点は、新田氏も同様である。これら源氏にゆかりある有力御家人が、最後に北条氏に反旗を翻したとき、多くの御家人らは彼らに従ったのである。

しかし、倒幕の真の原動力は彼らのような有力御家人ではなかった。楠木正成・赤松則村（円心）・名和長年らの中小武士だったのである。楠木正成の出自については、河内国に拠点を持つ荘官《しょうかん》であり、鎌倉末期に和泉国若松荘（現、大阪府堺市）を押妨した「悪党楠兵衛尉《ひょうえのじょう》」として姿をあらわす悪党であったと考えられている。最近、得宗被官《とくそうひかん》だった可能性も指摘されているが、もしそうだとするならば得宗被官内部から北条氏に離反するものが現れたということになる。また赤松則村は、播磨国佐用《さよ》荘（現、兵庫県佐用町・上月町）を拠点とする人物で、鎌倉後期には六波羅探題被官小串《おぐし》氏に従って同荘の代官となっていた。さらに名和長年は、伯耆国の湊である名和湊を拠点とした有徳人（商人）的な武士であるとみられている。

六波羅攻めの際、赤松軍に従った備前頓宮《とんぐう》氏の一族は、次のように堂々と高声を挙げた。「我ら父子兄弟、少年の昔より勅勘武敵の身となって、山賊・海賊を生業として一生を楽しんできた。幸いにも今ここに乱が起こった、かたじけなくも万乗の君（後醍醐天皇）の味方に参る」（『太平記』）。荘官・沙汰人や有徳人として荘園や在地に拠点を持ち、さらには幕府から勅勘武敵・悪党・海賊・山賊とされながらも、民衆とともに活動していた人々こそが、幕府を倒したのである。彼らは在地社会の武力、つまり荘園や村の武力を動員し、民衆とともに戦うことが可能であった。幕府打倒の真の原動力は、彼らと彼らを支えた民衆であった。

2――建武の新政――後醍醐政権

後醍醐天皇の軍法

幕府滅亡後、後醍醐天皇による新しい政治が開始される。いわゆる建武の新政である。ここでその内容に入る前に、少し時間を溯《さかのぼ》らせたい。元弘三・正慶二年（一三三三）三月、後醍醐は船上山から倒幕の綸旨《りんじ》（天皇の意を伝える略式の文書）を各地に発する。そして、足利尊氏による六波羅攻撃の前に、綸旨や勅制という形でいくつかの命令・軍法を出している（『光明寺残篇』）。伊藤喜良によって注目されたように、これらは後醍醐の戦争や戦後処理の基本方針を示したものとして重要である（伊藤喜良一九九九a）。

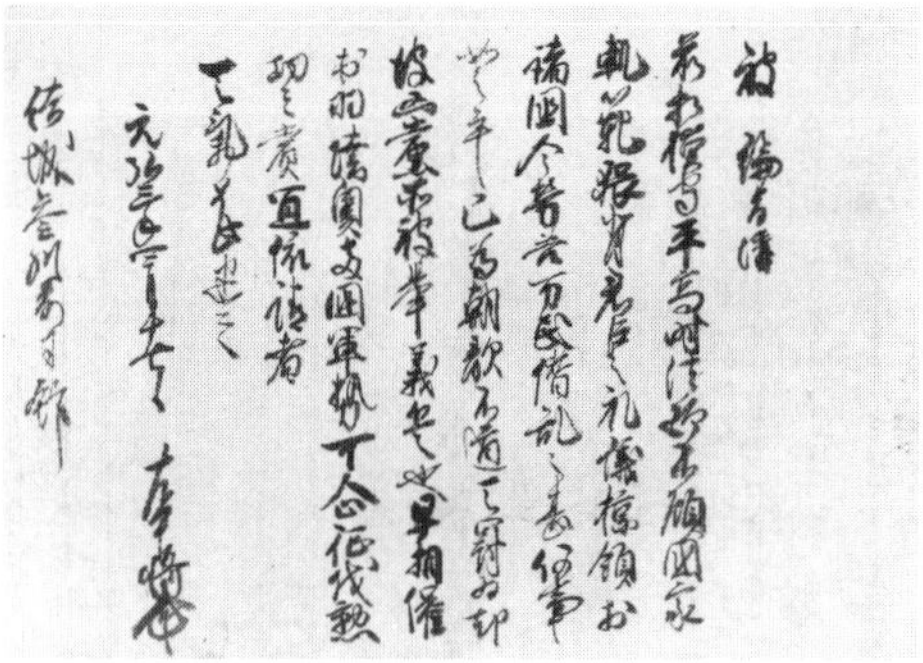

図36　後醍醐天皇綸旨（結城宗広宛）

そこではまず、持明院統の上皇らを「朝敵」と同様に扱ってはならないとし、また持明院統の荘園への狼藉《ろうぜき》を禁止している。戦争の中で敵方所領を軍事的に占領し、実質的に支配しようとすることは当然の事であり、後醍醐方として参戦した者たちの最大の目的は実はそこにあった。しかし、後醍醐は王家領の場合だけでもこれを未然に防ごうとしているのである。後醍醐が、戦争と自軍の実態をよく理解していることがわかる。

また四月には実際の戦争に関する具体的な法が定められ、合戦の際の同心の誓約や兵粮米の共同利用、敵方を召し捕らえた場合には即時に殺害すること、路次狼藉（交通路遮断等の違乱）については特に厳しく処罰すること、兵粮米徴発については方々の大将による評議によって、撫民《ぶみん》を原則として行うこと、等が決められた。

さらに五月の六波羅攻め直前に出されたとみられる軍法では、武士以下身分の貴賤に関わらず、合戦で戦功を挙げた者は、本領を安堵《あんど》（保障）するとともに、新しく恩賞を与える。合戦の時に降伏した者については、身命を助けるとともに、その後の忠節により恩賞を与える。また、後醍醐軍による掠奪《りゃくだつ》や無法な徴発については厳しく禁止すること、捕虜についても武将以外は釈放すること、敵方城郭以外には放火しないこと、後醍醐軍が入京して宿舎とした家については、負担をかけず恩恵を与えることを命じている。

四月令に比べると、戦争から平和的な戦後処理への転換を目的とした法ということができよう。後醍醐は、戦争遂行者から平和維持者へ、急速な転換をはからなければならなかったのである。しかし、実際の戦争の姿はこの後醍醐の命令をはるかに超えていた（南北朝の戦争の実態については次章で述べる）。そしてこの転換の難しさとそれに伴う軋轢《あつれき》こそが、後醍醐政権が最初から自らのなかに抱えこんだ時限爆弾であった。

旧領回復か当知行安堵か

船上山から京都へ向かった後醍醐天皇は、途中で赤松則村や楠木正成の出迎えを受けながら、六月四日に京都へ帰還する。光厳天皇は皇位を廃され、光厳が立てた皇太子である康仁《やすひと》も廃された。そして、新しい政治の中心機関として記録所が設けられた。「朕《ちん》ガ新儀ハ未来ノ先例タルベシ」（『梅松論』）という宣言に象徴される、今後の基準となるべき新たな改革、建武の新政の開始である。

後醍醐は、持明院統も含む王家領・公家領・寺社領の安堵を行うとともに、戦後処理政策の一環として、同月十五日に所領（土地）の処理をめぐる命令を出した（六月口宣案《くぜんあん》）。それは次のようなものである。

最近凶悪の輩が合戦を理由として土地を押領するため、人々は苦しんでいる。もうすでに戦争は終わっている。これから以後は、綸旨を帯びていないものについては、土地の押領は禁止する。もし、この命令に違反する者がいたならば、国司と守護人は命令を待たず、即時にその身を召し捕らえよ。

この法については、佐藤進一のように、これを所領を元の持ち主に返し、以後の土地所有権の変更は後醍醐の綸旨によるという旧領回復を命じた法として理解するか（佐藤一九六五）、またとりあえず現在の知行（当知行）を追認し、問題があれば訴訟を受け付け個別に綸旨を出して決定するという当知行保護の法として理解するか、ということで論争がある（近藤成一一九九二・伊藤喜良一九九九a）。論争は今でも完全に決着していないが、次の七月令と合わせて考えるならば、当知行安堵を基本とした上で、最終的判断として綸旨を位置づける法と考えることができよう。この法により、綸旨を帯びない土地支配は、押領とされる可能性を持つことになる。

しかし、早くも翌月に六月令の修正令ともいえる法が発布される（七月宣旨）。「いちいちの綸旨の発給は煩わしく、また諸国の人々の訴えがあまりに多いので、これ以後は朝敵与同の者以外については、現在当知行している所領をそのまま安堵する」というのである。戦争とそれに伴う軍事占領は所領支配のあり方を根本から変え、混乱を巻き起こす。人々はあらゆる機会をとらえて権利を言い立て、所領支配を認めてもらおうとする。後醍醐は綸旨によってその問題を解決しようとしたが、それはそう簡単にいくものではなかった。

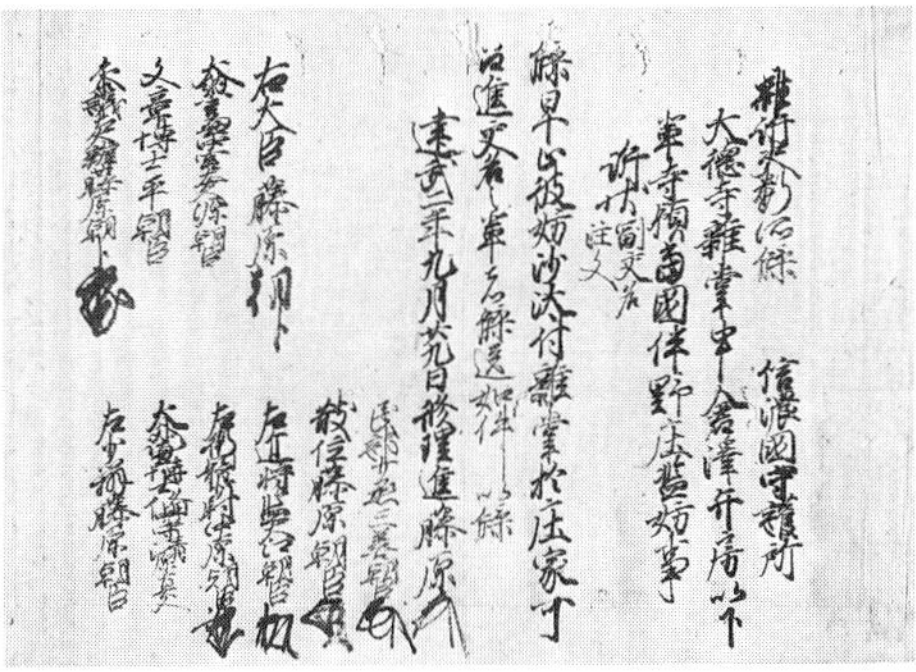

図37　雑訴決断所牒

雑訴決断所の設立

所領問題の解決のためには、裁判制度の整備が必要である。鎌倉後期の公武徳政でも裁判制度の整備が重視されていたが、後醍醐政権の場合もそれは同様であった。後醍醐の新政は、鎌倉後期の公武徳政の延長線上にある「徳政」であるといえる。しかしその徳政は、現実の戦争直後であるがゆえに、鎌倉後期のものよりもはるかに切実で緊張したものであった。徳政政策の舵取《かじと》りを一歩間違えれば、即時に新たな戦争が開始されることは目に見えている。

後醍醐政権の裁判所として新設されたものが雑訴《ざつそ》決断所《けつだんしょ》であり、元弘三年（一三三三）の九月までには設立されていたとみられている。はじめは四番編成、約七〇人で構成されたが、翌年に八番編成、構成員約一〇〇人に拡大された。一番は畿内・東海道、二番は東山道・北陸道、三番は山陰・山陽道、四番は南海道・西海道という形で、各番はそれぞれ地域を分担して担当した（翌年に畿内と七道がそれぞれ独立）。番の頭人には公卿（上級公家）があてられ、その下には実務的な中下級の公家官人が付けられた。また、二階堂・飯尾《いのお》・太田氏らの旧幕府・旧六波羅探題の官僚も含まれていて、公武の裁判制度を合わせたような性格を持っていたということもできる。また、楠木正成や名和長年、足利尊氏家臣の高師泰《こうのもろやす》・師直《もろなお》兄弟も参加し、まさに「モルル（漏れる）人ナキ（無き）決断所」（「二条河原落書」）というべきものであった。

有力寺社の訴訟を扱う記録所に対し、雑訴決断所は主に武士からの訴えを扱っていたとみられている。訴訟については、決断所で評議され、判決は牒《ちょう》という形で下された。決断所の牒は、綸旨を超える力を持つようになり、例えば円覚寺《えんがくじ》領越前国山本荘（現、福井県鯖江市）では、恩賞で賜《たまわ》ったとする湯浅宗顕《ゆあさむねあき》の違乱に対し、円覚寺は綸旨で解決しようとしたが、越前守護新田義貞は押領停止のためには、雑所決断所の牒が必要であると述べている。新たな裁判制度によって綸旨の効力は相対的に低下するとともに、綸旨によるのか、牒によるのか、という新たな正当性の衝突が生まれてきた。

官制改革

後醍醐は中央官制にも改革の手をつけていく。佐藤進一が指摘した、官司請負制《かんしうけおいせい》の否定と八省の改革である（佐藤一九八三）。

それまでの中央官制の基本的なあり方は、官司請負制であった。これは、特定の家が中央の特定の官職を世襲する制度である。例えば、外記局《げききょく》という、少納言《しょうなごん》に属して主に秘書や書記の役割を果たす官司がある。この外記局の実務の中心は大外記《だいげき》であるが、この地位は平安期から中原氏・清原氏が独占することになっていた。さらに、大外記中原氏は、鎌倉時代には宮内省所管の造酒司《ぞうしゅし》の長官である造酒正も独占的に世襲していた。この官職は、京都市中の酒屋役等を管轄する役であり、大きな利権を伴っていた。このように、特定の家が官職を独占し、それを家産化していた。そして中原氏のような中級貴族だけではなく、比較的上級の貴族も官司請負を進めていた。

後醍醐はこのような状況を否定し、強い人事権のもとで新たな人間を任命し、官職と家とを切り離そうとした。その例として、造酒正とともに中原氏の世襲の例が多かった東市正《ひがしのいちのかみ》を、中原章香《のりか》から名和長年に交替させたことがある。東西市正は、京都の商業統制に関わる職であり、大きな利権を伴っていたとみられる。後醍醐は、この職を商人的悪党といえる名和長年に与えることにより、京都の商業を掌握するとともに、中央官司を天皇の自由な支配下におこうとしたものとみられる。

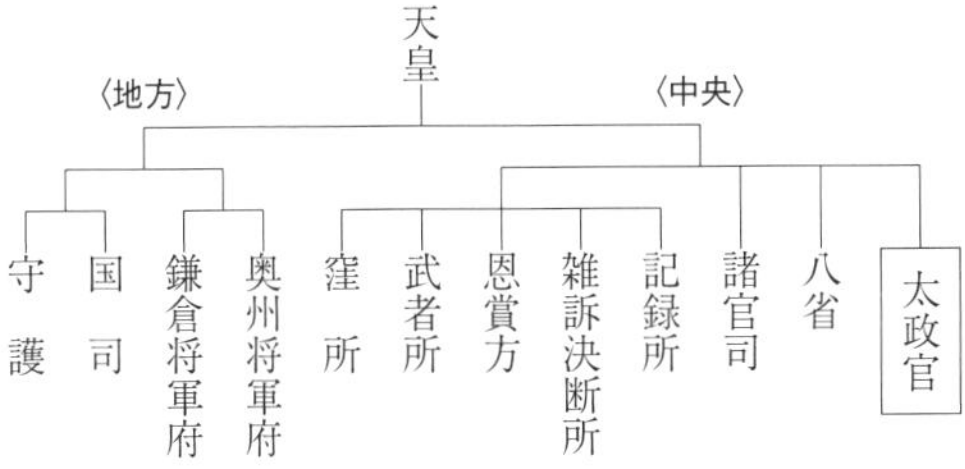

図38　後醍醐親政の機構（新田2001より）

また、八省の人事についても大きな変更が行われた。前任に左右大臣・大納言・参議クラスだった上級貴族を、八省の長である卿《きょう》に就任させた。本来、このメンバーは太政官の最高部局である議政局のメンバーであり、八省の卿にはより下級の官人が宛てられていた。それがここで大きく変更された。その理由としては、従来慣例として行われていた官職と官位との対応関係を崩すとともに、後醍醐が個別の執行機関を直接に掌握しようとしたものとみることができる。後醍醐は、朝廷内部の人と組織の直接掌握を目指した。しかし、これは従来の先例を大きく変え、人事をめぐって朝廷内部に大きな不満をもたらしていく。

地方政策

中央と同時に地方の改革も進められた。その最も大きな特徴は、国ごとに国司と守護を並置した点である。古代律令制度のもとで地方機関として設置された国は、鎌倉期を通して形骸化《けいがい》はしていたが、なお国衙領《こくがりよう》を支配し、伊勢神宮の運営費用のために国内平均に賦課される一国平均役を徴収する権限を持ち、また国内の荘園・公領の田地面積や領有者を調査して、「大田文《おおたぶみ》」と呼ばれる基本台帳を作成・管理する等の業務を行っていた。しかしこれらの国務については、知行国制《ちぎようこくせい》の進展のもとで、一定の貴族の家が特定の国を代々知行し、国務が特定貴族の家産のようになっていた。

後醍醐は、この点に鋭くメスをいれ、例えば中院《なかのいん》家は五代相伝の上野国を召し上げられ、新しい国司が任命されている。従来の知行国制が、壊されていった。そして、楠木正成が河内守に、名和長年が伯耆《ほうき》守に、足利尊氏が武蔵守に就任するなど、後醍醐側近や倒幕に大きな役割を果たした武士が国司に就任した。さらに、国司の交替も従来に比べて頻繁に行われるようになる。後醍醐は、国司人事権を掌握したということができよう。そしてそれを通じて、全国の国衙領を直接に掌握することを目指していた。

また守護に就任したのは、ほとんどが武士であった。職権としては犯罪人の捜索・検挙など従来の鎌倉幕府の職権を継続していたとみられるが、国司の職権と抵触する部分もあったとみられ、公武の対立の原因となった事も考えられる。ただ国司・守護兼帯の場合もあり、その場合には後の室町期守護につながるものとも考えられている。

また、特に重視された奥州と鎌倉には、広域な地方行政機関が設置された。奥州（陸奥）将軍府と鎌倉将軍府である。元弘三年（一三三三）八月五日に陸奥守に任命された北畠顕家《あきいえ》（親房子）は、同年十月義良《のりよし》親王を奉じて陸奥国府の多賀城《たがじょう》へ下向する。奥州将軍府には、引付・政所《まんどころ》・侍所《さむらいどころ》・式評《ひょう》定衆《じょうしゅう》等が設けられ小さな幕府のような組織であり、奥羽の支配を行った。さらに十二月、鎌倉に足利尊氏の弟相模守直義《ただよし》が成良《なりよし》親王を奉じて下り、鎌倉将軍府を開いた。目的は関東十ヵ国の管轄《かんかつ》であり、関東廂番《ひさしばん》をおいて、北条与党の活動を抑止し、関東の武士を糾合《きゅうごう》しようとしたのである。しかし、足利氏に関東を任せたことは、後の大きな禍根《かこん》となっていく。

建武徳政

後醍醐政権は徳政令も発令した。これは、後醍醐の政策そのものが徳政政策であることをよく示している。

その内容は二つの部分からなり、ひとつは、質物や質入れされた田畠については、元本の半額を支払うことで取り戻すことができるという内容である。ふたつめは売却地についてであり、承久の乱後の幕府による買主への安堵（保障）を認めず、買主が幕府方として滅亡していれば売主の権利がそのまま認められ、売主・買主両方に後醍醐方として軍忠があった場合には裁決によるとされた。また元弘の乱以後については、幕府の安堵はいっさい認めず、一律に売主に戻すというものであった。

永仁の徳政令では、買主が幕府から安堵されていた場合は保障されていたが、今回の徳政令はそれとはまったく逆になっている。鈴木哲雄は、この建武徳政は永仁徳政と比較して、その対象が「士卒」つまり武士層から、「民庶」つまり一般民衆へと飛躍的に拡大しながら地域社会に持ち込まれていったことを指摘している（鈴木二〇〇〇）。後醍醐徳政は、鎌倉後期の徳政を民衆レベルまで拡大するという大きな役割を果たしたのである。しかしこの政策は、発布者の意図を遙かに超えて、十五世紀の在地からの徳政要求（徳政一揆）へとつながっていくことになる。

3——後醍醐政権崩壊

大内裏造営計画と二十分一税

後醍醐天皇は、元号を建武と改めると同時に、承久元年（一二一九）の焼亡以来再建されていなかった大内裏《だいだいり》の造営計画を発表した。そしてその財源を確保するために、第一に安芸・周防の二国を料国としてそこからの収益を充てる。第二に全国の地頭武士らの収益の二〇分の一を充てるという方針が出されたのである。

このうち二つめの方策は、十月から実際に実施された。諸国荘園の所領について、年貢・雑物などの二〇分の一が、「新御倉」に納められることになった。しかしこれは当然現地に摩擦をもたらすのは明らかであり、若狭国では、実際の徴収にあたったとみられる守護代を中心にして、地頭や百姓をめぐって、年貢以下資財物の奪取などのトラブルが続発している。後醍醐の計画は、新たな火種を在地社会にもたらし、税は領主から百姓に転嫁され、飢饉や戦争で疲弊した人々をさらに苦しめていくことになる。

なお、この造営計画に関して、新貨鋳造や紙幣発行の計画も出された。後醍醐は建武元年（一三三四）三月十八日の詔書で「銅（銅銭）楮（紙の原料、つまり紙幣）を並用」することを命じた。これを受けて鋳銭司《じゆせんし》という役所が設置され、銅銭の名称は「乾坤通宝《けんこんつうほう》」と決定したが、実際に新銭や紙幣が流通した形跡はなく、計画だけだったものとみられる。

翌年六月に、ようやく造営担当機関として造内裏行事所が開所式を行うが、すでに後醍醐政権の崩壊は目前であり、結局造営計画は水泡に帰することになる。

落書は訴える

「二条河原の落書」とよばれる、教科書にも載せられる著名な史料がある。この史料については、中島敬子・山本宮子による詳細な読解・分析によって、後醍醐政権の崩壊を予感し、それを暗に口ずさむ、建武元年（一三三四）八月前後の京中の世論を反映したものとされた（中島・山本一九九八、原二〇〇五）。さらにその成立について、『建武記』という政権側の史料にこれが残された意味や、建武式目との関連性についても指摘されている。「落書」の内容は、後醍

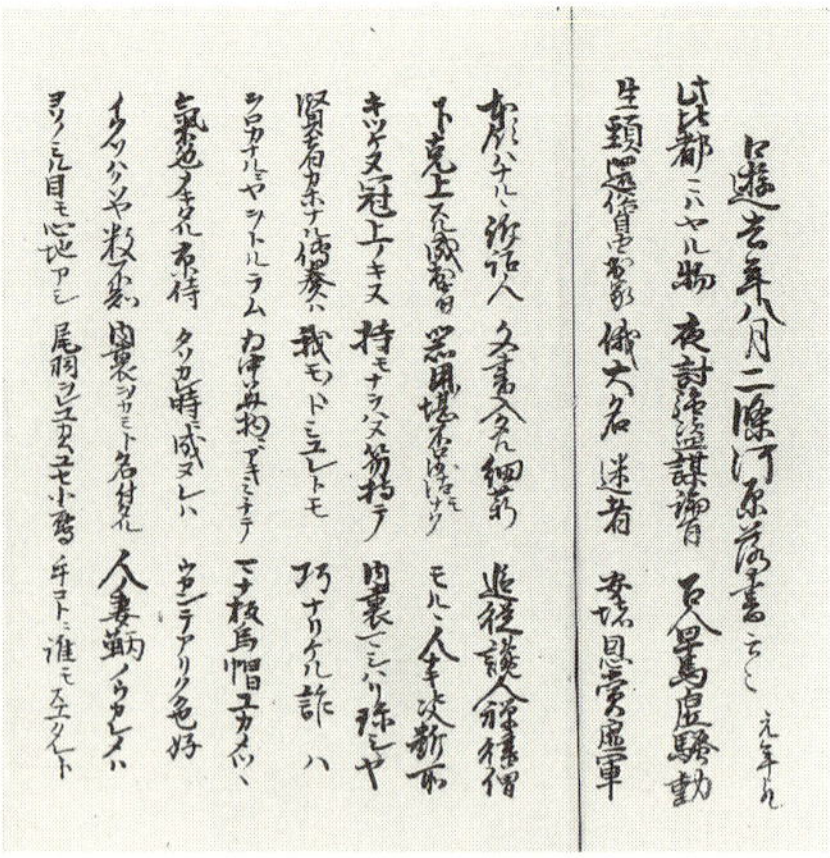

図39　二条河原落書

醐の政治に対する批判から当時の風俗・芸能などに及ぶ豊かなものであるが、ここでは政治批判の部分を掲げてみる（文化面については第七章で扱うこととする）。

此比《このごろ》都ニハヤル物　夜討・強盗・謀綸旨《にせりんじ》　召人《めしうど》早馬虚《そら》騒動《そうどう》　生頸《なまくび》還俗《げんぞく》自由出家　俄大名《にわかだいみょう》迷者《まよいもの》　安堵恩賞虚《そら》軍《いくさ》　本領ハナルル訴訟人　文書入タル細葛《ほそつづら》　追従《ついしょう》讒《ざん》人《にん》禅律《ぜんりつ》僧

裁判制度の整備にもかかわらず、実際は所領問題の処理が大混乱していることがよくわかる。綸旨万能の世に偽綸旨を所持する者、安堵や恩賞を求めて訴訟を行う人々、彼らは文書を入れた葛籠《つづら》を抱えて右往左往している。また僧侶は、有力者に追従して偽りの訴訟を行っている。さらに、早馬や虚騒動、虚軍の噂が京都にたびたび起こっている。これは所領紛争と関係しているとみることもできよう。私戦によって所領紛争を解決しようとする者がいたり、また戦の噂が京都で広まり、いつまでたっても人々は戦争の不安を拭いさることはできないのである。

下克上《げこくじょう》スル成出者《なりでもの》　器用堪否《かんぷ》沙汰モナク　モルル人ナキ決断所　キツケヌ冠上ノキヌ　持モナラハヌ笏《しゃく》持テ　内裏《だいり》マシワリ珍ヤ

下剋上する成り上がり者、才能や器量を無視した人事、雑訴決断所にはあらゆる階層の人々が入っている。きつけない冠をつけ、持ちつけない笏を持って、宮中でのつきあいをする人々のおかしさ。後醍醐の先例を無視した人事への厳しい批判である。

町コトニ立篝屋《かがりや》ハ　荒涼五間板三枚　幕引マワス役所鞆《とも》　ソノ数シラヌ満々《みちみて》リ　諸人ノ敷地不定《さだまらず》　半作《はんさく》ノ家是《これ》多シ　去年火災の空地トモ　クソ福ニコソナリニケレ　適《たまたま》ノコル家々ハ　点定《てんじょう》セラレテ置去ヌ

一方京都市中の様子といえば、町の警備のための篝屋は荒れ果て、多くの人々は定まった家もない。作りかけの家も数多く、去年の火災で空き地となったところを見れば、禍福《かふく》が思われる。たまたま残った家も、敵方の家であるとされ、また上京した武士の宿舎として強制的に差し押さえられてそのまとなっている。

京都は荒廃し、ようやく復興の兆《きざ》しが出てきた状態である。後醍醐は政権担当者として、早急に京都を復興し、飢饉や戦争で家を失った人々を救う必要があった。しかし後醍醐は、苦しむ人々の叫びにも関わらず、巨額の費用がかかる大内裏造営を強行しようとする。

京童《きょうわらわ》の口ずさみは、鋭く政治の実情をとらえ、冷たく厳しい眼で政治を批判している。民衆の支持をうけない政権の終わりは、もうそこまで近づいていた。

図40　護良親王

護良のクーデター

ついに、政権内部で激しい対立が巻き起こる。それは倒幕に大きな力があった後醍醐皇子護良《もりよし》と、足利尊氏との対立として表面化した。護良は新政権発足後征夷大将軍に就任するが、直後に解任されてしまう。それとともに、軍勢動員のために護良が出した令旨《りょうじ》の効力もすべて停止されてしまう。護良は、自らの組織した軍隊の力によって政権内部で実権を握ろうとしたが、それが完全に否定されてしまうのである。その後兵部卿《ひょうぶきょう》の地位にあったものの、それは有名無実のものであった。護良の不満は、政権内部で力を増大させつつある足利尊氏に向かうことになる。

建武元年（一三三四）六月、護良による尊氏打倒の噂が京中に流れ、尊氏は邸宅を警固し、兵を集める。尊氏は後醍醐にこの責任を問いただすが、天皇は護良の勝手な行動であると弁明した。さらに護良は、天皇の行幸《ぎょうこう》に随行する尊氏の隙をついて襲撃しようとする計画を立てたが、それは実現されなかった。この護良の尊氏に対する動きの背後に、尊氏を倒そうとする後醍醐の思惑があったとする見方もある。

同年十月二十二日、護良は参内したところを結城親光《ちかみつ》・名和長年に捕縛される。『太平記』や『保暦間記』によれば、その理由は護良が後醍醐の帝位を奪うために、諸国の軍勢を召集し、謀叛を起こそうとしたということであった。いわば、護良を中心とする軍事クーデターである。護良は、倒幕の際に畿内の悪党や野伏を動員し、軍事司令官として大きな役割を果たしていた。その護良の力をもってすれば、この計画も無謀なものではなかった。結局護良は、宿敵尊氏に預けられることとなり、尊氏はその身柄を鎌倉に護送し、直義の監視下に禁固の身とする。

護良によるクーデター計画が、実際にあったかどうかを確定することは難しい。後醍醐が尊氏と対抗するために護良をバック・アップしながら、最後に切り捨てたという見方もできよう。ただどちらにしても、この事件によって尊氏の政治力は増したことは間違いない。尊氏は自身の最大のライバルを打倒するとともに、後醍醐に対しても優位性を持つことができるようになった。尊氏の持つ政治力の凄《すご》みは、しだいにその姿を現してきた。

西園寺公宗の反乱

後醍醐政権発足後、各地で中小規模の反乱が起きていた。北九州では、北条一族である旧肥後守護規矩《きく》高政《たかまさ》や旧豊前守護糸田《いとだ》貞義《さだよし》が挙兵したが鎮圧された。また越後では、小泉持長《もちなが》・大河将長《まさなが》が挙兵し、新田義貞により鎮圧される。紀伊では六十谷《むそた》定尚《さだひさ》が挙兵するが、楠木正成らによって鎮圧される。いずれも鎌倉後期に北条氏が守護職を持っていた国であり、北条一族や北条方に属した者たちの反乱である。

そのような中で、建武二年（一三三五）六月、大規模な反乱計画が暴露《ばくろ》される。その首謀者は権大納言西園寺公宗《きんむね》、廷臣の橋本俊季《としすえ》・日野氏光《うじみつ》らと謀り、持明院統の後伏見上皇を奉じて、後醍醐天皇を暗殺しようとする計画であった。

西園寺家は承久の乱以後、幕府・北条氏と強い結びつきを持ち、朝廷内部で大きな力を誇っていた。鎌倉後期には関東申次《かんとうもうしつぎ》を世襲し、幕府との唯一の窓口だった。しかし、後醍醐政権発足後は逆に冷遇されていた。そのため公宗は後醍醐への反乱を企てたものと考えられよう。しかも公宗は、北条高時の弟である時興《ときおき》（泰家から改名）をかくまっていた。旧北条氏勢力と一部公家が結び、持明院統の上皇を担ぎ出すという、後醍醐政権にとっては深刻な反乱計画であった。

この計画は、公宗の弟公重《きんしげ》の密告から漏れることになる。同月十七日には後伏見上皇や花園・光厳上皇は持明院から京極殿に移され、二十二日には公宗・氏光らも捕らえられ、厳しく処罰される。事件はいったん終わったかに見えたが、ここから反乱は大きく拡大し、後醍醐政権の崩壊、そしてその後の約六〇年にもわたる長い戦争へとつながっていく。

後醍醐政権とは

後醍醐政権、つまり建武の新政の性格については、佐藤進一のように、これを中国宋王朝の皇帝に理想を求めた専制王権とするか（佐藤一九六五）、また黒田俊雄のように、封建的な主従制度を前提として、王権が所領知行の保証を集中する封建王政とするのかという論争があった（黒田一九七四・七五）。また、網野善彦は後醍醐天皇の密教への傾倒に注目し、呪術・宗教的な力と、流通・経済に関わる悪党や非農業民に基盤をおいた特異な王権として位置づけている（網野一九八六）。さらに最近では、市沢哲のように、鎌倉後期の公武の徳政政策から後醍醐政権、さらには室町幕府・北朝を連続してとらえようとする理解もなされるようになってきた（市沢一九九二）。

国家史における後醍醐政権の位置づけについては、なお今後の大きな課題となっているが、たとえどのような位置づけがなされようとも、この政権が、鎌倉後期社会の不安や矛盾の中から、それを解決することを目的として生み出されたものであることは間違いない。農民や非農業民をも含む民衆、沙汰人や荘官・悪党、武士から公家に至るまで、多くの階層の人々の願いを受けて打ち立てられた政権であった。

しかし、その政権の実態は、若狭国太良《たら》荘（現、福井県小浜市）の百姓たちが「明王聖主（後醍醐天皇）の御代になり、諸国の所務は昔のようになり、天下の土民・百姓までが、みな貴い思いをいたしておりました。……ところが年貢は昔と変わらないどころか、さらに増えています。その苦しみはとても耐えることはできません」と訴えたことに象徴されるように、まったく人々の期待に答えるものではなかった。

後醍醐の徳政政策は、その実《じつ》をあげることができなかった。ある政権を打倒することよりも、人々の期待に応える新しい政権を築くことの方がはるかに困難なのである。しかもこの時代の民衆は、「サイレント・マジョリティー」—もの言わぬ人々ではなかった。彼らは鋭い批判精神と高い政治意識を持ち、しかもその上に武力をも合わせ持っていた。後醍醐天皇は、民衆のエネルギーを倒幕のために使うことはできても、民衆を真に納得させることはできなかった。

五　南北朝の戦争

1――六十年戦争の開始

中先代の乱

建武二年（一三三五）六月の西園寺公宗《きんむね》の反乱は、実は全国で同時に反乱の火の手をあげる計画だった。後醍醐天皇暗殺と同時に、高時弟の北条時興《ときおき》（泰家）が京都で、信濃では高時の子時行《ときゆき》が、北国では北条一族の名越時兼《なごえときかね》が蜂起する計画だった。ところが、一斉蜂起の前に事が露顕《ろけん》してしまった。そこでしかたなしに翌七月、時行は単独で蜂起する。いわゆる中先代《なかせんだい》（北条氏を先代、足利尊氏を後代として位置づける）の乱である。そしてこの乱から六〇年間に及ぶ長い戦争の時代がはじまる。

時行は、北条氏と関係が深い信濃の諏訪頼重《すわよりしげ》のもとにかくまわれていたが、諏訪氏・滋野《しげの》氏らとともに蜂起する。時行軍は七月十四日に守護小笠原貞宗《おがさわらさだむね》の軍と戦って、それを破る。一路鎌倉を目指し、女影原《おなかげ》（現、埼玉県日高市）・小手指原《こてさし》（現、埼玉県所沢市）・府中（現、東京都府中市）で足利軍と戦って撃破。府中では足利方の小山秀朝《おやまひでとも》と一族数百人が自害した。ついに足利直義自身が、鎌倉から出撃し、井出沢（東京都町田市）で戦うが、勢いにのる時行軍に大敗し、二十五日に時行は鎌倉に入る。

直義は出陣の際に、鎌倉薬師堂谷の土牢に監禁していた護良親王の殺害を、淵辺《ふちべ》義博《よしひろ》に命じた。『太平記』では、護良は「おまえは、私を殺しにきた使者であろう、わかっているぞ」と述べ、淵辺の刀を奪おうと抵抗し、刀を口でくわえて折ったという。淵辺は刀を捨てて脇差しで首を掻《か》き切るが、刀の切っ先は落とされた首の口の中にあり、その目はまるで生きているようだったとされる。

直義は、成良《なりよし》親王・足利義詮《よしあきら》とともに三河国矢作《やはぎ》宿《しゅく》（現、愛知県岡崎市・安城市）まで西走し、成良を京都に送還するとともに京都の足利尊氏に援軍を要請する。尊氏は、後醍醐に鎌倉へ向かう許可を求め、同時に征夷大将軍・総追捕使《そうついぶし》への任官を要請するが、後醍醐は許可を与えなかった。勅許を得ないまま八月二日に尊氏は京都を進発する。この時喜んで尊氏に従った人々は数を知れないほどであったという。尊氏の意志に反して、後醍醐は成良親王を征夷大将軍に任命する。後醍醐と尊氏の対立はますます大きくなっていく。

三河で直義と合流した尊氏は、八月九日の遠江国橋本（現、静岡県新居町）の戦いでの勝利の後、佐《さ》夜中山《よのなかやま》（現、静岡県掛川市）・箱根山・相模川等一七ヵ所の戦いに勝ち、十九日には鎌倉を奪回した。時行は逃亡し、諏訪頼重は自害した。一ヵ月に満たない時行による鎌倉占領であった。

尊氏離反

尊氏は、鎌倉の二階堂に居をかまえて、恩賞を与えはじめた。後醍醐は、尊氏を従二《じゅに》位《い》に上げるとともに、中院具光《なかのいんともみつ》を勅使として鎌倉に派遣し、「東国が静謐《せいひつ》となったことに帝は喜んでおられる。ただし恩賞の沙汰については京都で綸旨《りんじ》で行う、早く京都にもどるように」（『梅松論』）と伝えた。しかし、直義は京都に戻ることに強く反対し、尊氏は若宮小路の旧将軍館跡に居を定めて、さらに恩賞を与え続けた。尊氏自身が後醍醐とは独自に、主従制的な支配を行使しはじめた。この時尊氏は征夷大将軍を自称していたものとみられ、はっきりと源頼朝を意識していた。

新田義貞が尊氏を討つために関東に下向するといううわさがあり、尊氏は義貞の上野《こうずけ》国守護職を没収して上杉憲房《のりふさ》に与える。守護の任命権も含む、東国支配権を行使したものとみることができよう。

逆に、新田義貞も越後・播磨などで足利一族の知行する荘園を奪って家人に与えた。尊氏・義貞の対立は一気に表面化する。直義は、新田義貞を誅伐するためと称して各地に軍勢催促を行う。尊氏は、義貞誅伐を後醍醐天皇に上奏するが、後醍醐はこれを無視し、逆に尊良《たかよし》親王を上大将とし、新田義貞を大将とする尊氏追討軍の派遣が決定された。

図41　足利尊氏

この知らせを受けた尊氏は、思わぬ行動にでる。「私はいつも後醍醐天皇の近くにいて、その恩を忘れたことはない。今度のことは私の願うことではない」（『梅松論』）と言って、政務を直義に譲り、鎌倉浄光明寺《じょうこうみょうじ》に籠もってしまうのである。大将自らの敵前逃亡、と言われてもしかたのない事態である。従来この点については、尊氏が旧来の尊

図42　浄光明寺

皇思想から脱せなかったとか、また彼のそうつ的な性格によると説明されてきた。

この時期の尊氏にとっては、後醍醐天皇と直接対決せず、後醍醐政権のもとで鎌倉に拠点を持ち、鎌倉幕府のように東国支配権を掌握して東西で両立するという路線も考えられ、尊氏は今後の路線選択に悩んでいたとみることもできよう。また朝敵となった場合の、その戦いの困難さも考慮していたのであろう。しかし、尊氏の悩みにかかわらず事態は急速に進んでいた。

建武二年（一三三五）十一月十九日、尊氏追討軍が京都を出発する。鎌倉からは高師泰《こうのもろやす》を大将とする軍が西に向かい、三河矢作川で新田義貞軍と激突するが敗れ、その後の遠江鷺坂《さぎさか》（現、静岡県磐田市）、駿河今見の合戦でも負ける。同時に後醍醐は、尊氏と直義の官位を剝奪する。尊氏・直義は、はっきりと朝敵とされた。翌月十二日、直義は大軍を率いて鎌倉を出発、駿河手越河原《てごしかわら》（現、静岡県静岡市）で激しく戦うが、敗北する。この時に、降参して義貞方になった者も数多かったという。朝敵とされた軍の脆《もろ》さがここにも現れている。直義は箱根まで後退し、高師直・師泰らとともに箱根山西麓の水呑（現、静岡県三島市）に堀切りを掘って最後の防衛線とし、義貞軍を待ち受けた。

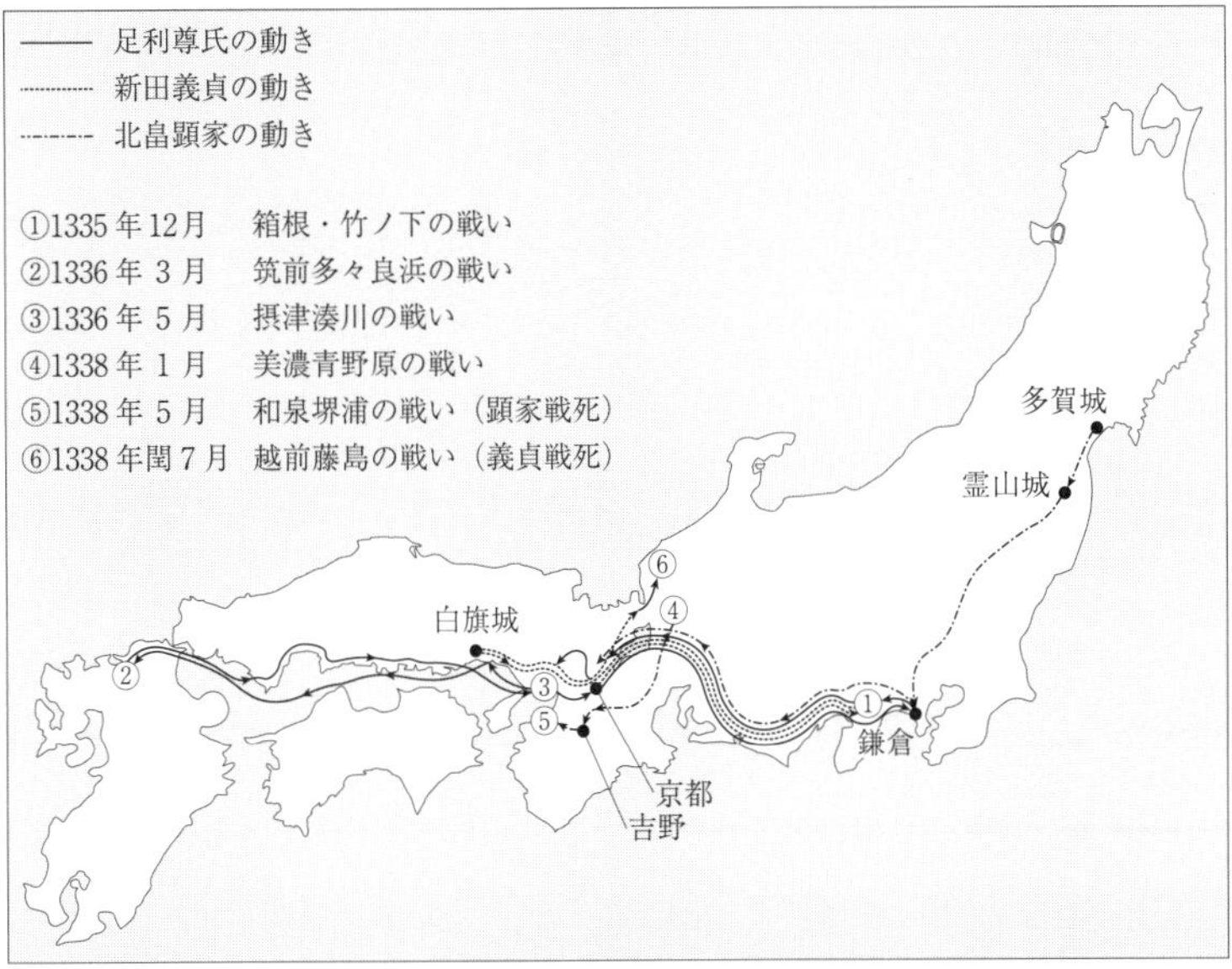

図43　初期南北朝内乱合戦図（高橋2008より）

箱根・竹之下合戦

敗戦の報告を受けた尊氏は、「もし直義が命を落としたなら、私が生きていても無益である。ただし違勅の心はいっさいない。それは八幡大菩薩もご存じである」（『梅松論』）と述べ、ついに重い腰をあげる。十二月八日鎌倉を発った尊氏は、箱根の直義と合流する作戦はとらず、箱根の北を迂回して足柄峠《あしがらとうげ》（現、神奈川県南足柄市）へと向かう。『梅松論』では、「全軍で水呑の堀切で敵を防戦しても、戦況は不利となる。それよりも箱根山を越えて新手《あらて》で合戦をすれば敵の意表をつくだろう」という尊氏のはかりごとであったとされる。敵が箱根山に戦力を集中してきた場合には、積極的な奇襲攻撃となるし、またもし義貞が兵を二つに分けた場合には、箱根峠と足柄峠との二つのルートで迎撃することができるという尊氏の巧妙な作戦であった。

しかし、さすがに義貞は尊氏の心を読んだように、軍勢を二手に分ける。伊豆国府（現、静岡県三島市）を出た義貞本隊は箱根峠へ向かい、足柄峠へは尊良親王、副将軍の脇屋《わきや》義助《よしすけ》（義貞弟）以下大友貞《さだ》載《のり》・塩谷《えんや》高貞《たかさだ》らが向かった。そして、十二月十一日朝、足利峠を越えた尊氏軍は尊良・脇屋軍と遭遇し、上から襲いかかる。激しい戦いとなるが、尊氏軍が次第に優勢となり、勢いに乗って勝ち進む。尊良・脇屋軍はからくも佐野《さの》山（現、静岡県三島市）に陣をとり態勢を立て直そうとするが、翌十二日に尊氏は佐野山を激しく攻撃する。この時、降伏してきた新田方の大友貞載を尊氏は許し、大友は大奮戦をしたという。降参人を味方につけながら、戦局を優位に進めるというのが尊氏の方針であった。

竹之下合戦とほぼ同時に、箱根でも義貞軍と直義軍が激突した。戦いは義貞軍優位に進むが、竹之下の合戦で親王軍が敗退したという報告が入ったことによって、形勢は一気に逆転。義貞方の兵は散り散りとなり、残された一〇〇騎ばかりの兵とともに義貞は箱根から撤退する。合戦の行方は、見えてきた。

尊氏は、十三日撤退してきた義貞軍を伊豆国府で迎え撃って勝利する。義貞は富士川を渡って西へ逃げる。尊氏方の完全勝利ということができよう。この勝利は、尊氏と直義が密接に連携しつつ敵を迎え撃ったことが勝因である。尊氏は直義を深く信頼し、足柄峠へと向かったのであろう。後醍醐から離反しての最初の大きな戦いで勝利したことは、これからの尊氏の運命を切り開く大きな一歩であった。

京都攻防戦　尊氏は義貞を追って、京へ向かう。後醍醐は尊氏を挟み撃ちするために奥州の北畠顕家に尊氏追討を命じる。顕家は十二月二十二日に奥州を出発する。尊氏軍を近江で阻止するために、比叡山の阿闍梨《あじゃり》宥覚《ゆうかく》が僧兵一〇〇〇人余りを語らって、伊岐代城《いきしろ》（現、滋賀県草津市）に立て籠もるものの、十二月三十日に高師直が一夜で攻め落とす。尊氏は京都攻撃のための布陣を敷く。瀬田（現、滋賀県大津市）は足利直義・高師泰、淀（現、京都府京都市）は畠山高国、芋洗（一口、現京都府久御山町）は吉見三河守、宇治（現、京都府宇治市）は尊氏という、京都を東・南から攻撃する布陣であった。後醍醐方の瀬田の大将は、千種忠顕《ちぐさただあき》・結城親光《ゆうきちかみつ》・名和長年《なわながとし》、瀬田では翌建武三年（一三三六）正月三日から戦いが始まった。

宇治を守るのは新田義貞、尊氏と義貞の直接対決である。義貞は宇治橋の中央の橋板をはずし、櫓《やぐら》・搔楯《かいだて》を立てて防御を構える。宇治での攻防戦は激しく、尊氏もなかなか防衛戦を突破できない。しかし、勝機は訪れた。細川定禅《じょうぜん》や赤松円心《えんしん》らの西国の援軍が京の西の山崎に到着する。一月九日、彼らから「明日正午前に、山崎から攻撃して狼煙《のろし》を上げます。同時に合戦してください」（『梅松論』）と連絡が入る。細川・赤松は翌日昼に約束通り山崎を破り、久我《こが》・鳥羽《とば》に攻め入って火をあげた。それを知った義貞軍は撤退、尊氏軍も追撃する。後醍醐方は、東・南・西からの攻撃を支えきることはできなかったのである。守るのが難しい大都市、それが京都であった。京中の人々はあわてふためき、掠《りゃく》奪《だつ》を恐れて財宝などを持って逃げまどう。後醍醐による京の平和も二年半の短さであった。

里内裏《さとだいり》として使われていた閑院殿《かんいんどの》も焼失、その日の夜、後醍醐天皇は比叡山に移る。尊氏は翌十一日に京都に入り、洞院公賢《とういんきんかた》邸に入る。この日から、公賢は尊氏と密接な関係を持つ公家となる。降参の者どもが多く参上し、名前を記すのに暇がないほどであったという。尊氏は、持明院統の誰かを皇位につけた上で、天下の政道の事は武家が計らおうとしたが、皆叡山へ連れて行かれたので思い悩んだと、『太平記』は述べる。これに従うならば、後にみられる持明院統（北朝）擁立の構想は、この京都占領期に生まれたと考えることもできよう。

しかし、守るのに困難な京都、これは尊氏の場合も同じであった。正月十三日には義良《のりよし》親王と北畠顕家が率いる大軍が比叡山東の坂本（現、滋賀県大津市）に到着する。比叡山の衆徒らもこれに従う。戦端は三井寺《みいでら》で開かれた。三井寺は、尊氏方だったのである。比叡山との対抗上そうなったのであろう。三井寺の援軍として細川勢が派遣されるが敗北。義貞・顕家の連合軍は東から京都に入り、鴨川の東に布陣。これをみて尊氏・直義軍も鴨川西二条河原に陣を敷く。十六日、ついに鴨川を挟んで両軍主力が激突する。「人馬の肉《しし》むら山のごとし、河には紅を流し、血を以て楯をうかべし（血の川に楯を浮かべているような）戦」（『梅松論』）とされる悲惨な戦いであった。京都での戦いは一進一退となり、激しい消耗戦かつ掠奪合戦の様相を呈してきた。一月三十日の糺河原《ただすがわら》の合戦で尊氏は敗北し、六波羅攻めの挙兵の地である丹波篠村《しのむら》（現、京都府亀山市）を目指して落ちていく。

尊氏の布石

尊氏は、篠村から三草山《みくさやま》（現、兵庫県社町）を通って、兵庫島（現、兵庫県神戸市）に陣を敷く。赤松円心から尊氏・直義を守りやすい摩耶《まや》城（現、兵庫県神戸市）に移すという案が出されたが、「まだ諸国の帰趨《きすう》は定まっていない、もし大将が城に籠もれば味方は利を失ってしまう」という意見が出され、尊氏はそれを受け入れ、兵庫に布陣することになった。

兵庫に向かう際に、尊氏は二つの重要指令を出している。まず第一は、持明院統の担ぎ出しである。今度の京都の合戦に味方が負けたのは尊氏が朝敵《ちょうてき》だからだ、持明院統の院宣を賜って、「天下ヲ君ト君ノ御争ニ成《なし》テ（天下を天皇と天皇の争いにして）」（『太平記』）合戦をすべきだとして、持明院統に近い日野資明《ひのすけあきら》に協力を要請する使者を派遣している。合戦の正当性を得るために、鎌倉後期からの王権の分裂を利用しようとするのである。尊氏は、合戦における正当性の必要性を知り尽くしていた。

もう一つは、元弘没収地返付令である。北条氏与党に対する所領没収令によって没収された所領を、返付するという法令である。後醍醐政権の土地政策を鎌倉期の秩序に戻そうとする法令であり、一種の徳政令ということができる。尊氏は徳政令により、味方の軍勢を増やそうとしたのである。所領を失った多くの武士らが、尊氏の花押を求めて尊氏のもとに集まってきた。これは着到《ちゃくとう》（軍勢催促に応じて着陣すること）と同じことを意味していた。尊氏最大のピンチに出されたこの二つの重要指令、いわば二つの布石が後の尊氏の勝利を導くことになる。

尊氏は摂津打出浜《うちでのはま》（現、兵庫県芦屋市）・豊島河原《てしまかわら》（現、大阪府池田市）で楠木正成や新田義貞と戦うが敗れ、二月十二日に兵庫から船にのり、西へ向かう。翌日播磨室津《むろつ》（現、兵庫県御津町）に停泊し、ここで「室津の軍議」と言われる、室町時代の守護制度の基礎となった西国防備と支配の基本方針を決定する（次章で述べる）。これも、尊氏の布石であった。さらに備後鞆《とも》（現、広島県福山市）に着いたときに、日野家出身の三宝院賢俊《さんぼういんけんしゅん》が勅使となり、光厳《こうごん》上皇から院宣《いんぜん》が下された。尊氏は、「もう朝敵ではない」と宣言し、錦旗を揚げることを国々の大将に命じた。持明院統擁立構想は、ついに現実のものになった。

尊氏九州入り

二月二十九日、筑前芦屋《あしや》の津（現、福岡県芦屋町）に到着した尊氏に、尊氏離反に応じた少弐貞経《しょうにさだつね》（妙恵）が、大宰府近くの有智《うち》山（現、福岡県太宰府市）で自害したという知らせが入る。肥後国から菊池武時《きくちたけとき》（寂阿）の子、武敏《たけとし》が後醍醐方として大宰府を攻撃し、貞経は敗北してしまったのである。九州での戦いはすでに始まっていた。尊氏の九州入りは、九州を新たな戦争に巻き込んでいく。尊氏が九州を離れた後も、九州は長く果てしない戦場となっていく。

尊氏は宗像大宮司《むなかただいぐうじ》の館を宿舎として宗像（現、福岡県宗像市）に陣を敷く。菊池軍は、大宰府から博多へ進出した。尊氏軍は西に進出し、香椎《かしい》宮に本陣を置いて多々良浜《たたらがはま》（現、福岡県福岡市）を望み、多々良川の手前に高・大友・宇都宮・千葉・島津が先陣として布陣、少弐頼尚《よりなお》は別働隊としてその脇に布陣する。尊氏の生涯にとって最も重要な合戦、多々良浜合戦である。

尊氏が宗像大社や香椎宮に布陣したのは、意味があったものと考えられる。九州の大社を陣にすることにより、尊氏自身が神に守られているという正当性を演出したのである。その際には、当然願文を捧げるなどのパフォーマンスも行われていたのであろう。挙兵の際の、篠村八幡宮への願文と同じパターンである。

『梅松論』には、香椎宮における次のようなエピソードをのせる。尊氏軍が出陣のために香椎宮の前を過ぎる時に、神人らが杉の枝を折って持って来て、「敵は皆、笹の葉を笠印に付けています。これは味方の笠印です」と言って、尊氏・直義を始めて、軍勢の笠印として付け、奇瑞《きずい》はまことにめでたく見えたと言うのである。その理由は、新羅《しらぎ》征伐の昔、神功皇后《じんぐうこうごう》が椎の木に手を触れたので香椎宮と呼ばれている。そこで椎の木を神体として、杉の木を御宝としているからというのである。また、浄衣を着た老翁が直接将軍の鎧《よろい》の袖に杉の葉を挿したので、尊氏は白い御刀を遣わした。その後、尋ねたが神人《じにん》らはまったく知らないと言うので、「神の御加護で化人を遣わされたのか」と、いよいよ頼もしく思い、軍勢はますます奮い立ったというのである。なかなか凝った演出であるが、実際にこのような演出をしなければならなかったとするならば、尊氏はかなり追い込まれていたということもできよう。

図44　宗像大社

逆転多々良浜

実際『梅松論』によれば、尊氏方は先陣が合わせて三〇〇騎、少弐軍が五〇〇騎、尊氏・直義本隊と合わせても一〇〇〇騎余り、敵は六万騎に及ぶとされ、また『太平記』では尊氏軍は半ば馬にも乗らず、鎧もつけないわずか三〇〇騎、敵は四、五万騎とされている。どちらにしても圧倒的な戦力差であったことは間違いない。まともな戦いでは、勝利できる状況ではなかった。ただ少弐頼尚の冷静な観測は、勝利へのある可能性を示していた。

頼尚は、「敵は大勢ですが、みな本来は味方として参るはずの者どもです。菊池自身は三〇〇騎にも達しません」と述べた。大軍といえどもその去就《きょしゅう》は定まらない。戦いの中でもし彼らが味方になれば、形勢は一気に逆転する。この時代の武士の戦争に対する考えはこのようなものであった。だからこそ、なんとしても正当性が必要だったのである。尊氏は赤地の錦の直垂《ひたたれ》に、唐綾威《からあやおどし》の鎧、宗像大宮司が進上した黒粕毛の馬に乗り、前九年の役で源頼義が安倍貞任《あべのさだとう》を征伐した時に付けた七つの印を、できる限り武具に付けていた。源家嫡流を演出し、正当性そのもので武装した姿であった。

尊氏・直義も含めた総攻撃も提案されたが、尊氏は「もし二人が向かって苦戦となれば、味方は頼りを失ってしまう。自分は本陣を守り、直義を向かわせる。直義が苦しくなれば入れ替わって出撃する」という作戦を立てた。人々は、「他の者の及ばないところである。先の箱根・竹之下の戦いで、足柄峠へ向かって勝利をしたのも将軍の武略によるところだ」と賞賛したとされる。箱根・竹之下合戦でもみられた尊氏・直義の連携プレーが、ここでも出ている。この兄弟は、いわば二人で一役だったのである。

　建武三・延元元年（一三三六）三月二日、両軍は激突する。足利方は菊池軍を目指して殺到する。ちょうどその時北風が吹き、砂塵を巻き上げる。風上に立つ足利方には有利、風下の菊地方は不利の形勢となった。敵は後退し、足利方が勝ちにのったところ菊地武敏が戻ってきて直義めがけて殺到する。直義は「ここで防いで、御命のかわりとなります」と述べ、直垂の右袖を尊氏に渡すように使者に伝える。これを受け取った尊氏の本隊は、いったん退いた兵をまとめて後方から鬨《とき》の声をあげながら出撃する。少弐頼尚から尊氏出撃の連絡を受けた直義は、太刀を抜いて馬を進める。頼尚の家人饗《あえ》庭《ば》弾正左衛門尉《だんじょうさえもんのじょう》が先陣を切って突撃し、味方も続いて攻めかかり、菊池軍は退却していく。たまたま吹いた砂塵も味方をしたとはいえ、あまりにもあっけない幕切れであった。

　この合戦の勝利は、尊氏の武略から出たこととされ、尊氏・直義の連携プレーが功を奏したことは間違いない。ただ、なぜこのような結果となったのかをみれば、やはり合戦中の寝返りが続出したことがあるとみられる。「一軍《いくさ》ヲモセズ旗ヲ巻クト、甲ヲ脱デ降人ニ出ニケリ」（『太平記』）という武将があまりに多かったのである。松浦党《まつらとう》などは、尊氏に降伏すると、さっそく菊地追撃に移る。このような中小武士団は、九州に数多く存在し、彼らは変わり身の早さでここまで生き延びてきたのである。九州に詳しい少弐頼尚の観測はあたっていた。その頼尚を味方に付けたことも、尊氏勝利の要因であったということができよう。勝利の後尊氏は、筥崎八幡宮に陣を取り宝剣を寄進する。これもまたパフォーマンスであったことはいうまでもない。
多々良浜合戦における尊氏の逆転勝利は、ただの合戦の勝利ではなかった。今後の政治的勝利を導き出す勝利であったと言うことができよう。

2―拡大する戦争

湊川合戦

多々良浜で尊氏が勝利する直前の二月二十九日、京都では後醍醐により改元が行われて延元元年となり、二つの元号が並ぶことになった。『梅松論』によれば、この時期楠木正成から後醍醐天皇に対して、「義貞を誅伐して、尊氏を召し返して、君臣和睦《わぼく》するように」という献策《けんさく》が行われたという。人心は、すでに尊氏に傾いていると言うのである。しかしこの講和要請は、結局無視される。

新田義貞は京都から播磨赤松攻めに出撃する。赤松円心は義貞軍を自らの拠点白旗城《しらはた》（現、兵庫県上郡町）に引きつけ、守り戦った。ここでの一ヵ月の浪費が、大宰府の尊氏に勢力拡大の時間を与えてしまった。赤松の戦功は大きかったのである。四月三日、尊氏は七〇〇〇艘の水軍を率いて博多を出発する。これらの船の徴発も一月の間に行われたとみられる。

尊氏は五月五日に備後鞆《とも》に到着する。一ヵ月もかかったのは、途中で厳島《いつくしま》神社に奉幣したり、尾道《おのみち》浄土寺に詠歌を納めたりしたためであった。これもまた、パフォーマンスである。また、港に停泊しながらゆっくりと東に進む間に、中国・四国の武士らを動員したものであろう。先に打った布石が、ここで効いてきた。

尊氏軍は備後鞆《とも》で後醍醐方との合戦の戦略を立てる。尊氏・直義が船に乗り他の武将は陸地を行く案、両人とも陸地を行く案、全員で船で行くという三つの案が提示された。少弐頼尚の意見もあり、尊氏は船で直義は陸地を行くことに決定した。いつもの連携作戦である。しかもこの場合は、水陸両面からというスケールの大きな作戦であった。尊氏軍の兵力は、九州・中国・四国勢を集めた大兵力であった。

図45　湊川神社

楠木正成は、いったん尊氏を京都に入れたうえで包囲攻撃するという、京都の特質を利用した現実的な作戦を提案するが、これもまた無視された。しかたなく正成は、京都から出撃する。播磨では直義が白旗城の包囲を解いていた。義貞は後退して正成と合流、兵庫島とそれを守る形でつきだした和田岬（現、兵庫県神戸市）に陣を置く。正成は湊川《みなとがわ》（現、兵庫県神戸市）から兵庫島を見下ろす会下山《えげやま》を本陣とする。

五月二十五日早朝、細川軍が四国の水軍を率いて敵の背後を断つために東に船を走らせる。陸地においても、山の手・浜の手・須磨口の三方で戦闘が起こる。尊氏の乗る船と鬨《とき》の声を呼び交わしての戦いであった。直義が率いる陸上軍は防衛戦を突破して、和田岬の義貞を追い落とす。四国勢も生田の森に上陸する。義貞は京都へ逃れていく。残った正成は会下山から下りて湊川で奮戦するも、残った者たちとともに自害した。申《さる》の終わり（午後四時過ぎ）には戦いは終わった。尊氏の置いた布石と、水陸両面にわたる尊氏・直義連携作戦のもたらした圧勝であった。

二つの王権

後醍醐天皇は比叡山に逃れ、京都に入った尊氏は東寺を城郭に構えて本陣とし、直義は三条坊門を本拠とした。京都に入った足利軍と、比叡山から山を下りて出撃する後醍醐軍との間に、京都市中で攻防戦が繰り広げられる。これは、この年正月の京都での合戦のより拡大した反復であった。戦火と掠奪によって市中は荒廃し、兵粮を止めるという戦略をお互いに行ったため、京都は戦時飢饉状態となっていった。その中で、後醍醐方の千種忠顕や名和長年が戦死する。

形勢が不利となる中で、両者の講和が進められる。その条件は、後醍醐天皇と光厳上皇が和睦《わぼく》し、光厳弟の豊仁《とよひと》親王を即位させて（光明天皇）、光厳が院政を執る。皇太子には後醍醐皇子の成良《なりよし》親王を立てるというものであった。両統迭立の復活である。

京都では六月から光厳上皇の院政がはじまり、八月には光明天皇が即位する。後醍醐も講和を受け入れ、京都へ帰還することを決定する。しかし、これでは新田義貞が切り捨てられた形となってしまう。義貞及びその一族は、京都に帰還する後醍醐を取り囲み、内部分裂の様相となった。その結果、義貞は尊良・恒良《つねよし》両皇子とともに越前へ向かい、さらに戦いを継続することになった。

十月に京都に帰還した後醍醐は、花山院《かざんいん》に幽閉される。十一月二日、後醍醐から光明へ三種の神器が渡され、同月十二日には成良親王が皇太子に立てられる。ところが、その直後の同月二十一日、後醍醐は花山院から脱出。そして吉野（現、奈良県吉野町）に入り、光明に渡した神器は偽物であると宣言し、足利討伐を全国に呼びかける。ここに京都の北朝（持明院統）、吉野の南朝（大覚寺統）の二人の天皇が並び立つことになった。ここからが、狭い意味での南北朝時代と言うことができる。

後醍醐が吉野を本拠としたのは、京都を南から睨《にら》み、東の伊勢は北畠親房《きたばたけちかふさ》、西の河内は楠木一族の勢力下であって、両翼を守られるという戦略的な意味があったと考えられる。さらに紀伊半島の吉野・熊野の宗教勢力を味方につけ、ここを拠点とする修験者の持つ情報網も利用できるという意味もあった。奈良興福寺の門主は、日本に二つの王権が生まれた状態を、「一天両帝、南北京」と記した。

皇子たちの戦争

後醍醐には、主な者だけでも、護良《もりよし》・尊良《たかよし》・宗良《むねよし》・世良《よよし》・恒良《つねよし》・成良《なりよし》・義良《のりよし》・懐良《かねよし》らの多くの皇子がいた。この内、後醍醐の寵愛を受けた阿野廉子《あのれんし》の子が恒良・成良・義良であり、特に厚遇された。護良の母は源親子《ちかこ》、尊良・宗良の母は二条為世《ためよ》の娘為子《ためこ》である。これらの皇子の内で、早世した世良、足利直義に殺害された護良、京都に幽閉されたとみられる成良以外の皇子たちは、いわば後醍醐の分身として全国各地に派遣された（森一九八八）。

先に述べたように、尊良・恒良は新田義貞とともに越前へ、義良は建武政権成立と同時に北畠顕家とともに陸奥に派遣され、一時戻るが、宗良とともに北畠親房に奉じられて再び陸奥へ派遣されることになる（後述）。また懐良は、九州に派遣されることになる。彼ら皇子を通じて、南朝対北朝という王権をめぐる争いは、全国の各地域が抱え込んでいたさまざまな対立・抗争と直接結びつきながら、戦争は拡大・深化していくのである。

彼らのうち、最も悲劇的な最後を迎えることになるのが、越前へ赴《おもむ》いた尊良・恒良である。比叡山を離れた義貞一行は、足利軍の追撃をかわしながら敦賀（現、福井県敦賀市）へ向かうが、途中を斯波《しば》高経《たかつね》が遮断していたため、大きく迂回して厳冬の木の芽峠（現福井県、今庄町・敦賀市）を越えることになる。その際には、「互ニ抱付テ身ヲ暖ム、元ヨリ薄衣ナル人、飼事無リシ馬共、此《ここ》ヤ彼《かしこ》ニ凍死デ」（『太平記』）とされる、悲惨な雪中行軍となる。義貞一行は気比《けひ》大宮司に迎えられて、ようやく敦賀金ケ崎城に入る。しかし、早くも翌建武四・延元二年（一三三七）正月には高師泰を総大将として斯波高経・仁木《にき》頼章《よりあき》らの足利軍が、金ヶ崎城を包囲攻撃する。

大軍包囲の中で場内の兵粮は欠乏し、「射殺サレ伏タル死人ノ股ノ肉ヲ切テ、二十余人ノ兵共一口ヅ、食テ、是ヲ力ニシテゾ戦ケル」（『太平記』）という状況になった。結局三月六日に金ケ崎城は落城する。落城寸前に義貞の子義顕《よしあき》は、尊良に敵に捕らえられても生き延びることをすすめるが、尊良は「臣なくしてなぜ首将があるか」と述べ、義顕が自害した刀でともに自害する。恒良は捕らえられて京都に送られ、成良とともに毒殺される。新田義貞は、落城寸前にすでに杣山《そまやま》城（現、福井県南条町）

に脱出していた。

顕家再上洛

後醍醐は、奥州の北畠顕家《きたばたけあきいえ》に再上洛を要請する。去年の正月に、彼の力によって尊氏を京都から追い落とした夢よもう一度、というのである。しかし、顕家はなかなか動けなかった。すでに東国では足利方と南朝—顕家方に大きく分裂し、戦争が始まっていた。

鎌倉には足利義詮《よしあきら》を擁する斯波家長《しばいえなが》がいて、東国の最高軍事指揮権を掌握して関東・奥羽の武士らの組織化を進め、下野《しもつけ》小山氏・常陸佐竹氏らは足利方の有力武将となっていた。また顕家は多賀城を拠点として奥州の組織化を進め、白河結城《ゆうき》氏・南部《なんぶ》氏・伊達《だて》氏らの有力武将は後醍醐方となっていた。しかし、津軽では安藤《あんどう》氏や曽我《そが》氏が足利方として蜂起する。彼らは、鎌倉期に北条氏に近い存在であったが、そのため建武政権下では抑圧され、ここで勢力挽回をはかったのである。このように、地方において、各々の武士らのさまざまな思惑とからまりあいながら、南北朝の戦争は激化していく。

常陸の後醍醐方の拠点として、那珂《なか》氏・小田《おだ》氏らが立て籠もっていた瓜連《うりづら》城（現、茨城県瓜連町）が佐竹氏に攻められ落城すると、建武四・延元二年（一三三七）正月に、顕家は伊達氏勢力下の霊山《りようぜん》（現、福島県霊山町）に移る。多賀城周辺で、留守《るす》氏の分裂・抗争が開始されたことも移動の理由であった。顕家は霊山で戦況を好転させるため必死に努力するが、次第に追いつめられていく。そして、ついに上洛を決意する。

八月、奥州の武士を従えた顕家は霊山を出撃、京を目指す。十二月には鎌倉を攻略、斯波家長は戦

図46　青野原の戦い（『太平記絵巻』）

死する。翌暦応元・延元三年（一三三八）正月二日、鎌倉を出た顕家軍は、猛烈な速度で東海道を西へ向かう。各地で足利方を撃破しながら十二日には遠江の橋本（現、静岡県新居町）、二十二日には尾張黒田（現、愛知県一宮市・木曽川町）に到達した。足利尊氏は、高師《もろ》泰《やす》・師冬《もろふゆ》を中心とする大軍を近江・美濃国境に派遣した。また、上杉・桃井《もものい》氏を中心とする東国足利軍も顕家軍を追撃した。二十二日から、尾張・美濃国境地帯から青野原《あおのがはら》（現、岐阜県大垣市・垂井町）にかけて、顕家軍と追撃の足利軍との間の戦闘がはじまり、顕家軍が圧勝した。「青野原の戦い」である。ところが、顕家は前面に布陣する高師泰・師冬軍との戦闘を避け、南下して伊勢に向かう。

もしこの時に、足利主力軍との戦いに勝利し、越前の新田義貞と連携して京都を目指したならば、戦局は大きく変わったであろう。しかし、顕家は最大のチャンスを失った。その後顕家は伊勢から伊賀・大和さらには河内・和泉へ向かうが、各地での戦闘で戦力を消耗していく。そして、五月二十二日、和泉石津《いしづ》（現、大阪府堺市）の合戦において、武蔵越生《おごせ》（現、埼玉県越生町）出身の武士越生四郎左衛門尉に討たれ、二十一歳の若さで戦死する。

後醍醐天皇の死

顕家は戦死の直前、後醍醐天皇へ七ヵ条の意見書を差し出した。主な内容としては、中央集権をやめて地方に軍事指揮官を派遣して軍事・統治を任せるべきである、租税を三年は減免すべきである、みだりに官位をあたえるべきではない、朝令暮改《ちょうれいぼかい》をやめて法を厳しく遵守すべきである、というものであった。

後醍醐の政治を根本から厳しく批判したものといえよう。若くして奥州に派遣された顕家が、そこで味わった厳しい現実をもとにした意見であった。後醍醐は、この意見を重く受け止めたであろう。しかし、後醍醐にはたび重なる悲運が訪れる。顕家の死の二月余り後の閏七月、新田義貞が越前藤島（現、福井県福井市）の灯明寺畷《とうみょうじなわて》において戦死してしまうのである。藤島城を包囲する自軍を助けるために向かうところを、敵と遭遇し、矢に当たり倒れて自害してしまう。義貞、三十九歳であった。

義貞・顕家の二本柱を失った後醍醐の落胆は、大きなものであった。しかし、後醍醐は新たな反攻計画を画策《かくさく》する。それは劣勢を一気に挽回するために、南朝方が計画した大反攻作戦であった。その作戦は、後醍醐皇子義良・宗良《むねよし》を伴った北畠親房・顕信《あきのぶ》（顕家弟）らの大軍を海路奥州に派遣し、結城氏・伊達氏らの奥州の南朝勢力を糾合するというものであった。また、懐良親王が征西大将軍に任じられ、五条頼元《ごじょうよりもと》とともに九州に派遣された。顕家の意見にもとづき、北と南から反攻の狼煙《のろし》を揚げるという作戦であった。

暦応元・延元三年（一三三八）九月、大船団は伊勢大湊《おおみなと》（現、三重県伊勢市）を出帆するが、途中大嵐により散り散りになってしまう。義良と顕信の船は伊勢に吹き戻され、結局吉野に帰還する。

宗良の船は遠江に漂着し、宗良は井伊谷《いいだに》（現、静岡県引佐町）の井伊氏に保護され、この後信濃・越後等を遍歴しながら南朝勢力を拡大しようとする。北畠親房は常陸東条浦に漂着し、小田治久《はるひさ》に迎えられて小田城（現、茨城県つくば市）に入る。この後、常陸南朝方を攻撃するために派遣された高師冬軍との間に、約五年間にわたって戦いが繰り広げられる。「常陸合戦」である。「常陸合戦」は、局地的な戦いではあるものの、激しい消耗戦となっていく。同時に九州でも、懐良の下向にともなって戦争が激化する。顕家の意見にもとづく後醍醐の方針は、戦争を地方に拡大し、長期的な消耗戦をもたらすことになった。

暦応二・延元四年（一三三九）、失意の中で後醍醐天皇は病を得る。そして、皇位を義良親王（後村上天皇）に譲った後、八月十六日に死去する。死の間際には、「骨はたとえ吉野の苔に埋めるとも、魂《こん》魄《ぱく》は常に北闕《ほっけつ》（京都）の天を望まん」と述べ、左手に法華経五の巻、右手に御剣を持って息絶えたという。人々は天皇の怨霊を恐れ、後に足利尊氏が天龍寺を造営したのは、それを鎮めるためだった。

3――戦争の実態

今まで、南北朝内乱初期の戦争の経過について述べてきた。しかし、戦争そのものの実態については、触れてこなかった。ここではこの時期の戦争の特徴について、いくつかの点から述べておくことにしたい。

私戦と公戦

天皇に謀叛《むほん》を起こした相手を「朝敵《ちょうてき》」と呼ぶ。そして朝敵は、天皇の命令による追討軍により攻撃され、「征伐」される対象となる。追討軍派遣の際には、天皇が正規軍であることを公に認める形をとる。この朝敵追討戦争を「公戦《こうせん》」という(石井一九八六)。しかし、尊氏の持明院統擁立以後、北朝と南朝の天皇が並立し、南朝と北朝が争う形となる。双方とも自らが擁立する天皇を「正統」とし、相手を謀叛人、つまり「朝敵」として追討する形である。いわば公戦対公戦の戦いとなるのである。尊氏はこの形に持ち込むことで、後醍醐に対抗できる形を整えることができた(川合二〇〇四)。このお互いに公戦であることを主張する戦争は、日本列島全体に戦争を拡大するとともに、地域社会の深部に戦争を持ち込んでいく。

具体例をあげよう。肥後国の武士相良《さがら》氏は、多良木《たらぎ》(現、熊本県多良木町)を拠点とする惣領系の上《かみ》相良と、人吉《ひとよし》(現、熊本県人吉市)を拠点とする庶子系の下《しも》相良に分かれ、両者は潜在的な対立関係にあった。対立は南北朝内乱期に顕在化し、上相良は南朝方、下相良は足利方に分かれて激しく戦った。それと同時に、下相良内部にも再分裂が生まれていく。下相良長氏《ながうじ》は、孫定頼《さだより》に所領の大部分を譲渡する。この行為は下相良一族の反発を呼び、三男祐長《すけなが》は上相良を頼るとともに、甥の定頼が祐長所領をことごとく押領しているとして、暦応三年（一三四〇）に南朝方として蜂起する。足利方の肥後守護少弐頼尚《よりなお》は、祐長追討のための大軍を派遣し、以後三年の間球磨《くま》郡内で激しい戦いが繰り広げられる。このように一族内部の私的な相続争いが、公戦と結びつきながら拡大していく。

村の紛争も拡大していく。日向国真幸院《まさきいん》（現、宮崎県えびの市）にある吉田村と馬関田《まんがた》荘は隣接し、日常の用水利用における協力を行うなど良好な関係を保っていた。吉田村の地頭代は坂氏という沙汰人クラスの地域の有力者であったが、肥後の平河氏が馬関田荘の領主となったことにより、両者は山野利用などをめぐって対立するようになる。平河氏は近隣の領主を味方に引き入れるとともに、足利方の日向守護畠山直顕《なおあき》に坂氏を「御敵与同」、つまり南朝方であると訴える。それを受けた直顕は、土持《つちもち》・伊東・相良氏らの日向・肥後の有力武士を動員して連合軍を形成し、坂氏の拠点稲荷城を攻撃する態勢を整える。この後、坂氏の動向が史料上みられなくなることから、坂氏は連合軍の巨大戦力に攻撃され、滅亡したとみられる（小林二〇〇一）。

村の紛争が、領主間紛争に展開する。ここまでは中世社会ではよくある事態であるが、これがさらに「御敵」追討のための公戦と接続することによって拡大していく。すべての小さな紛争が大きな戦争になる可能性を持つことになる。このような私戦と公戦が結びついている状況は、日本列島各地に存在し、一見南朝対北朝の戦いという形にみえる戦争の背後にあった。

掠奪許可と掠奪禁止

戦争は、人々の生活にも深く入り込んでいた。戦国期の戦争において掠奪が広く展開し、戦争商人と結びつきながら、戦場が戦時下で生き延びるための稼ぎ場となっていたことが、藤木久志により明らかにされている（藤木一九九五）。このような状況は、南北朝の戦争の場合も同じであった。

著名な事例であるが、千早城の攻防戦の際には、「吉野・戸津川《とつがわ》・宇陀《うだ》・内郡《うちのこおり》ノ野伏共」（『太平記』）があちらこちらの峯や谷に隠れて、千早城を取り囲んだ幕府軍への補給路を遮断《しゃだん》し、兵粮に欠乏した幕府軍が撤退するところを待ち受けて、馬・物具や衣装まではぎ取ったという。城郭を構えるという悪党行為が、掠奪と結び付きながら展開している。

戦時掠奪は、特に都市を攻撃する際に大規模なものとなる。千種忠顕《ちぐさただあき》が千早城に呼応して大軍で京都に乱入し、六波羅探題軍と戦ったが、敗れて京都を逃れる際、「京中ノ軍勢」は、衣笠《きぬがさ》・松尾等の京都西部地域に乱入し、「仏閣神殿ヲ打破リ、僧房民屋ヲ追捕シ、財宝悉《ことごと》ク運取テ後、在家ニ火ヲ懸タレバ」（『太平記』）とあるように、行きがけの駄賃とばかりに、掠奪行為をはたらいている。その結果、「堂舎三百余箇所、在家五千余宇」が灰燼となったという。

また、建武三年（一三三六）正月の京都攻防戦の際には、楠木正成の攻撃により尊氏が京都を逃れた後、京都にいる正成は新田義貞に対して、「合戦には勝ったが、さして多くの敵を討ってもいない。尊氏の落ちた先も知れない。味方は僅かの勢で京都にいるので、兵はみな財宝に心を懸けて、どんなに言っても、一ヵ所に集まろうとしない。このままでは敵が反撃してきた場合、手の施しようがなくなってしまう」(『太平記』)と意見している。楠木軍は実は掠奪者の集合体というべきものであり、彼らの京都への攻撃は、実は掠奪そのものがその目的であったことがよくわかる。正成は、京都という大都市における掠奪許可を与えることで、軍勢を動員していたとみることもできよう。このような中で、京都は戦時飢饉というべき飢饉状態になっていった。

逆に、南北朝の戦場においては、掠奪禁止措置といえるものも存在する。先にも触れたように、後醍醐天皇は元弘三年(一三三三)五月に三ヵ条の軍法を発布しているが、その第三条では、「仁政を先とすべき事」として、後醍醐方の軍勢が「尊卑男女」の財を「盗奪」する行為を、「獣心人面者」として禁止し、敵方城郭以外の放火の禁止、神社仏閣の保護、入京の際の濫妨禁止を命じている。これは、現実に戦争状況下で凄まじい掠奪が行われていたとともに、掠奪を禁止し、平和状態を作ることが当時の後醍醐にとっての最大の課題であったことを意味する。

現実の戦場においても、掠奪の禁止が行われている。挙兵した正成が天王寺に進出した際には、「民屋に煩《わずら》いをかけず、士卒に礼を厚く」したため、遠くから人々が馳せ加わったという。正成は状況に応じて掠奪許可と掠奪禁止を使い分けていたようである。また、九州へ落ちた尊氏を追って、新田義貞が播磨・備前で赤松方と戦う際には、義貞は「一粒でも刈り取り、民屋の一つでも追捕したものは、速やかに誅する」という掠奪禁止の軍法を制定し、大札に書いて道の辻々に立てている（『太平記』）。この時、小山高家《おやまたかいえ》は敵陣の近隣に行き、青麦を刈り取ってしまった。これが侍所に知られるところとなって処罰されようとしたとき、義貞は「高家は敵陣と間違ったか、また兵粮に欠乏して法を忘れたか」として、結局高家の罪を許している。ここから、味方領域は掠奪禁止、また敵方領域は掠奪許可という原則があったことがうかがえる。掠奪許可と掠奪禁止はいわばコインの表と裏であり、掠奪を当然の前提とし、その上で掠奪をコントロールすることで戦争が遂行されているのである。

野伏と村の武力

掠奪の主体として、『太平記』に数多く登場するのが野伏である（飯森一九九二・二〇〇四、高橋二〇〇八）。野伏は、『太平記』にあらわれる「溢れ者」とみることもできる。

伊東・松田・頓宮《とんぐう》・富田の判官が一党、ならびに真木《まき》・葛葉《くずは》の溢れ者共を加えて其勢都合三千余騎（『太平記』）

とあるように、村や地域から離れ、戦時掠奪を生業とした者たちである。梶山嘉則は野伏を、交通の要衝を本拠として交通運輸や流通に携わる特殊技能集団であるとしている（梶山一九九八）。真木・葛葉は河内国葛葉牧（現、大阪府枚方市）のことで、交通・流通の拠点であった。ある時は掠奪集団、ある時は傭兵、ある時は運輸・流通業者、ある時は戦争商人、このような戦時下で多彩な活動をしていた者たちが、「野伏」という形で姿を現したと言うこともできる。

しかし、それと同時に村と深い関わりを持つ野伏もいる。千早城の周囲で掠奪を含む後方支援を行っていたのは、吉野・十津川（現、奈良県十津川村）などの周辺山村地域の人々であり、山村・農村が野伏の供給源であったとみることも可能である。義貞の赤松攻めの際、赤松方は義貞方の和田《わだ》範長《のりなが》の先に進み、「落人が通るぞ、打ち留《とど》め物具《もののぐ》はげ」と、いわば掠奪許可命令を近隣の荘園に触れたところ、「其辺二三里ガ間ノ野伏」が二、三千人出て、山に隠れ田の畦《あぜ》に立って散々に範長を射たので、多くの若党が戦死したという（『太平記』）。この野伏は、近隣荘園の荘民であったと考えられよう。村や荘園の武力が、掠奪許可によって動員されているのである。

常陸合戦では、小田城に立て籠もる北畠親房と、小田城の背後に陣を取った高師冬との間で師冬軍の戦傷者一〇〇〇人ともされる大規模な合戦が行われた。しかし、翌日からは、両方の主力は戦わず、「野伏合戦」だけが行われたという。その「野伏合戦」の実態は、師冬軍は大きな合戦をすることなく、南朝軍が小田城に入ると濫妨《らんぼう》を働き、また南朝軍が出撃すると、要害に立て籠もり、「所々濫妨」つまり掠奪がその目的であるというのである（「結城錦一氏所蔵結城家文書」）。また「双方野伏合

図47　野伏（『太平記絵巻』）

戦」とあるように南朝方にも野伏が存在し、彼らは、師冬軍の兵粮への掠奪攻撃を行っていたとも考えられる。

常陸国多珂《たか》郡の名主らが南朝方に対して使者を遣し、「すでに城郭を構えたので、御旗を下して欲しい」(「松平結城文書」)と訴えているように、荘園や村々に城郭を構えている名主・百姓こそが、野伏合戦＝掠奪戦争の中心であったとみることができる。

また村の武力は、掠奪を目的とする戦争参加だけではなく、掠奪を防ぐためにも使われた。東大寺領美濃国大井荘(現、岐阜県大垣市)では、建武二年からの戦争状態の中で軍勢が上洛する際に荘内に乱入し、牛馬以下の米・大豆まですべて掠奪されてしまった。このままでは餓死してしまうとして、掠奪軍に対して身命を捨てて戦うことを一味同心して決定し、連日の荘園防衛を行い、掠奪を防ぐことに成功した(「東大寺文書」)。また因幡国智土師郷《ちはじのごう》上村(現、鳥取県智頭町)では、戦争に伴う掠奪行為を防ぐために、村人による村の城の設営、村人の輪番による武装しての防衛、八人の傭兵の雇用、実際の防衛戦における近隣の村々からの援軍、といった具体的内容を持つ、いわば地域防衛システムというべきものも形成されていた(「金沢文庫文書」)。

このように村の武力は、掠奪行為と掠奪防衛の一見相反するようにみえる、両方に発揮されていたのである。これが現実であり、戦争下における村の武力を考える際には、この二つの側面を統一して理解する必要がある。どちらにしても、村や村の武力は、掠奪を鍵として、戦争の主体として深く戦争に関わっているのである。

武士の嘆き

それでは、戦争に関わる武士の実態はどのようなものだったのだろうか。東京都日野市金剛寺、通称高幡不動《たかはたふどう》の本尊不動像の胎内に、文書群が納められていた。いわゆる、「高幡不動胎内文書」である(日野市史編さん委員会一九九三)。この文書の大部分は、高幡不動近隣に所領を持つとみられる武士、山内経之《やまのうちつねゆき》の書状である。経之は、前述の常陸合戦に足利方として高師冬に従って参戦した。峰岸純夫の言うように、この一連の書状は、常陸合戦の戦場から妻や息子に宛てた、まさに「戦場からの手紙」であり、戦争に従軍した武士の現実を知ることができる希有な文書である(峰岸二〇〇六)。

暦応二・延元四年(一三三九)八月、師冬の動員に応え出陣することになった経之は、戦争準備に奔走《ほんそう》する。近くの関戸《せきど》(現、東京都多摩市)観音堂の住職に、「ひやうらまい(兵粮米)の事仰《おおせ》候て、もし候ハヽ、一二た(駄)ほしく候」と兵粮米を都合してもらうよう頼んでいる。また、常陸出陣を前に滞在していた鎌倉から、「さいけ(在家)を一けんう(売)らせて給へく候、こそて(小袖)下候ハヽ、やかてひたち(常陸)ゑむく(向く)へく候」と、妻に家を売って戦場で使う小袖を買うように依頼していたり、同じく家を売って銭を二貫ばかり受け取るように命じている。この時期の武士は、兵粮自弁が原則であり、戦争準備は、すべて自前で調達しなければならなかった。そのため、戦争は武士にとって大きな負担となっていた。そしてこのことが、従軍した武士が、戦場で兵粮米徴発という形で

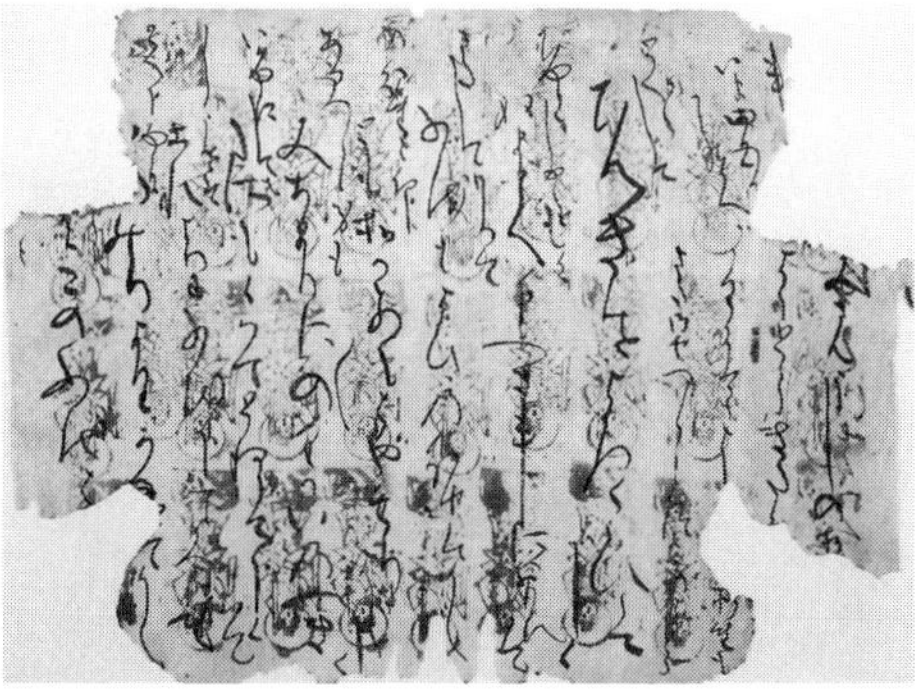

図48　高幡不動胎内文書

の掠奪を行っていた原因なのである。

戦場での経之の姿を知ることができる書状もある。敵陣への攻撃の直前に妻に送った書状には、「けふ（今日）ハひるたち（昼立）ニもたゝるへく候、もしのひ（延び）候とも、あす（明日）ハかならす〳〵これをハたゝ（立）れ候へく候也、はや〳〵御こひ（恋）しくこそ候へ〳〵」と、今日明日には戦場に向かうことを告げ、妻が恋しいと訴えている。また子息と見られる「又けさ」に送った書状には、百姓に命じて鞍・具足を馬に載せて下すように伝えるとともに、「はゝこ（母御）に申あハ（合わ）せて、かい〳〵しく、おさな（幼）き事ニても候ハす候へハ、はからひ（計らい）申させ候へく候」と、もう幼くはないのだから、母と心を合わせて留守を守るように励ましている。『太平記』にみられる英雄的な武士像とは異なる、等身大の武士の姿が浮かび上がってくる。

激しい戦いの中で経之は馬を失い、また「かふと（兜）もこのほと（程）ハ人のか（貸）し給て候へハ」と、兜も人から借りて戦っていることを告げている。さらに「人〳〵これほと（程）う（討）たれ、てをひ（手負）候」と、多くの仲間の武士たちが戦死したり負傷しているにもかかわらず、今までなんとか自分は無事であると伝えている。自分を心配しているであろう妻子を案じる経之の気持ちは、痛々しいほどである。さらに年内敵城は落ちないであろうということを告げ、「いとま（暇）とも申候て下たく候」と、休暇をもらって妻子の元へ帰りたいという希望を述べている。この時期の武士たちは、決して喜んで戦場に向かったのではなかった。

しかし、それは到底許されることではなく。「こんと（今度）のかせん（合戦）ニハ、い（生）き候ハん事もあるへしともおほ（覚）えす」と、死の予感を告げた後、突然一連の書状は終わる。経之は、戦死したのである。そして妻子に宛てられた戦場からの手紙は、経之の供養のために高幡金剛寺の不動尊の胎内に納められ、今に残された。

領主一揆の形成

経之の書状には、近隣の武士との密接な関係が述べられている。関戸観音堂の住職には、近隣の武士とみられる新井殿からの融資の仲介をしてもらったことを感謝している。また、経之の縁者とみられる「ひこ六郎」が、僧侶とみられる「かくしん」の領内を濫妨した際には、近隣の高幡殿や新井殿へ告げなければならないのに、面目ないとして住職に釈明するように依頼している。在地の紛争に、近隣の武士たちが深く関与し、解決しようとしている実態がうかがえる。

経之にとって、新井殿は最も頼りになる存在だったとみえ、「あらいとの（新井殿）ヽ事ハ、はんし（万事）たの（頼）もしき事にて候あひた（間）」とあるように強い信頼関係で結ばれていたようである。

合戦の際には、「身し（死）に候とも、大しやう（将）、又このいき（一揆）の人〳〵」がいるから安心だと述べている。武士が相互に一揆を結び、困難な状況に対応していることを知ることができる。

この武士による一揆が、教科書にもある国人《こくじん》一揆である。領主相互により結ばれる一揆であることから、ここでは領主一揆としておきたい。領主一揆は、南北朝内乱期から戦争状況に対応するために結ばれた。時代は下るが、永和三・天授三年（一三七七）に、南九州の武士たちの間で結ばれた一揆は、島津氏へ対抗することを目的とし、島津伊久《これひさ》・氏久《うじひさ》が一揆の人々の知行分を望み、合戦を企てた場合には、一揆の人々がその場に馳せ向かい、協力して防戦を行うことを誓約している。それとともに、一揆内部で土地をめぐる紛争が生じたときには、談合による、多分之儀（多数決）を原則とする口入（調停・仲裁）による解決、つまり平和的解決を取り決めている（「禰寝文書」）。

このように一揆は、地域の紛争を平和的に解決しようとする目的を持っていたのである。この時期の武士たちは、たとえ限定的な地域ではあってもそこに平和を形成することで、それぞれの現実の支配（当知行）を維持するとともに、私戦が公戦に接続しながら拡大していく状況をなんとか抑えようとしていたものであろう。領主一揆は、第三章で述べた悪党のような攻守同盟が、戦争を通じてさらに発展したシステムであるとみることができる。

しかしそれは、地域の外に敵を想定した上での平和であり、戦争そのものを完全に否定するものではなかった。平和を望む武士の願いは、そう簡単にはかなえられなかったのである。

六　幕府政治とその分裂

1——二頭政治

建武式目　後醍醐天皇から持明院統の光明天皇に三種の神器が渡されてから五日後の、建武三・延元元年（一三三六）十一月七日、足利尊氏は一七ヵ条の「建武式目条々」を発布した。これは、当面の政治方針を示すものであった。

尊氏に対する答申の形式をとったものであり、末尾に「人衆」と書かれる答申のメンバーは、前民部卿《さきのみんぶのきょう》（日野藤範《ひのふじのり》）・是円《ぜえん》・真恵《しんえ》・玄恵法印《げんえほういん》・大宰少弐《だざいのしょうに》・明石民部大夫《あかしみんぶのたいふ》（行連《ぎょうれん》）・太田七郎左衛門尉・布施彦三郎入道（道乗《どうじょう》）の八名であった。日付の後に是円と真恵が連署していて、彼ら二人が中心となっていたとみられる。

是円は本名を中原章賢《なかはらのりかた》といい、法解釈を専門の家業とする中原家の出身である。建武政権のごく初期から雑訴決断所の職員を務め、また、鎌倉末期に御成敗式目《ごせいばいしきもく》の注釈書である『是円抄《ぜえんしょう》』を著していて、公家・武家の両方の法に明るい人物であり、彼がこの答申の実際の執筆者であったとみられる。

また真恵は、是円の弟であった。

それ以外の前民部卿（日野藤範）は鎌倉幕府に仕えた儒学者であり、玄恵は宋学で有名な学者で、後醍醐天皇に宋学を講義し、倒幕に影響を与えた。また、明石・太田・布施は鎌倉幕府の旧奉行人層とみられ、特に明石行連と布施道乗は、是円と同様に雑訴決断所の職員であった。

一見学者と官僚の寄り合い所帯的な感じを受けるが、実は彼らは鎌倉幕府・建武政権・足利政権という激しい政権交代にもその地位を失わなかった、政策立案と実務運営のプロフェッショナル集団であった。

建武式目は、全体で二つの部分に分けられる。最初の第一項ともいえる部分は、幕府の所在地を元のように鎌倉に置くか、それとも他の場所に移すかという問題が述べられる。答申は、鎌倉は武士にとって「吉土」であり、北条氏が鎌倉で滅亡したのは悪い「政道」によるのだとして鎌倉を主張しながらも、人々が移転を欲するならば、人々の考えに従うべきであると、結論は明確にしていない。この点については、鎌倉を主張する直義と京都を考えていた尊氏の間に意見の相違があったのではないか、という指摘がある。鎌倉幕府以来の武家政治の理想を追い求める直義と、京都中心の畿内勢力に支えられていることを強く意識している尊氏との間の、路線の違いが浮き彫りになっているのである。

洛中平和令

式目の第二項は「政道事」という、新しい政策方針を示したものであり、一七ヵ条から成る。この数は、聖徳太子の十七条憲法を意識していた。その最初には、時代に適応した法律制度を作ることの重要性と、北条泰時の時期のような「善政」を目指すことを述べる。つまり、法による「徳政」を意味していたということができよう。

一七ヵ条の内容は多岐にわたるが、第一条の倹約の奨励や婆娑羅《ばさら》（次章で詳しく述べる）の禁止、第二条の群飲佚遊《いつゆう》の禁止、第一〇・一一条の賄賂《わいろ》・進物の禁止、第一三条の礼節の奨励などは、政権内部の秩序強化を目指したものといえよう。

京都の秩序回復を目的とした条項もある。第三条では、狼藉《ろうぜき》への対応として、昼打入り、夜強盗、辻々の追い剝ぎなどへの警固が述べられ、第四条では、市中における戦時下の住宅利用を禁止し、第五条では市中の空地の戦時没収の返還を提言している。その際、後醍醐天皇に従った公家の屋敷地の没収の軽減を命じている。また、第六条では無尽銭《むじんせん》・土倉《どそう》の興行を奨励している。これは、戦災復興資金の調達のためとみることができよう。このように戦争で混乱した京都市中の秩序の立て直しを目指したもので、「洛中平和令」とでもいうような内容を持つ。これが、当時の足利政権の最大の課題であったものとみられ、今後政権が京都を基盤とすることを予感させる。

貧しい人々の訴訟を聞き入れるべきだとする第一五条や、強訴に訴えがちな寺社の訴訟に対する適切な対応を示す第一六条、裁判の日・時刻などを決めることを述べる第一七条など、裁判制度の確立・整備も提言されている。起草者が直義に近い人々であり、直義の政治思想を色濃く反映していることが指摘されているが、今後の政権内部での直義の役割がすでに示されているといえよう。そして、この「建武式目」の成立が、実質的な室町幕府政治の開始であった。

二頭政治と幕府制度の確立

初期の幕府政治は、尊氏と直義が車の両輪のように政務を分担しながら政治を運営していく、二頭政治というべき体制であった。実際に文書もこの二人から発給され、当時の人々は「両将軍」と認識していた。このように二人の人間が頂点に並び立つならば、なんらかの権限分掌がなくてはならない。この点について両者の発給文書の検討を行った佐藤進一は、尊氏が恩賞の授与や守護職の補任などの武士に対する主従制的な支配権を掌握し、直義が民事裁判権を基礎とした一般的な行政権、いわば統治権的な支配権を握っていた、ということを指摘した（佐藤一九九〇）。この説は、今でも初期の室町幕府の政治を考える上での基本的な考え方となっている。

尊氏と直義は、このように政権の二つの権限を分掌しながら協力していた。本来なら一つの人格にこの二つの権限が一体化していれば問題がないのに、なぜこのような体制をとったのだろうか。この点について最近田中大喜は興味深い論点を提出している。それによれば、南北朝期の武士の家はいわば「兄弟惣領」というべき嫡子と次子が連帯して惣領権を共有し、分業しながら家の運営を行い、さまざまな問題に対処していたという（田中二〇〇五）。二頭政治も、そのような武士の「家」構造に規定された政治形態であるという。そして「兄弟惣領」の構造は、しだいに一族の合意に基づいて推載した家督を中心に結集した構造、つまり「家督制」へと移行していくという。このような当該

図49　足利氏略系図

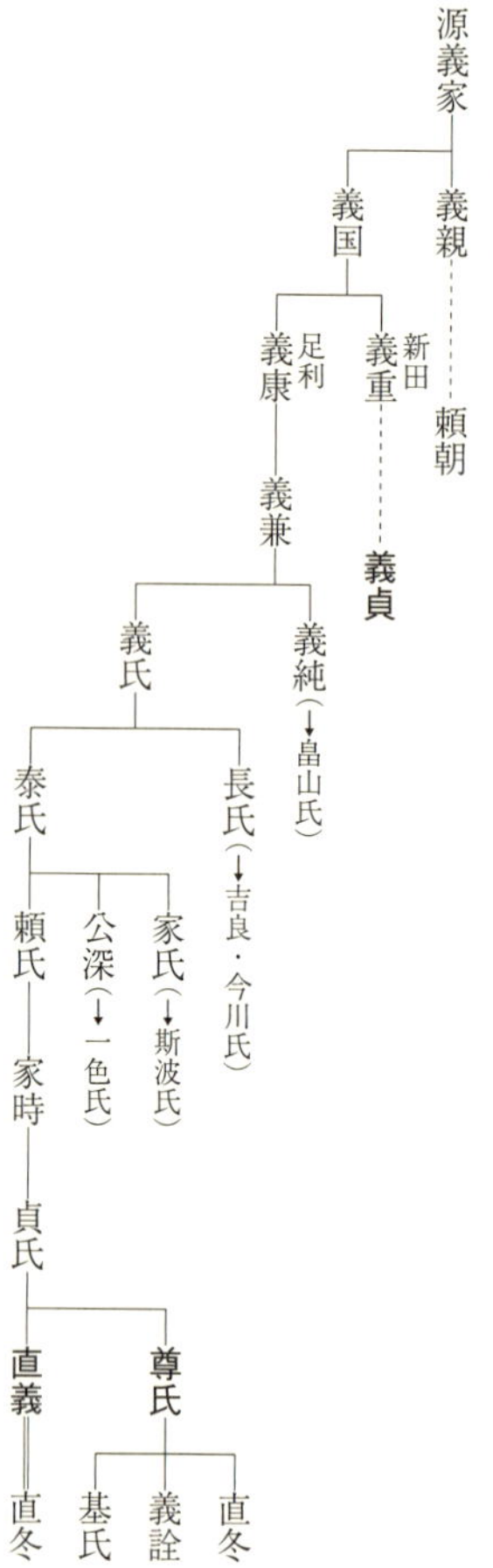

期の武士の家の過渡期的な構造が、足利家という政権を掌握した「家」の内部にも存在し、政治もその構造そのものに規定されていたということになろう。

二頭政治は、その分業がうまくいっているうちはお互いが協力・牽制しながら公正な政治が行われる可能性を持つが、もし両者が対立したり、どちらかがこの構造を克服することを目指すならば、その対立は政治過程とリンクしながら拡大し、深刻化していかざるをえなくなる。実際に、足利政権の場合もそうなる。ここではそれを述べる前にまず、二頭政治のもとでどのような制度が成立していたのかを見ておくことにしたい。

幕府の基幹となる中央機関として設置されたのが、尊氏の管轄下にあるとみられる侍所《さむらいどころ》・政所《まんどころ》と、直義の管轄する引付方・安堵《あんど》方・禅律《ぜんりつ》方・庭中《ていちゅう》方・問注所《もんちゅうじょ》である。

侍所は鎌倉幕府においても設置され、御家人の統制機関として発足し、後に刑事裁判を扱うようになった機関である。室町幕府の場合も、基本的には同じ役割を担っていた。洛中において刑事事件についての訴訟があった際に、それを受理し、犯人を拘禁し、犯罪事実を調査し、財産の差し押さえ・没収などを行っていた。また内乱初期には、御家人の戦功認定も侍所が行ったが、後にこの職務は恩賞方として独立した。侍所の初代頭人は高師泰《こうのもろやす》（足利家執事高師直の弟）であり、以後一族の南宗継《むねつぐ》が就任した。また、恩賞方の初代長官は高師《もろ》直《なお》であった。このように御家人統制や恩賞宛行等将軍と御家人との主従制に関わる職権は、初期は尊氏―高氏ラインが管轄していた。

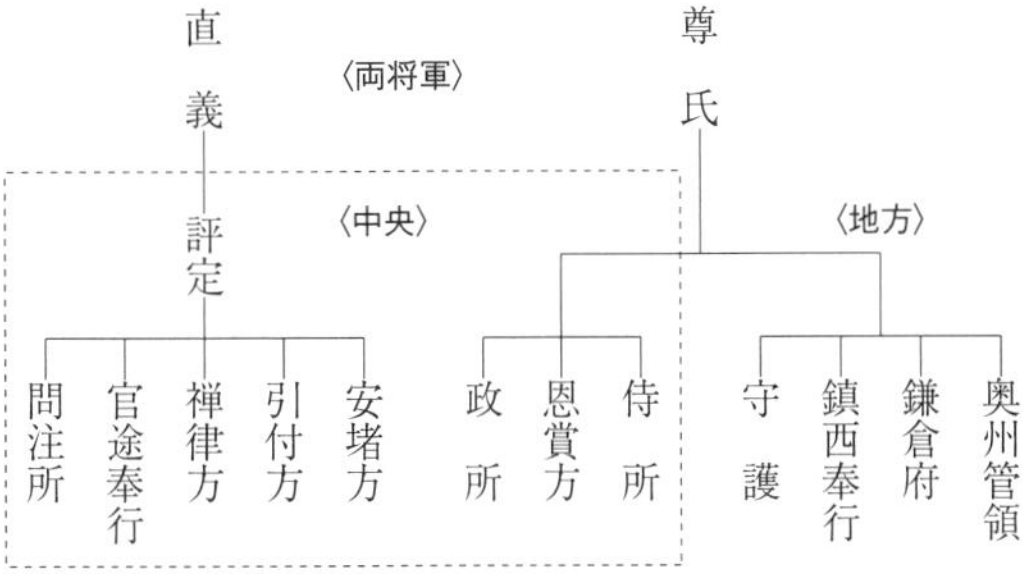

図50　二頭政治の構造（新田2001より）

政所は、足利家の家政機関であり、主として家領支配などの財政に関する職務を行った。最初の執事は二《に》階堂行朝《かいどうゆきとも》（行珍）であり、鎌倉幕府においても政所執事を務めた家である。政所は、後には雑務沙汰に関する訴訟も扱うようになった。

統治権的支配権を掌握する直義の下には、裁判に関するいくつかの部局が存在していた。その中心に位置する機関が引付方であり、所領関係の訴訟を取り扱った。引付は鎌倉幕府においても設置され、幕府裁判で大きな役割を果たしていたが、室町幕府においてもその基本的な機構と訴訟手続きは継承されていた。足利氏の一門および被官の有力者、外様の武将、北条氏以外の鎌倉幕府の評定衆・引付衆の系譜を引く人々や奉行人層により構成され、全体が五番に分けられる、五番体制をとっていた。頭人としては、高師直・細川和氏《かずうじ》・上杉朝定《ともさだ》などが担った。康永三・興国五年（一三四四）に五番制引付方の頭人・職員の編成替えがなされるとともに、三方制の内談方が併置され、所領に関する訴訟を取り扱うことになり、システムの強化がはかられた。

それ以外の諸機関は、訴訟に関するそれぞれ特化した案件を扱った。安堵方は、所領安堵の申請についての案件を扱った。本領安堵は、将軍と御家人との主従関係を再確認するものであるといえ、新恩給与とともに重要な権限であった。この安堵については、直義の権限となっていた。初代の頭人は二階堂行朝（行珍）であり、以下摂津《せっつ》親秀《ちかひで》らの直義に近い人物が就任していた。禅律方は、禅宗・律宗の寺院の僧侶が関する訴訟について扱う部局であり、その頭人には建武式目作成にも関与した儒学者である日野《ひの》藤範《ふじのり》の子有範《ありのり》が就任し、直義没落までその地位にあった。また庭中方は、訴訟手続きの過誤についての救済機関であった。問注所は、鎌倉幕府の初期には大きな役割を持っていたが、室町幕府では多様な訴訟機関の設置によりその権限は縮小され、主に訴訟記録の管理についての業務を行っていた。

以上のように、尊氏と直義の権限の相違に対応する形で、室町幕府の諸機関は構成されていたのである。

守護と国大将

それでは地方の統治機関はどうなっていただろうか。建武三・延元元年（一三三六）二月、京都から九州に落ちる際に、尊氏は播磨室津において中国地方における諸将の配置を行った（室津の軍議）。その際、主に行政統治を担当する守護と軍事を担当する国大将を併置するという方策をとった。そして、その守護及び国大将には、足利一門が重用されるとともに、適宜外様《てきぎとざま》の有力武士も組み合わせて用いられた。

例えば、播磨では外様の守護赤松則村《あかまつのりむら》（円心）に対して大将は一門の石塔頼房《いしどうよりふさ》、備前では有力在地武士の松田盛朝《もりとも》を守護に抜擢するとともに一門の石橋和義《かずよし》を大将に、安芸では守護の武田信武《のぶたけ》に対して一門の桃井義盛《もものいよしもり》が大将に、長門では一門の斯波《しば》高経《たかつね》が大将、現地の厚東武実《こうとうたけざね》が守護として配置された。

このように、地域の有力武士を守護とすることによって地域勢力を味方につけながら円滑に地方行政をすすめさせ、足利一門を大将とすることによって守護の動向を監視させるとともに、軍事面を掌握させるという、よく考えられた政策であった。中国地方で実施されたこのような地方支配策が、その後の尊氏の勝利を導いたものといえよう。そして、この軍事的な配備が、室町幕府における守護体制の原型となった。

室町幕府が成立するとともに、国大将と守護の権限が統合され、守護が軍事動員権と行政権を一体として掌握するようになっていった。守護の職権は、鎌倉時代には「大犯三箇条《たいぼん》」とされるものであり、それは謀反《むほん》人・殺害人という重犯罪人に対する警察権と大番催促という管国内の御家人の動員権であった。室町期になるとそれ以外にも守護の職掌は拡大されていった。

まず第一には、検断権つまり警察権の拡大である。その結果、例えば苅田狼藉《かりたろうぜき》への対応が守護の管轄となった。苅田狼藉は、他人が支配している土地を自分のものであると主張するために作毛を刈り取る行為をいう。鎌倉前期には所務沙汰つまり民事管轄であったが、鎌倉末から検断沙汰として犯罪事件とされるようになった。南北朝期には苅田狼藉は重大犯罪事件とされ、守護が検挙して処断することとなった。また同時に窃盗人・放火犯や山賊・海賊などの取り締まりについても守護の職権となっていった。守護に、地域の私戦を抑止・禁止する役割が与えられたのである。

第二に軍事動員権の拡大である。鎌倉期の守護の動員は御家人に限られていた。しかし南北朝期になると、各荘園の荘官も守護により動員された。また荘民には築城のための人夫役や陣夫役等も賦課された。武士を軍事動員する際には、兵粮米を獲得するための兵粮料所が臨時に設置されたが、この兵粮料所は幕府の命令により設置され、守護から武士に給付された。守護はこの権限を利用して国内の武士を従えていったのである。さらに戦争を通じて敵方の所領として没収した土地（闕所地《けっしょち》という）を処分し、武士に給付する権限も守護に与えられるようになっていった。

第三に、守護が幕府の命令の伝達・執行の権限を担うようになっていった。前述したように室町幕府の裁判は直義を中心として行われたが、そこでの判決や命令を実際に現地に伝達し執行する（これを遵行《じゅんぎょう》という）者が必要であった。鎌倉期にはそのために近隣の武士が二人（両使《りょうし》という）使節として派遣されていたが、室町期になると両使とともに守護も遵行に関わるようになっていった（外岡一九九六）。具体的には、守護の下で守護代が実際の現地への遵行を行っていた。そして、しだいに両使に代わってこの守護—守護代による遵行が基本の形となっていった。

第四に国衙《こくが》機構の掌握による国内の行政権の拡大である。古代に成立した国ごとの行政庁である国衙は、鎌倉時代においても国内行政で一定の役割を果たしていた。守護はこの機構を掌握することにより、実質的に国衙領の支配を進めることができるようになった。それとともに、鎌倉後期に成立した一国内の田数を書き上げた大田文に基づいて、管国内に田一反ごとの税である段銭《たんせん》を賦課することができるようになった。

このように、室町期の守護は鎌倉期の守護と比較して、その軍事指揮権や行政権は飛躍的に拡大していった。そしてこのことにより、守護は守護大名として成長していくことが可能となった。

2——直義の政治

直義という人物

小・中学校の教科書でもお馴染みの、京都神護寺に所蔵される源頼朝とされる画像。近年、この人物は頼朝ではないという説が米倉迪夫によって提出された（米倉一九九五）。米倉は、貞和元・興国六年（一三四五）四月に神護寺に納められた足利直義の願文に、「征夷将軍（尊氏）ならびに予（直義）の影像を描き、もってこれを安置す」とあることに着目し、この願文とともに納められた肖像画が、伝頼朝像であるとし、それは実は足利直義の像であるとする。そして、同時に納められた足利尊氏の像は、伝平重盛像として同じ神護寺に所蔵されている肖像画であるとした。この説は学界に大きな衝撃を与え、現在ではこの説を支持する意見が多くなっている。教科書の頼朝像は、実は足利直義の肖像だった可能性が高いのである。

そう思ってこの像をみるからかもしれないが、切れ長の目に特徴があり、高潔で怜悧《れいり》、しかも意志の強い風貌に感じられる。その姿は、直義という人物のイメージにはふさわしく思われる。それに比較すると米倉によって足利尊氏像とされる伝平重盛像の方は、垂れた目が特徴であり、穏和で人なつっこく、優柔不断なところあるが実は深謀遠慮な感じも受け、かなり複雑な個性を感じさせる。これも、尊氏のイメージにピッタリである。

この説をさらに進展させた黒田日出男は、尊氏像と直義像はいわば二頭政治を象徴し、その維持・安定を願うために直義により神護寺に奉納されたとし、さらにそれと関係して、同じ神護寺に所蔵される伝藤原光能《みつよし》像は尊氏の嫡子義詮《よしあきら》ではないか、という説を述べている（黒田二〇〇四）。そして、後で述べる第一次観応《かんのう》の擾乱《じょうらん》で尊氏と直義の二頭政治が崩れた後、尊氏像は折りたたまれてしまわれ、その代わりに直義と義詮による新しい二頭政治の象徴として、義詮像が奉納されたのではないかというのである。たいへん興味深い説であり、大きな説得力を持つ。ともあれ、神護寺の三つの肖像画は、室町幕府初期の複雑な政治史を象徴するものとして見直されているのである。

直義については、いくつかのエピソードが残される。直義は兄尊氏とは二つ違いの弟であり、母は兄と同じ上杉清子《きよこ》である。しかし、性格は尊氏と対照的であり、尊氏が猿楽をよく観劇したのに対し、直義は政務を妨げるからと言って好まなかった。また、尊氏が八朔《はっさく》（稲が実ったのを祝う習俗で、互いに贈答を行った）の贈答品を惜しげもなく人に与えたのに対し、直義は八朔の習俗そのものを嫌っていた。肖像画に示されていたように、まじめで潔癖《けっぺき》な性格であったのである。

さらに尊氏が、国を治める職であるからには重々しく振る舞わなければならないと言ったところ、「私は自分の身を軽く振る舞って、諸侍などに近づき、人々にも慕われたい」と述べたという。もっともではあるが、ただそれが尊氏のように自然と人から慕われるというのではなく、どうしても頭で対応しているとみられてしまうところが、典型的な優等生タイプである直義のアキレス腱であったのかもしれない。

裁許状にみる直義裁判

それでは、直義が中心となっておこなった裁判の特徴についてみておこう。引付方における裁判の結果が示されるものが、その主導者である直義自身が署名して発給する裁許状《さいきょじょう》である。これは二通作成され、訴人（原告）と論人（被告）双方に渡された。岩元修一の検討によれば、今のところ現存する直義裁許状は八七点であり、地域的にその分布をみると九州は三例、東国は九例、それ以外の畿内・西国は七五例となっている（岩本二〇〇七）。全国政権である室町幕府であるが、その裁許はやはり畿内・西国が中心となっていたことを知ることができる。また、裁許状作成の日については七・十一・十七・二十一・二十七日が多く、引付は定例日に行われ、その日の日付で裁許状が発給されていた。

裁許状の内容をみると、武士対武士の相論が二〇例ほどであるのに対し、荘園領主対武士の相論は五〇例を越える。この中で、論人が勝訴する例は四例であり、他はすべて訴人が勝訴となっている。荘園領主を訴人として、論人である武士が勝訴した例はわずかに一例となる。もちろん、文書の伝存状況により左右されるわけであるが、訴人有利・荘園領主有利の傾向を知ることができる。

現存する最初の直義裁許状は、石清水《いわしみず》八幡宮《はちまんぐう》領である出雲国安田荘（現、島根県伯太町）についてのものであり、暦応元・延元三年（一三三八）八月二十七日に裁許が出された。内容は、石清水八幡雑掌が安田荘地頭である関東出身の江戸氏一族の出雲江戸清重《きよしげ》・重長《しげなが》を訴えたものである。江戸氏が支配していた下地中分後の地頭分は、鎌倉末に罪科のため没収されてしまっていた。しかし江戸清重は還補《かんぽ》されたと主張して、領家分も含む安田荘全体を知行してしまった。この背景には、内乱初期の清重の軍功に対する安堵があったものと考えられる。しかし、石清水八幡宮による訴えに対する直義の裁許は、鎌倉期の下地中分の先例に従って、江戸氏の押領を退《しりぞ》けて、両者が知行するようにというものであった。つまり、訴人である荘園領主側の勝訴となったのである。そして、これ以後出雲江戸氏は急速に勢力を失っていく。

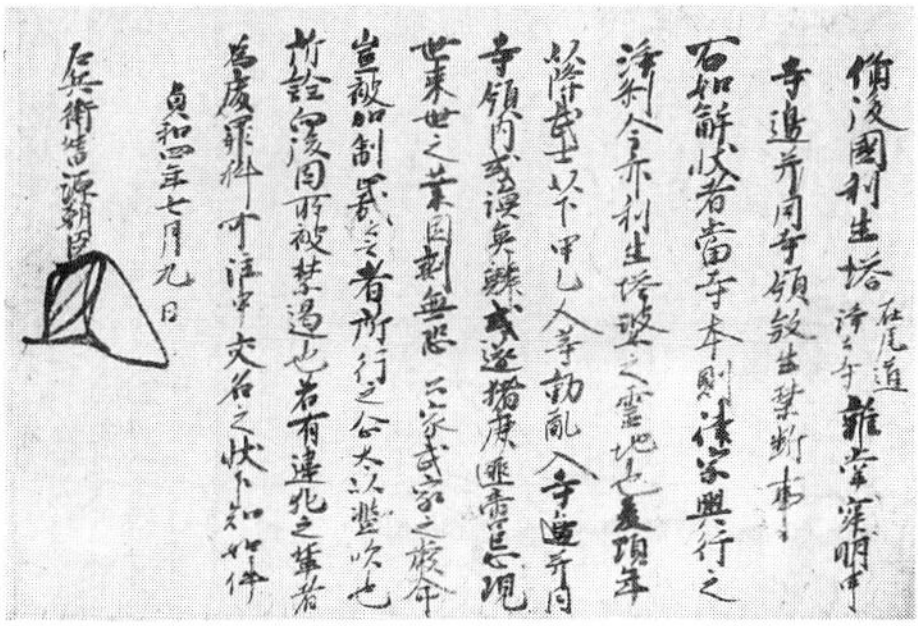

図51　足利直義裁許状

このような武士の勢力伸長に対する抑圧は、地頭職を持っている伝統的御家人層よりも特に畿内の中小武士に対する方が厳しかった。内乱初期に足利方は京都近郊荘園の荘官クラスの中小武士を積極的に動員し、本来では荘園領主が進退する荘官職について、軍忠に応じて安堵していた。さらに動員に応じた場合には、領家職の半分が新しく地頭職として与えられていた。このような、荘園諸職の恩賞化によって畿内近国中小武士の動員が行われ、それは戦争における足利方の勝利に結びついた。ところが、直義の裁許はこのような事態に対して、根本的な転換をせまった。

例えば、東寺と山城国上久世荘《かみくぜ》（現、京都府京都市）の公文《くもん》真板仲貞《まいたなかさだ》との相論の際には、直義は公文職が勲功の賞であり、簡単に改めることはできないとしながらも、この地が本来東寺への寄進地であったとして、そちらの論理を優先し、仲貞が取得した年貢の返還を命じるとともに、替地を与えるということになった。しかし、ようやく現地に拠点を形成した真板氏にとって替地に意味があるはずもなく、結局彼は御家人から離れていく。

このように直義裁許は、鎌倉期の先例という伝統的秩序を重んじたうえで、荘園の押領を進めていた武士を抑圧し、荘園領主を保護していくものであった。そしてそれは、特に戦争で権限拡大した中小武士層（非職の輩）への抑圧としての意味を持っていた。

直義による裁判は伝統的秩序を守ることに終始し、なんら新しい点はなかったのであろうか。貞和二・正平元年（一三四六）に、臨川寺《りんせんじ》領加賀国大野荘（現、石川県金沢市）と摂津氏領の同国倉月《くらつき》荘（金沢市）の間に塩海・湖海の境界をめぐる紛争が生じた。倉月荘の荘民が従来の境を越えて塩海・湖海において漁をしたことに対し、臨川寺方が訴えたことが発端だった。大野荘は鎌倉末に得宗領であり、その時期からすでに紛争があったこともあって、両者の主張は錯綜《さくそう》し、西国境については「聖断」（朝廷の管轄）という鎌倉期以来の原則によることも検討された。しかし、両荘とも一円領であることから、結局、得宗知行の先例と双方が承諾した絵図に基づいて、境界を決定して裁決を下した。その上で、なんと甲乙人（荘民）の漁を永久に禁止したのである。このように直義裁許は、山野河海をめぐる境界紛争という権力が介入しにくい問題についても踏み込んだ判断を示しただけでなく、永久に禁漁という非常に専制的な解決を行ったのである。このような事例に、直義裁判の新しさをみることはできる。ただ、この裁許は現地に大混乱を巻き起こしたことは間違いない。

直義徳政

直義裁判にみられる荘園領主保護の傾向、そしてそれと表裏一体である戦争の進展によって獲得された中小武士の権利の抑圧、さらには山野河海紛争への専制的な介入といった直義による政策は、一挙に行われたのではなく、直義が政権担当の時期に段階的に進められていったものとみられる。ただ、それがかなり意識的に行なわれたのが貞和二・正平元年（一三四六）である。

同年四月十二日に三宝院賢俊《さんぽういんけんしゅん》は、三条坊門の直義邸で夢窓疎石《むそうそせき》から六条八幡宮への参籠を依頼された（『賢俊僧正日記』）。それは直義による「天下政道以下興行」への神仏の加護を求めるためであった。さらに直義は、「政道興行」を発願したものの上杉朝定の病気等によって興行を進めることができないことに対し、比叡山・園城寺・東寺に祈禱を依頼している。

そして、九月二十六日には、直義邸において直義主宰による五壇法《ごだんほう》が修法されることとなった。五壇法とは五大明王（不動・降三世《ごうさんぜ》・軍荼利《ぐんだり》・大威徳《だいいとく》・金剛夜叉《こんごうやしゃ》）の各護摩壇《ごまだん》を設けて同時に修するものであり、彗星《すいせい》や地震などの天変地異や、天下静謐《せいひつ》・賊敵調伏のために行われる、最高の国家祈禱であった。建武年間以後この時期まで、七度にわたって五壇法が修されているが、その主宰権は朝廷が掌握していた。しかし、この直義邸における修法以後、ほとんどの五壇法の修法は武家が主宰するようになる。

この年の直義主宰の五壇法修法は、直義が進めている「政道興行」に対しての神仏の加護を願う、最大の儀式であったものと考えられよう。

それでは、この「政道興行」とはどのようなものであったのか。先に述べた建武式目によれば、「政道」とは、「時を量《はか》りて制を設ける」、つまり時代にあった制度をつくるというものであった。さらに「徳は是れ嘉政《かせい》、政《まつりごと》は民を安んずることにあり」とあり、民を安心させる徳政が必要であるとし、そのための具体的な方法としては、すべての人々の愁いをなくすための「御沙汰」、つまり新法の発布が必要であるとした。この年の直義による「政道興行」も「建武式目」を受け継ぎ、法の制定による徳政を目指したものということができよう。直義の政策は、先に述べた鎌倉後期の徳政を継承したものであったものと考えられ、裁判制度の確立も含めて、「直義徳政」と位置づけることができる（小林二〇〇五）。

直義平和令

直義徳政としてどのような新法が制定されたのであろうか。室町幕府追加法に、この時期のものと考えられる「倹約条々」という法がある。そこでは、臨時の課役について従来のもの以外の賦課を停止している。また、課役を土民に賦課させることを禁止し、地頭が出すべきであるとしている。ここに民を安心させる徳政としての性格がよく示されている。さらには、正月の引き出物や出仕の際の武具なども贅沢で派手にならないようにと規定されている。倹約も徳政の一環であるとみることができよう。

また、貞和二・正平元年（一三四六）十二月に制定された「守護人非法条々」という法がある。そこでは、大犯三箇条と苅田狼藉・使節遵行《じゅんぎょう》以外に、守護が所領関係などで地頭御家人に煩いを懸けることや、年貢徴収や仏神用途の催促と言って使者を派遣して民屋を追捕《ついぶ》すること、兵粮や借用と号して土民の財産を責め取る事、新しい関所を構えあるいは津料や山手・川手などを取って旅人に煩いを懸ける事などを禁止している。そして、もしこの法に違犯した場合にはすぐに守護職を改易《かいえき》するとしている。守護が恣意《しい》的にその権力を行使することに、厳しくブレーキをかけているのである。

直義徳政の中心となる立法が、同年二月五日と十二月十三日の二度にわたって出された、私戦を禁止することを目的とする法である。この二つの法は、直義による平和令と位置づけることができる。

第一次平和令である二月令は五ヵ条の内容を持つ、第一条は「故戦防戦事《こせんぼうせん》」という、いわゆる故戦防戦法であり、室町期に何回かにわたって出された故戦防戦法の最初のものとなる。内容としては、紛争において武力行使がなされた場合には、故戦方、つまり武力行使をしかけた方は道理（正当な権利）があった場合でも処罰する。また、防戦方は道理があれば無罪となるが、道理がなければ処罰の対象とする、というものであった。武士が自らの武力で問題を解決する、自力救済《じりききゅうさい》行為を禁止する法であり、典型的な平和令と位置づけることができる。それと同時に第二条では、重大犯罪とされた苅田狼藉について、所領三分の一没収の処罰を決め、第三条では新関及び津料徴収の停止、第四条では他人の借書を理由として債務者からの取り立てを行う、いわゆる寄沙汰《よせざた》を禁止し、第五条では山賊・

海賊への対応が決められている。このように二月令は包括的な内容を持ち、法による上からの秩序・平和形成を目的としている。

しかしこの二月令では、十分な効果が上がらなかったものとみえ、同年十二月に「諸国狼藉《ろうぜき》条々」と題される五ヵ条の法を制定している。これは第二次平和令と位置づけることができよう。その第一条は「故戦防戦事」であり、先の二月令の修正令としての性格を持つ。故戦方は正当性のあるなしに関わらず処罰することは二月令と同じであるが、所領没収の上で遠流《おんる》という厳しい量刑が規定された。第二条では、他人の所領に乱入し、正当性のない押領《おうりょう》を行うことを禁止している。また第三条では苅田狼藉、第五条は山賊・海賊についての規定であり、ほぼ二月令を踏襲している。

中でも第四条は、「一揆衆と号し濫妨いたす事」に対する法であり、他人の所領を押領し、使節の遵行を妨害し、私的な恨みを散らすために「一揆と号し」また「党類」を率いて合戦するものについては、特に重科であるとして、守護及び使節の報告によって厳しい罪科に処すことを規定している。いわば悪党・一揆禁止令というべきものである。

先に述べたように、悪党や一揆は、集団を形成してなんらかの地域的な正当性を獲得し、それを「号し」、つまり主張しつつ私戦の主体となっていた。この条項は、そのような地域から生まれた正当性そのものを否定しているのである。幕府―直義の正当性だけを正当性とする。直義徳政の専制的傾向がここに最も強く表現されているのである。

この直義平和令は、現地で実際に意識され適用されていた。例えば宇佐八幡弥勒寺《みろくじ》領の豊前国金国《かなくに》保得丸名《ほとくまるみょう》（現、福岡県田川市）では、地頭上野輔世《すけよ》の領家方に対する押領を排除するために、翌貞和三・正平二年（一三四七）五月に作成された申状の中で、弥勒寺雑掌は「御新法の旨に任せて」狼藉の停止を訴えている。荘園領主にとってこの法は、鎌倉後期の弘安徳政の神領興行法と同様に受けとめられていたのであり、それは直義自身も意図していたところであった。

安達泰盛が主導した弘安徳政のより拡大した変奏ともいえる直義徳政は、発給文書に据えられる直義の花押が最も大きくなる貞和四・正平三年（一三四八）から翌年にかけてその最盛期を迎えるが、それは同時に直義と高師直との対立の頂点でもあった。

3——観応の擾乱

高師直という敵役

人形浄瑠璃《にんぎょうじょうるり》の名作で、赤穂浪士《あこうろうし》の吉良上野介《きらこうずけのすけ》への敵討《かたきうち》を題材にした『仮名手本忠臣蔵』は、その世界を『太平記』にとっている。そこでは、吉良上野介《きらこうずけのすけ》は高師直として描かれていて、師直は吉良上野介と並んで、日本史上の敵役スターといってもいい。この師直のイメージは、かなり根強いものがあるが、もとの『太平記』でも師直はその文脈で語られる。師直の被官の者が恩賞を給わったが、その少なさを師直に嘆いたところ、師直は「何を少ないと嘆いているのだ、その近辺に寺社の荘園があったならば境を越えて知行すればよいではないか」と言い、武士に荘園の押領を勧めたというのはよく知られている。また、「都に王という人がいて、若干の所領がふさがり、内裏・院という所があって、馬をおりなければならない難しさよ。もし王がなくて道理がかなわないならば、木をもって造るか、金をもって鋳るかして、生きている院や国主は、どこへでも流し捨て奉ればよいのに」という、王権を痛烈に否定する師直の言葉も有名である。

このように『太平記』では、権威や秩序を徹底的に否定する人物として師直が描かれる。確かにそのような人物としてこの時代に評価されていたことは間違いないにしても、この記述には、直義が形成しようとした平和・秩序と対比させる作者の意図があったようである。師直は足利家の執事として非常に有能な人物であり、単純な敵役というだけではなかったはずである。ただ、直義の目指す方向性とは異なる方向を目指していたのである。

高《こう》氏の本姓は高階《たかしな》氏ということになっている。「三代後の子孫に天下を取らせよ」で有名な足利家《いえ》時《とき》の置文は、高氏にあてて書かれたとされ、師直の祖父師氏のころには足利家の執事となっていた。師直は鎌倉幕府打倒のための戦いに尊氏側近として活躍し、建武政権では雑訴決断所の三番の職員に就任している。さらには、幕府成立以後は恩賞方の長官として、将軍尊氏のもとに山のように押し寄せてくる恩賞申請を処理している。師直は無学であって、文字も書けないと言われることもあるが、そうではなく、有能な行政官であったことは間違いない。ただその役割は、執事として将軍尊氏をサポートするだけではなく、尊氏が遂行する戦争と密接に関わっていた。

最近、従来足利尊氏像とされ、教科書にも掲載されていた騎馬武者像は高師直ではないかという説が藤本正行・加藤秀幸によって出されている（加藤一九八九・一九九〇、藤本一九九三）。また師直の子師《もろ》詮《あきら》ではないかという説もある（黒田日出男一九九八）。どちらにしても、師直または高一族の風貌を伝えている像であるということができよう。太刀を肩にかつぎ、背には数本の矢が突き刺さりながらも、悠然と馬を進めている姿は、まさに歴戦の強者といったイメージである。師直をはじめとする高氏の本領は、まさに戦争にあった。

図52　騎馬武者像

師直の戦争

それでは、師直らが遂行した戦争とはどのようなものであったのか。貞和三・正平二年（一三四七）に、軍事行動の失敗により更迭《こうてつ》された細川顕氏《あきうじ》の後に河内・和泉守護となった高師泰は、河内の荘園や国衙領を兵粮料所として設定していった。掃《かも》部寮《んりょう》領の河内国大庭《おおば》（現、大阪府守口市）を兵粮料所として配下の武将に給付した時には、「勅裁《ちょくさい》でもなく、武家（幕府）の下知《げち》でもない」とされている。兵粮料所の設置には本来幕府からの命令が必要であったが、師泰は守護権限として独自に設定していったのである。

また、河内国妙心寺《みょうしんじ》領下仁和寺《しもにんなじ》荘（現、大阪府寝屋川市）においても同じような事態が展開している。貞和四・正平三年（一三四八）十一月に地頭彦部七郎の代官十郎が、「当荘の領家職を半分知行する」といって荘内に入部しようとした際には、名主・百姓は、「院宣《いんぜん》・御教書《みぎょうしょ》と施行状《せぎょうじょう》がなければこのようなことはできません」と問答した。それに対して十郎は、「一円平均の法であって文書などは必要ない。年貢・公事を早く沙汰しろ」といって譴責《けんせき》したのである。

この領家職半分知行とは、先述した足利方が内乱初期に畿内の中小武士を動員したときのやり方である。しかもそれは、「一円平均の法」という、いわばみさかいのない動員と恩賞宛行として武士らに認識されていた。師泰は、これを配下の武士に許可していたのであろう。直義は裁判を通じてこのような動員方法自体を否定することで、荘園領主の権益を保護しようと必死になっていたのであるが、まさにその同じ時期に、師泰はそれに反する行為を平然と行っている。

この訴訟は、妙心寺から光厳上皇に訴えられ、幕府に伝えられることにより、皮肉にも師泰自身から彦部七郎に対する濫妨停止命令が出されることになる。しかし、このような事態は、この時期の畿内各地で進展していたとみられ、強力な訴訟ルートを持たない荘園・国衙領は、戦争の中での武士の押領により、実質的な支配が行えなくなっていった。

『太平記』ではこの時期の師直・師泰について、彼らが南朝方攻撃のために河内に着陣して後は、諸寺諸社の所領は一所も本主に宛てられることはなくなったと述べ、さらに師泰が周辺の塔の九輪を下ろさせて湯釜を鋳《い》させたところ、これをまねして配下の武士らが先を争って同じ事をしたので、付近一〇〇ヵ所の塔でまともなものはなくなってしまったと述べる。彼らが畿内の寺社領荘園をターゲットにしながら、戦争を遂行していたことを示す象徴的なエピソードである。このような行動の背景に、同時期に寺社領保護、つまり徳政政策を強く推し進めている直義への強烈な反対声明を読み取ることができる。

師直・師泰の軍事力を支えていたのが、畿内の中小武士であった。貞和四・正平三年（一三四八）の師直軍と楠木正行《まさつら》ら南朝軍との四条畷《しじょうなわて》の戦いの際に、師直方として白旗一揆・大旗一揆・小旗一揆という中小武士の一揆が参戦していた。彼らは、一揆という形のままで師直軍に身を投じたのである。直義が否定しようとした一揆を、師直は積極的に受け入れていった。

その中には、足利方と戦い敗れたものの、師直に取り立てられた武士も参加していた。例えば、師直方として北畠顕家の首を討ち取った武蔵越生《おごせ》出身の越生四郎左衛門尉は、内乱初期には後醍醐方として足利方と戦い、敗れて甲斐国の所領を失ったが、降参して師直軍に身を投じていた。師直は、中小武士や降参人の、戦争を自らを上昇させる大きなチャンスとしたい、という痛切な願望とエネルギーを利用していったのである。

貞和五・正平四年（一三四九）一月、師直は南朝の本拠吉野を攻撃する。南朝方は周辺の味方勢力に吉野防衛を必死に呼びかけるものの、師直軍の攻撃はすばやく、山上の皇居や蔵王堂以下の建物はすべて焼き払われ、吉野は灰燼《かいじん》に帰してしまった。後村上天皇はいちはやく吉野を脱出し、賀名生《あのう》（現、奈良県西吉野村）に新たな皇居を構えることになり、南朝方は大きなダメージを受ける。これは師直の戦争の一つの結果であるが、吉野が落ちることですべての問題が解決したわけではなかった。

軍事クーデターの勃発

このように、直義の方向性と師直の方向性はまったく相反《あいはん》するものであった。直義は戦争を抑圧し凍結することで秩序を目指し、師直は戦争体制を継続する中から新たな秩序を目指していた。直義の平和路線は、まだこの時期には早すぎた。絶対に相容れられない両者は、まず政治的な衝突を起こす。

貞和五・正平四年（一三四九）閏六月に、直義側近の畠山直宗《はたけやまなおむね》・上杉重能《しげよし》らは、直義の信任を得ていた大休寺の僧妙吉《みょうきつ》をそそのかし、直義に師直・師泰の排斥を進言させた。それを受けて直義は、同月三十日に持明院殿へ参り、上皇の力による師直・師泰の罷免《ひめん》を要求した。このような事態に尊氏も押し切られ、翌七月に師直の朝廷出仕が止められるとともに、執事職の罷免がなされた。直義方の先制攻撃である。しかし、その後の執事職は師直の甥の師世になり、この攻撃もはぐらかされてしまう。

師直は直義への対抗のため、自らの武力を誇示する作戦に出た。翌八月に河内に出陣した師泰を京に呼び寄せたのである。師泰の入京は、完全武装の三〇〇〇騎が七〇〇〇人の歩兵を従えるという、一大デモンストレーションだった。この後京都市中は騒然とした状況となる。

同月十四日に師直・師泰は軍勢を集結し、法成寺《ほっしょうじ》を本陣とした。危険を感じた直義は尊氏邸に逃げ込むが、師直軍はその尊氏邸を取り囲んだのである。完全武装で将軍兄弟を包囲している軍勢は五万余、軍事クーデターの勃発である。

師直は、尊氏邸に火を点けると威嚇した。もしこのまま武力行使が行われたならば、両者の合戦となった可能性もあったと思われる。洞院公賢《とういんきんかた》は、尊氏と師直が内通していたのではないかという観測を述べているが、師直を支える勢力には足利氏より高氏を望んでいた者もいたであろう。戦国期にはこのような状況は各地でみられ、家宰や守護代による主人や守護への「下剋上」はよくあることであった。この時期の高氏も「下剋上」の可能性を持っていたが、やはり足利政権に代わって高政権を打ち立てるだけの歴史的な条件は整ってはいなかった。師直自身にも、当然それはわかっていたのであろう。

師直と尊氏との間で交渉が行われ、畠山直宗・上杉重能らの流罪、直義の政務の停止、代わって鎌倉にあった尊氏嫡男義詮《よしあきら》を政務に就かせるということで交渉がまとまり、師直は包囲を解くことになった。直宗・重能は越前に流され、後に配所で殺害された。その後夢窓疎石の調停により、直義が政務に復帰し、師直についても執事に復帰ということになったが、十月に義詮が上京するとともに、直義は事実上政務から引退し、出家して恵源《えげん》と号することになる。

このように、表面上は幕府内部の分裂は解決されたようにみえるが、問題は依然としてその内部に封じ込まれ、対立は次の段階に進むこととなる。ただ、その中で義詮が一定の役割を占めるようになり、この次期に直義に代わって義詮が出した裁許状も残される。観応擾乱以後の幕府において、義詮の位置付けは重くなっていくが、実はそれはこの時期に芽生えたものなのである。直義と師直の対立の中から、義詮は二頭政治を克服する「専制的」な将軍として産み出されようとしていた。そして、それは将軍尊氏自身が望んでいたことであった。

新たな戦争
—第一次観応の擾乱

尊氏の庶子で、直義の養子となっていた足利直冬《ただふゆ》は、中国探題《たんだい》として備後鞆《とも》にいた。直義と師直の対立の際には、妙吉は直冬への使者として鞆へ赴き、その後直冬は直義に味方しようとしたが、赤松則村に阻止されたという。直冬追討を師直は尊氏に要求したが、直冬は九州に逃れた。直冬はいわば直義の後継者であり、師直にとっては倒さなければならない存在であった。この点については、義詮を中心として二頭政治の克服を目指す尊氏にとっても、利害が一致していたものであろう。

ところが九州に逃れた直冬は、尊氏から派遣された九州探題一色範氏《いっしきのりうじ》と反探題方である少弐頼尚《しょうによりなお》の対立に食い込み、反探題方の在地勢力に積極的に所領安堵や新恩給与を行い、彼らを味方につけることによって急激に勢力を拡大していった。その際に直冬から発給された安堵状や宛行状は、将軍様式で出されているという。さらに中国方面にも直冬の勢力は拡大し、長門厚東《こうとう》氏や周防大内氏までが直冬党となっていった。直冬は、いわば「鎮西将軍」に自らを位置づけていったのである。

観応元・正平五年(一三五〇)六月、尊氏は直冬を討つために師泰を中国に派遣したが、成果はあがらなかった。また、同年七月には美濃・尾張で土岐周済《ときしゆうさい》が挙兵し、近江に進出して佐々木導誉《どうよ》(高氏《たかうじ》)と戦い、義詮・師直によってようやく鎮圧された。それも束の間、信濃・常陸・越後以下の国々で反乱が起こるとのうわさが京都で流れた。幕府内の政治的分裂が、地域社会にいまだ存在していたさまざまな対立とリンクしながら、列島全体に激しく拡大していく。

このような状況の中で、同年十月に尊氏は義詮に京都防備を任せて、自ら直冬を征討することを決意する。ところが出発の前日、突如直義が京都を出奔《しゆつぽん》する。尊氏・師直は予定通り出発するが。直義は大和から河内に入り、畠山国清《くにきよ》に迎えられ、師直・師泰を討つことを名目として挙兵した。

そして直義は、思いもよらない奇手に出る。南朝に降参したのである。十一月に北畠親房《きたばたけちかふさ》と直義の会談が河内石川城(現、大阪府河南町)で行われ、翌月には南朝から直義の降伏を承認する綸旨が下ったのである。この結果、大和・河内の南朝方の勢力は直義と合体し、南から京都攻撃を行う態勢が整った。直義は天王寺へ兵を進め、直義方の石塔頼房《いしどうよりふさ》は石清水八幡宮に着陣した。この情報を聞いた尊氏は、備前福岡(現、岡山県長船町)から急ぎ京都へ帰還する。

翌観応二・正平六年(一三五一)一月、直義方の桃井直常《もものいなおつね》が近江坂本から比叡山を越えて京都に乱入した。尊氏は京都を逃れた義詮と合流し、一時的に京都に入って直常と三条河原で戦うが、支えきれずに丹波に逃れた。そして、丹波から播磨へ向かい書写山《しよしやさん》(現、兵庫県姫路市)に陣を敷いた。京都を手に入れた直義は、北朝に三万疋の銭を渡すことを申し入れた。南朝に降伏していながらこのような行為をするのは、まさに背信行為であるが、直義の意図としてはこれを機会に両朝を和睦・合体させようとしたのである。そして、二月には南朝方へ和睦の申し入れするための使者を銭一万疋とともに派遣している。このあたりの直義の政治的手腕は、まさに冴え渡っていた。

書写山に立て籠もる尊氏・師直を攻撃するため、石塔頼房が播磨に派遣される。頼房は内乱初期に播磨の国大将的な存在であり、さらに東播磨の久我《こが》家領這田荘《ほうだ》（現、兵庫県西脇市）に地頭職を持っていた。尊氏派である守護赤松氏によって抑圧されていた東播磨の在地勢力は、頼房に結集していった。ここでも、在地内部の対立と擾乱が結びついていく（小林二〇〇七b）。頼房は這田荘に隣接する、真言宗の名刹光明寺（現、兵庫県滝野町）を城郭にし、書写山攻撃の態勢を整えた。

尊氏・師直は光明寺に先制攻撃をしかけたが、頼房援軍の細川顕氏《あきうじ》・上杉顕能《あきよし》が到着し、光明寺攻撃は失敗する。そして尊氏・師直は、二月十四日に摂津打出浜で直義と畠山国清の挟み撃ちにあって敗北する。尊氏は直義のもとに使者を使わし、師直・師泰の出家を条件に和議を申し入れる。和議が成立し、師直・師泰は尊氏とともに京都に戻るが、途中で待ちかまえていた上杉・畠山の軍勢によって一族・郎従数十人とともに誅殺《ちゅうさつ》された。直義の最大のライバルである師直は滅びた。ここまでを、第一次観応擾乱という。

尊氏は京都に入り、両者の和睦はなった。師直・師泰の死により、幕府内の秩序は戻ったかに見えた。幕府の実権は直義が掌握しつつ、義詮と協力しながら新たな二頭政治の体制が作られたのである。また、南朝・北朝の講和についても引き続き進められた。しかし、天下一統の方法について、大覚寺統の正統をあくまで主張して、政権を吉野に返すべきであるという南朝方の主張と、両統迭立も視野に入れ、武家支配のもとでの皇位継承を主張する直義側とは平行線をたどり、結局講和がまとまることはなかった。

第二次観応の擾乱
―直義の死

幕府内の人事も直義派の人事となり、重要ポストとしての引付方頭人《とうにん》は、石橋和義・畠山国清・桃井直常・石塔頼房・細川顕氏らの直義派の有力武将によって独占された。また、直義派で新たに守護職を得る者も多かった。さらに、この時期に出された武士による寺社領の押領を禁止する法では、違反者は所領半分没収、所領のない者は遠流という厳しい量刑となった。直義の徳政路線は、さらに進展したのである。

直義の勢力が増すとともに、幕府内で再び分裂の兆候が現れてきた。それは、直義と義詮との対立という形をとるようになってきた。義詮は幕府の政務に深く関与し、直義から自立しつつあったのである。新たな二頭政治は、早くも崩れていった。しかも、義詮の背後にはなお尊氏があった。

直義が実権を握って半年もたたない、観応二・正平六年（一三五一）七月、直義は突然尊氏に政務の返上を申し入れる。これは、尊氏に義詮との間を調停してもらうことを意図していたとみられるが、尊氏は義詮が政務を行うことと決定した。その結果、幕府内に新たな緊張と不安が広がっていった。それを受けてか、佐々木道誉《どうよ》（高氏）・細川頼春《よりはる》・仁木頼長《よりなが》・赤松貞範《さだのり》らは京都から領国に引き上げていった。尊氏は近江に逃れた道誉を討つため出兵し、義詮は播磨に出兵することになったが、これは京都を一時直義に明け渡した上で、両方から挟み撃ちにしようとする策略であった。それを知った直義は、京都を逃れ北陸へ向かった。尊氏・義詮は空しく京都に戻り、直義に対して政務復帰を依頼する和睦《わぼく》の使者を送るが、直義は断固として拒否した。ここから新たな戦争が開始される。第二次観応の擾乱である。

北陸に逃れた直義は、越前に入った。北陸には、越中守護桃井直常・越後守護上杉憲顕《のりあき》を始めとする多くの直義派の武将があり、彼らを糾合《きゅうごう》した直義は、近江で尊氏軍と戦うが、桃井直常の陣が破れ、直義は北陸に戻る。そして、北陸から信濃・上野を経て関東の鎌倉へ向かった。鎌倉を中心として勢力を増大させ、尊氏との決戦に挑もうとした。

これを知った尊氏は、関東出兵を決意するが、その際畿内の南朝方勢力の動向が問題となる。そこで尊氏は、先に直義がとった戦略を今度は自らが行うことにした。南朝への降伏である。尊氏による南朝工作は成功し、十月には直義追討の綸旨が後村上天皇から尊氏に下された。その結果十一月には北朝の崇光《すこう》天皇は廃され、「観応」年号をやめ、「正平《しょうへい》」年号が用いられることになった。「正平一統」である。この結果、京都の公家社会は大混乱となった。これは、一見王権側による「公家一統」

のように見えるが、実は王権が武家方の都合により左右されていることを示す、象徴的な出来事であるといえよう。

畿内に憂いが無くなった尊氏は、京都を義詮にまかせて関東に向かう。駿河薩埵山《さったさん》（現、静岡県静岡市清水区）の合戦で直義を破った尊氏は駿河・相模国境に進出、関東では宇都宮氏が尊氏方で挙兵して後方を攪乱《かくらん》した。十二月の、相模早川尻《はやかわじり》（神奈川県小田原市）合戦が尊氏・直義の決戦となったが、ここでも尊氏は勝利し、直義は降伏する。直義は鎌倉浄妙寺《じょうみょうじ》内の延福寺に幽閉されるが、翌年二月に急死する。毒殺されたといううわさであった。

直義の死により、二頭政治は、終わりを告げる。対立する師直・直義ともに滅亡し、いわば尊氏が漁夫の利を得た形となった。ここに、室町幕府は成立期を終え、尊氏―義詮、さらには義満による新しい段階に入ることになる。しかし、南北朝内乱はまだその前半を終わったばかり、さらに複雑化しながらこの後三〇年以上続いていく。

七　バサラと寄合の文化

1――バサラと寄合

バサラ大名

『太平記』には、数々の武士らの合戦での華々しい活躍が描かれる。それと同時に、この時期特有ともいえる考え方を持ち、また実際にそれにもとづいて行動する武士の姿も描かれる。前章で触れた高師直はその典型ともいえ、「もし王が必要ならば、木で造るか、金で鋳るかして、生きている院や国主は、何処へでも流してしまえばよいのに」という言葉にあらわれているように、彼らは従来の権威を徹底的に否定しようとする者たちである。

土岐《とき》頼遠《よりとお》は、北畠顕家との青野原の戦いで活躍した美濃の有力武士である。上洛した頼遠が笠懸《かさがけ》に出かけた帰り道、光厳《こうごん》上皇の行列に出会った。共に出かけた二階堂行春《にかいどうゆきはる》は下馬《げば》の礼を取るが、頼遠は馬を下りないだけではなく、上皇に随身《ずいしん》する者たちが「院の御幸《ごこう》ですぞ」と声をあげたのに対し、「院、というか、犬というか、犬ならば射落としてやる」と言って、院の車を取り囲み、犬追物《いぬおうもの》のように射かけさせたという。上皇や天皇の権威をまったく気にしていない武士の姿である。

また、近江守護として幕府政治の黒幕的存在であった佐々木導誉《どうよ》も、同じ精神構造を持っていた。暦応三・興国元年（一三四〇）十月、導誉とその子秀綱《ひでつな》は小鷹狩りの帰りに妙法院《みょうほういん》の前を通りかかり、南庭の美しく色づいた紅葉を折り取ることを家臣に命じた。ところが、門主がそれを見て制止を加えたために喧嘩《けんか》となり、家臣は打たれて追い出された。それを聴いた導誉は激怒し、三〇〇騎を率いて妙法院を焼き討ちしてしまった。

妙法院は、比叡山延暦寺末の門跡《もんぜき》寺院であったため大問題となり、結局延暦寺の訴えによって、導誉は配流《はいる》されることになる。しかしその際にも導誉は、「常の流人とは異なる派手で美しい姿」をし、東海道の道々で酒宴をしながら配流先に向かったという。この姿は「公家の成敗を軽んじ、延暦寺の怒りを嘲弄《ちょうろう》する振る舞い」とされた。導誉にとっては、みなが怖れる宗教的権威でさえも、否定し嘲弄する対象であった。

図53　佐々木導誉

土岐頼遠や佐々木導誉は、名門の武士である。特に導誉は、源頼朝に従った近江源氏佐々木京極家の家督を継ぐ者であり、鎌倉期には得宗家に近侍《きんじ》していた。倒幕の際には尊氏の盟友として活躍し、建武政府でも雑訴決断所の職員を務めた。赤松氏のような、地方の荘官出身の悪党的な武士とはまったく異なっていた。

ところがその導誉が、悪党以上に従来の権威を徹底的に否定し、傍若無人な振る舞いをする。悪党の精神は、いわば時代の精神として、彼らの中にそのまま受け継がれているのである。幕府滅亡の際に六波羅を落ちた上皇・天皇に弓矢を向け、掠奪をしかけた野伏と、大きな違いはないといえよう。

このような精神を、「バサラ（婆佐羅・婆娑羅）」という。「バサラ」とは、サンスクリット語のバアジャラから派生したことばで、本来は魔や鬼を打ち砕く強い力を意味していた。それが次第に変化し、「派手な」「無遠慮な」「贅沢な」「遠慮会釈のない」「放埒《ほうらつ》な」という意味になり使われるようになった（伊藤喜良二〇〇三）。この時代における、「流行語」だったのである。師直や頼遠・導誉は、このバサラを体現した、バサラ大名であった。

バサラ禁止令

「二条河原落書」には、そのころ流行したバサラ風の姿について「鉛作《なまり》ノオホ（大）刀、太刀ヨリオホキニコシラヘテ、前サカリニソ指ホラス、ハサラ扇ノ五骨《いつつぼね》」と述べられる。鉛でつくった大きな刀を前下がりに目立つように腰に差し、人目をひく、はでな絵柄の扇を見せびらかしながら、京都市中を闊歩《かっぽ》する武士の姿である。このようなバサラの流行に対して、幕府も対応せざるをえなくなった。

前章で述べた建武式目の第一条は、「倹約を行わるべき事」であり、「近日婆佐羅（バサラ）と号して、専ら過差《かさ》を好み、綾羅錦繡《りょうらきんしゅう》・精好《せいごう》銀剣・風流《ふりゅう》服飾、目を驚かさないものはない。すこぶる物狂《ものぐるい》というべきである」と述べられる。「綾羅錦繡」というのは、錦などの贅沢な布を使った衣服を示し、

「精好銀剣」とは、高価な銀でこしらえた剣、「風流服飾」とは奇異で派手なデザインの服や装身具である。これらを身につけるのが、バサラ風であり、その姿を「過差」、つまり分不相応なぜいたくであるとし、「物狂《ものぐるい》」つまり狂気の沙汰であるとして、厳しく取り締まるというのである。室町幕府の基本法令ともいえる建武式目の第一条に、バサラの取り締まりが掲げられているのは、いかに当時、バサラの流行が凄《すさ》まじかったかということを逆に物語る。

その後も幕府は、バサラ風の姿を禁止する法令をいくつか発布する。時代は少し下るが、貞治六・正平二十二年（一三六七）十二月に、「精好《せいこう》大口、織物小袖」の着用を禁じ、金で装飾した鞍《くら》の使用を禁止している。「精好大口」とは、精好織りという精密で美しい特別な絹織物で仕立てた、裾の広い大口袴《おおぐちばかま》のことである。現在では、能装束にその名残《なごり》がある。贅沢でたいへん目立つ袴であり、バサラの象徴とも言えよう。「二条河原落書」にも、「下衆上臈《げしゆうじようろう》ノキハモナク、大口ニキル美精好」とあり、貴賤にかかわらない流行のファッションだったことが知られる。また応安二・正平二十四年（一三六九）にも、ほぼ同じ内容の法が発布されているが、そこでは、「精好大口」とともに、「色皮の下沓《しとうず》」が禁じられている。下沓は、沓《くつ》の下に用いる履き物であり、いまの靴下にあたる。この時期の人々は、下沓でファッション・センスを競ったのであろう。

バサラ禁止令では、中間《ちゆうげん》以下の輩が金銀や梅花皮等の腰刀を用いることや、直垂《ひたたれ》の絹裏や絹の腰当てをすることも禁じている。中間とは、有力武士に使えて雑務を行った小者と、侍との中間にあたる者たちである。日常的には武士の周辺に仕えて屋敷を守り、合戦では、歩兵集団として戦場を走り廻って戦った。悪党や野伏が、傭兵となったものといえる。

幕府法が、彼らをことさらにバサラ禁止令の対象とし、派手で贅沢な姿をすることを禁止しているところからみて、現実には彼らがバサラ風の流行の中心であり、バサラ者として当時のファッション・リーダーであったことがうかがえる。それと同時に、傭兵である彼らの自由な活動を抑止し、京都の治安維持をはかる目的があったと考えることができる。バサラ禁止令は、一種の平和令であった。

しかし、このようなたびたびの禁止令にもかかわらず、この時代の人々はバサラを支持していた。バサラは、同じ戦争の時代である戦国時代から織豊期に流行し、後の文化を生み出した「カブキ（傾き・歌舞伎）」と同様、新しい文化創造のエネルギーの総体を示すキー・ワードなのである。

寄合禁止令

「バサラ」と同時に、この時代の文化を象徴する言葉が「寄合《よりあい》」である。「日々寄合て、此間の辛苦を忘んとて酒宴・茶の会なんどして、夜昼遊びけるが」、「師子《しし》（獅子舞）・田楽を召され、日夜に舞い歌わせ、茶飲み、連歌師を集めて、朝夕遊びけるが」（『太平記』）とあるように、人々は上下ともに日々の辛いことを忘れるために、酒宴や茶会を開いていた。その中でも、佐々木導誉らの、バサラ大名が主催する寄合は特に派手で贅沢《ぜいたく》なものであった。

又都には、佐々木佐渡《さど》判官《ほうがん》入道道誉を始めとして在京の大名、衆を結んで茶の会を始め、日々寄合に活計《かっけい》（栄耀栄華）を尽すに、異国本朝の重宝を集め、百座の粧《よそおい》（百ヵ所の飾り付け）をして、皆

図 54　無礼講(『太平記絵巻』)

> 曲彔《きょくろく》(椅子)の上に豹《ひょう》・虎の皮をしき、思い思いの緞子《どんす》金襴《きんらん》(高価な織物)を裁ち着て、四主頭(主客)の座に列をなして並び居たれば、ただ百福荘厳(仏のために飾りつけた)の床の上に、千仏の(千体の仏が)光を並べて坐し給へるに異ならず。……面五尺の折敷《おしき》(料理を載せる敷物)に、十番の齋羹《さいこう》(野菜のあつもの)・点心百種・五味の魚鳥・甘酸苦辛の菓子(果物)共、色々様々に居並べたり。(『太平記』)

とあるように、華美を尽くした寄合の宴席のしつらえをした上で、そこで出される宴会料理は山海の珍味をとりそろえた、贅沢の極みというべきものであった。バサラの精神は、人々が集まる寄合でこそ発揮されたのである。しかし、バサラと同様に寄合も幕府による禁止の対象となる。

第一条にバサラ禁止を掲げた建武式目の第二条は、「群飲《ぐんいん》佚遊《いつゆう》を制せらるべき事」という表題を持つ。その内容は、「格条(従来の公家の法)においても群れ集まって飲酒をし、勝手気ままな遊興をすることは厳しく禁じられている。それにもかかわらず、最近では女色にふけり、博奕《はくえき》（ばくち）までもが流行している。このほかあるいは茶寄合といい、また連歌会と称して莫大な賭《かけ》を行っている。そのために使われる金は数えることができない。このような寄合を厳しく禁じる」というものである。いわば、寄合禁止令ということができよう。

幕府が寄合を厳しく規制したのは、単なる倹約奨励という意味だけではないだろう。寄合は政権にとって危険なものであった。第四章でも述べたように、後醍醐天皇は討幕派の公家・武家を集めた「無礼講」と称する寄合を行い、酒を酌み交わしながら、幕府転覆の密謀を行った。寄合は、厳しい政権批判の場となる可能性もあったのである。しかし、人々は幕府の禁止にかかわらず、上下貴賤ともにさまざまな形での寄合を行い、相互に交流しながら、新しい文化を創造していった。

連歌と寄合

この寄合の文化としてまず挙げられるのが、連歌《れんが》である。「二条河原落書」には、この時期に大流行した連歌についてつぎのようにある。

> 京鎌倉ヲコキマセテ、一座ソロハヌエセ連歌、在々所々ノ歌連歌、点者《てんじゃ》ニナラヌ人ソナキ、譜第《ふだい》非成《ひせい》ノ差別ナク、自由狼藉ノ世界也

京都風と鎌倉風をごちゃまぜにして、人もそろわない偽物の連歌会、あちこち至る所でそのような連歌会が行われ、そこでは誰もが連歌の優劣を判断し、点数を付ける点者となっている。きちんと今までの連歌の系譜を引いている人もそうでない人も連歌を行っている。そのような差別や秩序のない

世界が自由狼藉の世界であり、今が、まさにその時代である。「自由狼藉の世界」という、この時代を端的に表現することばは、当時の連歌会の様子に象徴的に現れているのである。

連歌は、和歌の五・七・五の上の句と七・七の下の句を別の人間が応答して読むもので、平安時代からはじまり、最初は上の句と下の句を二人で唱和する短連歌が行われていた。そして平安後期になると、多人数が上の句と下の句を交互に連ねていく長連歌に発達していった。

句数によって、五十韻《いん》・百韻・千句・万句などのものがあり、最初の上の句を発句《ほっく》といい、次の下の句を脇、次の上の句を第三、以下第四・第五と数え、最後の句を挙句《あげく》という。発句には、必ずその連歌興行の季節を入れなければならず、句を付けるにはいろいろな規則や作法があった。それとともに、連想や、逆に発想の飛躍など詠み手のセンスが問われ、さらにさまざまに変化しながらも、全体として調和がとれているのがよいとされた。高度に洗練された「遊び」であるといえよう。

連歌は最初は公家社会で発達していったが、そこでは連歌と懸物《かけもの》（賭）はいわばつきもので、一句の採用に扇一本がかけられ、また鎌倉時代前期の後鳥羽院のもとでは、有心衆・無心衆という二つの集団に連歌衆が分かれて勝負を争っていた。

花下連歌

このような公家社会で行われたいわば閉鎖的な連歌会とは異なる、開かれた連歌会も鎌倉中期から行われるようになっていた。

毘《び》沙門堂《しゃもんどう》・法勝寺《ほっしょうじ》の花の本にて、よろづの者おほく集めて、春ごとに連歌し侍《はべ》りし、それより後ぞ、色々に名を得たる地下の好士もおほくなり侍りし。（『筑波問答』）

地下《じげ》の者たちが中心となり、多くの人々を集め、桜の花の下で連歌会を催しているのである。このような、花の下での連歌会を「花下《はなのもと》連歌《れんが》」という。

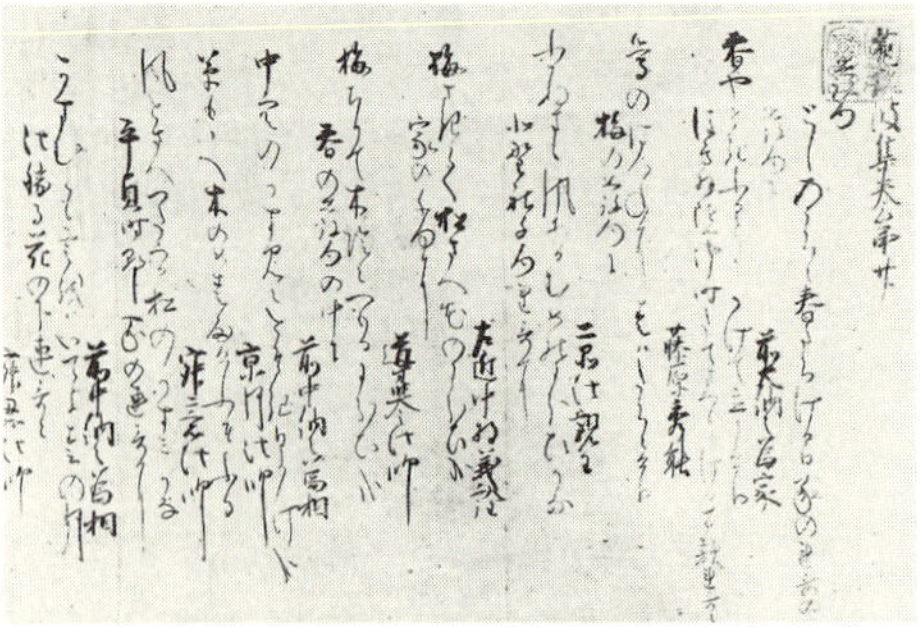

図 55　『菟玖波集』

「花下連歌」が行われた場所としては、京都では出雲路《いずもじ》毘沙門堂・白河法勝寺・東山正保寺・清閑寺等であり、いずれも桜の名所であったのであろう。現在の「花見」に通じるような、自由で開放的な雰囲気の中で行われたものとみられ、これも連歌の持つ重要な側面であった。また桜に神が宿り、桜の姿から農耕を占う、という古代以来の民衆的信仰との関連も指摘されている。連歌会は、民衆的なエネルギーによって支えられていたのである。

このような「花下連歌」で、常連として連歌会を主催し、いわば連歌の指導者になっていたのが連歌師である。連歌の宗匠《そうしょう》ともいう。彼らは、連歌会で出された付句の優劣を判断し、多くの付句の中から優秀なものを取捨選択し、点数をつけたりした。この連歌師が、全体をコーディネートすることで連歌会はさらに盛り上がっていった。この時代の代表的連歌師救済《きゅうぜい》は、その連歌が「幽玄たくみに余情妖艶《ようえん》」（『避連抄』）と評された人物であった。摂政・関白を四度務めた北朝の重臣二条良基《よしもと》は、救済を連歌の師とし、連歌の理論書である『連理秘抄』を著すとともに、救済とともに古代以来の連歌を集めた『菟玖波集《つくばしゅう》』を編集し、勅撰和歌集に準じられている。良基の意図したところは、公家社会の中で、再び連歌を文芸として上昇させる道であった。

しかし、連歌はこの時代には民衆のエネルギーを背景にした、バサラ文化となっていた。だれもが自由に寄合い、自由に連歌を詠み、自由に宗匠となって点者となれる。そのような自由な世界こそが、連歌という文化が生み出した世界であり、その本質なのである。

茶の流行

連歌とともに寄合の文化の中心となったものが、茶である。「二条河原落書」には「茶香十炷（種）ノ寄合」が都で倍増していると述べられる。この十種の寄合とは、十種茶のことを意味し、この時期大流行した闘茶《とうちゃ》であった。

茶は、すでに平安期に留学僧により中国から日本に伝えられていた。しかし、それは団茶法といわれるもので、蒸した茶の葉を団子状に乾燥させ、削って飲むものであった。茶葉をそのまま臼でひいて粉末にして飲む抹茶法は、鎌倉期に栄西によって伝えられた。栄西は、茶の効用を述べた『喫茶養生記』を著し、一種の薬として公家や寺院社会だけではなく、武家社会にも広まっていった。

鎌倉時代末期の幕府重臣金沢貞顕《かねさわさだあき》は、特に茶を好んでいたようで、金沢称名寺《しょうみょうじ》の劔阿《けんな》に対して、「新茶は大事である。先日いただいたのは、みな飲んでしまった。寺中で一番の茶を、少しでいいからいただければたいへんうれしい。茶が好きな人々がやってくると思うので、その用意のためです」（『金沢文庫文書』）と依頼している。称名寺には茶園があり、茶が栽培されていたのであろう。また、六波羅探題として赴任していた息子貞将《さだまさ》が京都から帰る際には、「こちら鎌倉では、前にも増して唐物《からもの》や茶がはやっている。茶の具足（道具）を用意してほしい」（同前）と、茶道具を買って来るように依頼している。茶だけではなく、中国から渡来した茶道具も珍重《ちんちょう》され、流行していることがわかる。

しかし、茶は養生や学び、嗜《たしな》みというものではなく、別の形で発展していった。夢窓疎石《むそうそせき》が「今時世間では、けしからん茶がはやっていて、たいへん嘆かわしいことである」（『夢中問答』）と述べた茶、すなわち遊興のための茶勝負＝闘茶である。

闘茶と茶寄合

先に引用したバサラ大名の寄合の様子の後に、闘茶が描かれる。

茶の懸物（景品）に百物（さまざまな品物）。百の外にまた前引（引出物）の置物をしけるに、初度の頭人（最初の当番、景品の提供者）は、奥染物各百づつ六十三人が前に積む。第二度の頭人は、色々の小袖十重づつ置く。三番の頭人は、沈《じん》（沈香）のホタ（切れ端）百両づつ、麝香《じゃこう》（麝香鹿からとれる香）の臍《ほぞ》三づつそえて置く。四番の頭人は沙金《しゃきん》百両づつ金糸花の盆（彫り目の模様が渦巻となった盆）に入て置く。五番の頭人は、只今仕立《したて》たる鎧一縮に、鮫《さめ》懸たる（鮫皮の鞘の）白太刀、柄鞘《つかさや》皆金にて打くくみたる刀に、虎の皮の火打袋をさげ、一様にこれを引く。以後の頭人二十余人、我人に勝《すぐ》れんと、様を変え数を尽くして、山の如く積み重ぬ。さればその費《つい》え幾千万という事をしらず。(『太平記』)

誇張はあると思われるが、闘茶の景品の贅沢さをうかがうことができる。闘茶は、この時期最も贅沢な遊び＝賭博であった。

闘茶は本来は、茶を飲んで本非の味をあてるものだった。本とは京都の北郊栂尾《とがのお》で産される栂尾茶、非とはそれ以外の産地の茶である。それが複雑化してゲーム性を増し、「本非十種茶勝負」や「四種十服茶勝負」などが行われるようになった。

時代は下るが、次の史料は「四種十服茶勝負」の点数表である(吉川家本『元亨釈書』紙背)。

	二	一	二	三	三	三	二	一	一	ウ	
花	二＼	三	ウ	二	三＼	一	一	二	一＼	三	三種
鳥	二＼	一＼	三	三＼	ウ	二	一	一＼	二	三	四種
風	三	二	ウ	三＼	三＼	一	三	二	一＼	三	三種
月	ウ	二	三	三＼	二	一	二＼	一＼	一＼	三	四種
梅	二＼	一＼	三	三＼	ウ	二	一	一＼	三	二	四種
桜	二＼	一＼	三	ウ	二	一	三	二	一＼	三	三種
松	二＼	一＼	ウ	一	三＼	三＼	一	二	一＼	二	五種
竹	ウ	二	三	一	二	三＼	一	二	一＼	二	二種

楓　二＼　ウ　三　二　三＼　一　三　一＼　一＼　二　四種

山　二＼　一＼　二＼　三＼　三＼　三＼　二＼　一＼　一＼　ウ＼　十種

木　二＼　一＼　三　三＼　三＼　ウ　一　一＼　二　二　五種

延徳三年正月廿一日

記十十十種茶勝負

新殿方之御出時、御興行御茶、御人数十一人、仍如件、

最上段の「花・鳥・風……」はこの闘茶の参加者の符丁で、全員で十一人である。味の異なる四種の茶を十服飲み、あてるというルールであり、点数表の一番右の列が正解となる。一・二・三の茶は勝負の前に試しに味合うことができる茶であり、ウとは客の略で、試し飲みができない客茶を意味する。この点取表では、「花」は、一服目、五服目、九服目があたったということであり、正解の数が下に三種と書いてある。この闘茶の勝者は、全問正解の「山」ということになる。

茶の味を比べるという闘茶を行うためには、茶の生産地の拡大が必要である。人々の茶に対する欲求が高まっていくことに応じて、各地で茶の生産が始められたのである。そしてこの時期の茶の流行が、賭博性と遊興性を強く持ったバサラ文化として広がったところは、後の「侘び茶」とはかなり異なる点であるといえよう。

連歌会も茶寄合も、それが行われる場には、多くの開かれた参加者による「公共の場」が出現して

いる。このような場は、「会所《かいしょ》」と呼ばれた。賭博も、参加者が公平にチャンスを持つ、一種の富の再配分と考えることができ、「会所」は人々の平等性と公共性が強く意識された場であるということもできよう。バサラ文化が生み出したものは、このような下からの平等と公共の意識であり、それを幕府権力は強く怖れたのである。

2—村の芸能と遍歴する人々

宮座と祭り

都市で会所に人々が寄合っていたのと同時に、各地域でも寺社を拠点にして、芸能を通じて人々が寄合っていた。寺社の祭礼の際に行われる芸能を神事《しんじ》芸能といい、神に捧げられるために演じられた。この祭礼や神事芸能を営む共同体を「宮座《みやざ》」という。

宮座そのものは平安末期から存在し、寺社の仏神事祭礼を頭役《とうやく》に割り当てるという制度が、荘園支配の中で特権的に名《みょう》に当てられるものとして成立した。それが鎌倉後期〜南北朝期になって、荘園制的な宮座から座員間の巡役による惣村《そうそん》的宮座に変化していったとされる。宮座は本来閉鎖的・特権的なものであったが、第三章で述べた備前国野田荘の場合のように、その閉鎖性・特権性を突き動かす小百姓層との対立を通じて、惣村的宮座へと変化していったものとみられる。

鎌倉後期〜南北朝期には、各地でさまざまな特色を持った芸能が行われていた。例えば大和法隆寺における、延慶三年（一三一〇）四月二十三日の菩薩山堂《ぼさつさんどう》供養のための「童舞」では、本来は宮廷世界の芸能である青海波《せいがいは》・長保楽《ちょうほうらく》・太平楽《たいへいらく》等の舞楽が、下長《しもなが》長楽殿・三井《みい》万寿殿・広瀬《ひろせ》福寿殿らの一二人の子供たちによって演じられている。名前の上に法隆寺周辺の村落名が付されているところからみて、これらの子供たちは村の子供であるとみられる。

荘園鎮守の祭礼でも、多様な芸能が行われていた。摂津国多田《ただ》院（現、兵庫県川西町）では、荘園鎮守物社六所八幡宮の文永元年（一二六四）九月九日と十日の祭礼の際に、猿楽《さるがく》・流鏑馬《やぶさめ》・相撲などの芸能が行われ、寺僧・神主・神子・禰宜《ねぎ》が神事の中心となり、荘官である惣政所《そうまんどころ》殿・荘公文《くもん》・荘職事《しきじ》も参列していた（『多田神社文書』）。「百姓中へ大瓶一」とあるように、直会《なおらい》（神事の後、神前に供えた供物を下ろして行われる宴会）で百姓中に酒が下されているところからみて、百姓もこの祭礼に参加していた。

一　ヤフサメ（流鏑馬）五人中へ大カワラケ（土器）ノ菓子五前・瓶子ニ酒二升入立ヘシ

一　スマウ（相撲）ノ折敷、餅廿前

とあり、流鏑馬には五人が参加、相撲には二〇人が参加していたものとみられ、特別な下ろし物が与えられた。彼らは多田院の武士であった可能性が高いが、南北朝期以後には荘園鎮守の神事芸能に、村人が参加していったのである。

播磨国上鴨川（現、兵庫県社町）にある住吉神社は、正和五年（一三一六）創建と伝えられ、中世の姿をよく残すといわれている神事芸能が現在でも演じられている。十月四日・五日の祭礼の際に、八〜

九歳から二十五～六歳までの若衆によって神楽《かぐら》・太刀舞・獅子舞・田楽舞・能楽などの芸能が次々と行われるのである。本来は、二四軒の株の家が宮座を形成し芸能を勤めてきた。南北朝期の姿をそのままとどめているわけではないにしても、上鴨川という村落が祭礼と神事芸能を支え、執行し続けてきたのである。

図56　田楽（『年中行事絵巻』）

田楽の流行

神事芸能でも行われていた田楽は、この時期最も流行し、人々が熱狂した芸能であった。田楽は、すでに平安時代には成立していた。稲作の中で最も苦しい労働が田植えであるが、田植えを行う女性である早乙女《さおとめ》の後ろで奏される音楽が田植歌である。秋の実りを願って穀霊《こくれい》を勧請《かんじょう》し、その生命力を囃《はや》し立てるための音楽である。このような田植歌と大陸渡来の散楽《さんがく》とが融合しながら、楽器を演奏しながら踊る芸能として、田楽は発展していった。ビンザサラ（一〇センチほどの木片を数十枚並べ、上部を紐でつないで強く打ち合わせることで音を出す楽器）や腰太鼓、笛、小鼓などで軽快でリズミカルな音楽をかなでながら、互いに近づいたり離れたり、交差したり輪になったりして踊ったのである。

田楽を好んだ人物として有名なのが、鎌倉幕府最後の得宗北条高時である。

又其比洛中に田楽を弄ぶ《もてあそ》（楽しむ）事さかんにして、貴賤《きせん》こぞってこれに着（執着）せり。相模入道（高時）此の事を聞き及び、新座・本座の田楽を呼び下《くだ》して、日夜朝暮に弄《もてあそ》ぶ事他事なし。入興（興にいる）の余りに、宗徒《むねと》（有力）の大名達に田楽法師を一人づつ預けて装束を飾らせける間、是は誰がし殿の田楽、彼は何がし殿の田楽なんど云て、金銀珠玉を逞《たくま》しうし、綾羅錦繍《りょうらきんしゅう》をかざれり。宴に臨んで一曲を奏すれば、相模入道を始めとして一族大名我劣らじと直垂《ひたたれ》・大口をぬいでなげ出す。是を集めて積むに山の如し。其弊《つい》へ（費用）幾千万と云う数を知らず。（『太平記』）

高時は、京都の田楽座をわざわざ鎌倉に呼び、田楽法師を北条一門や有力武将に預けて着飾らせ、田楽を踊らせたというのである。高時の熱中ぶりがよくわかるとともに、京都に田楽座が形成され、専門の田楽法師が生まれていたことがわかる。大和法隆寺に属する田楽法師は、法隆寺六月会《みなづきえ》の田楽を勤めていたが、「他行」を願って許されている（『往代年中行事』）。「他行」とは他所での出演を意味し、彼らの活動は広範囲であったことがわかり、各地での田楽の流行が知られる。なお『太平記』では、この宴の後で高時が酔って寝込んだとき、田楽法師の代わりに天狗が踊り狂っていたのを女官が見たという話となり、これが幕府滅亡の予言となる。

熱狂の果てに

南北朝期になっても田楽の流行は止まるところを知らなかったようで、「二条河原落書」には、「犬田楽ハ関東ノ、ホロフル（滅ぶる）物ト云ナカラ、田楽ハナヲハヤル也」と述べられ、田楽と闘犬が鎌倉幕府が滅びた原因とされながらも、なお田楽が流行していることをとが知られる。
貞和五年（一三四九）六月の夏の盛りに、四条橋を架けるための勧進田楽が本座・新座の共同興行として四条河原で開催された。河原に一〇〇間（約一八〇《メートル》）を超える長さの桟敷《さじき》を造り、多くの群衆が集まった。また足利尊氏・二条良基・梶井宮尊胤《そんいん》法親王なども、群衆とともにその田楽を見物していた。田楽の場が、貴賤が入り交じる一種の「公共の場」であることがよくわかる。

両方の楽屋より中門口（田楽参上の際に邸宅の門口で演じられる曲）の鼓を鳴らし、音取《ねとり》（調子を合わせる）笛を吹き立てければ、匂《にお》い薫蘭《くんらん》を催し、粧《よそお》い紅粉《こうふん》を尽くしたる美麗の童《わらわ》八人、一様に金襴《きんらん》の水干《すいかん》を着して、東の楽屋より練り出たれば……、一のササラは本座の阿古《あこ》、乱拍子は新座の彦夜《ひこや》叉《しゃ》、刀玉《かたなたま》（刀を投げあげて手で受ける曲芸）は道一、各神変（神業）の堪能《かんのう》なれば見物耳目を驚かす。
（『太平記』）

当代一流の名人が集まっての、一大イベントであった。ところが、そのクライマックスで興奮のあまり観客がみんな桟敷から立ち上がり、「ああ面白い、とてもたえられない、このままでは死んでしまう、誰か助けて欲しい」と喚《わめ》き叫んだのとほぼ同時に、桟敷が将棋倒しに一度に倒れてしまった。押しつぶされる者は数知れず、騒ぎに紛れて人の刀を奪おうとする者、それを見つけて斬りつける者、抜けた刀で傷を負い血まみれになる者、茶の湯を浴びて火傷をする者など、その場はパニック状態になってしまった。結局死者は一〇〇人を超える大惨事となったのである（『師守記』）。この時代の人々の田楽への「物狂（熱狂）」はこのようなものであった。これは、「ヨカラヌ事」の前触れではないかとうわさされたが、実際その直後に足利直義と高師直の対立が表面化し、観応の擾乱がはじまる。

猿楽の発展

田楽の流行と同時に、能につながる猿楽もこの時代に発展していった。猿楽の発生については諸説あるが、神事の際の翁猿楽《おきなさるがく》もそのルーツのひとつである。翁猿楽とは、翁面を着けた演者が舞う芸能であり、弘安三年（一二八三）の大和春日若宮臨時祭では、興福寺の僧徒が「児・翁面・三番猿楽・冠者・父允」を演じている。また、興福寺修二会《しゅにえ》の際の薪《たきぎ》猿楽でも翁舞が演じられている。翁は神に近い存在として考えられ、また宿神と同一視されていた。宿神とは、仏法守護神の摩多羅《まだら》神であり、大きな力を持つ軍神であった。翁猿楽とは、魔除けという呪術的な性格を持つものであった。

翁猿楽の演者は、鎌倉後期から各地で座を形成するようになっていった。その中でも最も有力なものが大和猿楽をはじめとする畿内の座であり、有力寺社の祭礼に奉仕することで発展していった。『風姿花伝《ふうしかでん》』には、春日神社に奉仕する外山《とび》・結崎《ゆうざき》・坂戸《さかど》・円満井《えまい》の大和四座、日吉《ひえ》神社に奉仕する山階《やましな》・下坂《しもさか》・比叡の近江の上三座、法勝寺修正会や賀茂神社・住吉神社の神事に参加する、河内新座・丹波本座・摂津法成寺等の座が記されている。その他にも、近江多賀神社と関係がある敏満《みまじ》寺・大森・酒人《さこうど》の近江下三座、伊勢神宮に奉仕する伊勢猿楽として和屋《わや》・勝田《かつた》・青苧《あおそ》の諸座があった。

各地域でも猿楽は行われ、出雲杵築《きづき》大社の祭礼には郷々の猿楽が奉仕し、若狭国では気山座という座が荘園寺社に奉仕していた。元応二年（一三二〇）十月の、大和龍田《たつた》神社の社前では、雨乞いが成功したことを祝う「雨悦」の田楽と猿楽が行われ、米五石ずつが両座に下されている（『嘉元記』）。また延文四年（一三五九）六月五日の常楽寺（現、奈良県安堵町）の市立始《いちたてはじめ》の際には、「六月会之両座猿楽」が猿楽を演じ、両座に三石ずつ下されている（同前）。どちらも、近隣の多くの観衆を集めたイベントだったものであろう。

この時代の猿楽は、それなりに劇的なものであったらしく、貞和五・正平四年（一三四九）二月の春日若宮二月祭の演目では、「翁」に続いて、「義清《よしきよ》（西行）が鳥羽殿にて十首の歌詠みてあるところ」、引き続き「和泉式部の病を紫式部の訪ひたること」が演じられている（『貞和五年春日若宮臨時祭演能記』）。このような猿楽を、さらに発展させたのが観阿弥《かんあみ》である。

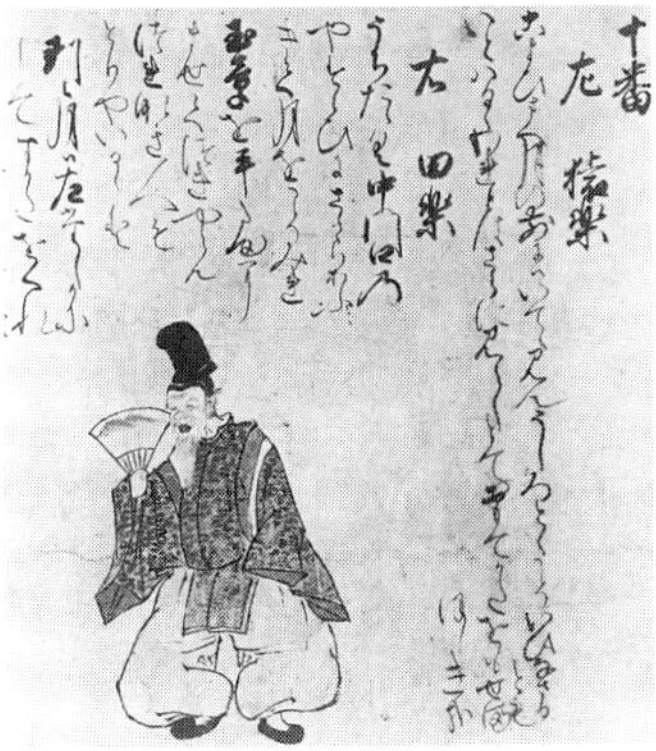
図57　猿楽（『鶴岡放生会職人歌合』）

観阿弥は、元弘三年（一三三三）に大和国に生まれ、成人の後に独立して、伊賀の小波田（現、三重県名張市）で座を立てた。その後大和結崎（現、奈良県川西町）の結崎座に加入して、活躍するようになった。同時期に大和猿楽も京都への進出を図っていたようで、文和四・正平十年（一三五五）の醍醐清滝宮の祭礼には「大和猿楽」が出演している。この京都への進出と観阿弥の芸の成長が一致し、その芸の評判を聞いたバサラ大名佐々木導誉《どうよ》に引き立てられるようになっていった。

観阿弥は、当時の人気芸能であるリズミカルな曲舞《くせまい》を取り入れ、さらには田楽も積極的に摂取した。彼が創作や上演した曲も、憑《つ》き物による劇的な「物狂《ものぐるい》能」や現実的な「現在能」が多く、そのためこの時代の人々の趣向に合い、多くの人々に歓迎された。この観阿弥の子が足利義満に寵愛された世《ぜ》阿《あ》弥《み》であり、彼は「幽玄」を追求する「夢幻能」を発展させ、現在まで残ることになる。

しかし、本来の猿楽やそれを演じる集団は荒々しいエネルギーを持っていた。弘安四年（一二八一）頃、法勝寺猿楽に属する摂津国の河尻寺住人春若丸が、「数十人悪党」とともに、法成寺猿楽の大和国住人石王丸を殺害し、犯人らは捕縛《ほばく》され、法勝寺長者の下人に預けられるという事件が起こった。猿楽集団同士の縄張り争いと考えられるが、そのために武力衝突が起こり、「悪党」と称されているのである。猿楽や、それを演じる集団は現在の能役者のイメージとはかなり異なり、中世的な荒々しいエネルギーを持つ、バサラだったのである。

道々の輩

この時期の芸能としては、田楽・猿楽以外にも多様な芸能があった。これらの芸能を行う集団は、各地を遍歴しながら、芸を披露して生計を立てていたのである。このような遍歴する芸能集団を「道々の輩《ともがら》」という。

「道々の輩」の代表的なものが、第三章でも触れた、傀儡師《くぐつし》と呼ばれた芸能集団である。傀儡とは人形のことであり、木製の人形を使って簡単な劇や手品を行い、また女性は流行歌を歌ったり舞ったりして観客を喜ばせ、夜は客の相手をしていたのである。傀儡師はすでに平安～鎌倉初期から存在していたが、鎌倉中期になると重要な交通路に定住しながら勢力を伸ばしてきた。先にも述べた、駿河国宇津谷郷今宿の傀儡集団の長は栄輝尼という女性であり、預所代《あずかりどころだい》を三代まで婿としていた。現地荘官と癒着《ゆちやく》することで勢力を伸ばし、百姓や預所の名田の請作《うけさく》も行っており、街道宿の裏世界の元締めのような存在だったとみることもできよう。

また、傀儡は商業にも従事していた。鎌倉後期に全国に櫛《くし》の専売権を持っていた御櫛生供御人《おくしおくごにん》（天皇に直属することで特産品の生産・販売の独占権を持つ集団）が、最近傀儡が櫛の売買をはじめて困っていると訴えている。傀儡の活動は、「道々」を舞台にしつつ、広範囲に展開していったことを知ることができる。

千秋万歳《せんしゆうまんざい》もこの時代の雑芸能であった。鎌倉中後期の語源辞典の『名語記』には次のようにある。

千秋万歳というのは、このごろ正月に散所《さんじよ》の乞食《こつじき》法師が、仙人の装束をして、小松を手に持って現れ、様々な祝言《しゆうげん》（めでたい言葉）を言い続けて、褒美に預かる、このはつ日（正月）の祝いのことである。（現代語訳）

散所とは、権門寺社に従属して雑事を受け持っていた集団のことを意味するが、その人々が正月の祝いに祝言を述べて、厄を払っていたのである。彼らは、「乞食法師」とあるように、被差別民として賤視《せんし》された存在でもあった。

その他にも、白拍子《しらびょうし》（舞）・曲舞《くせまい》・放下（曲芸・手品）・猿飼（猿回し）などの「道々の輩」がいた。彼らは賤視されながらも、特別な芸や技術を持つ「職人」として、人々を楽しませながら中世社会を生き抜いていった。そしてその姿は、『三十二番職人歌合』等の職人絵に生き生きと残されている。

3―『神道集』と『太平記』

体制宗教の成立

鎌倉後期〜南北朝期の宗教の状況は、一般には鎌倉新仏教の発展期としてとらえられている。先に述べたように一遍は、「南無阿弥陀仏」の念仏を基礎とする浄土教系の信仰を究極にまで展開させ、被差別民を含む民衆に広く受容された。逆に日蓮は念仏を徹底的に排斥し、法華経の題目（妙法蓮華経）を唱えることによる成仏を主張して、日蓮宗（法華宗）を開いた。日蓮に対する幕府の度重なる弾圧にもかかわらず、日蓮の死後弟子の日像《にちぞう》らは、京都の新興商人層などに教線を拡大していった。

また、中国から直輸入された仏教として禅宗がある。鎌倉初期に栄西《えいさい》が宋に渡り、臨済宗黄竜派《りんざいしゅうこうりゅうは》の法を継ぎ、日本臨済宗の祖となった。同じく宋に入り、天童山如浄に学んだ道元《どうげん》は、曹洞宗《そうとうしゅう》の祖となる。曹洞宗は主に北陸などの地方で発展するが、臨済宗は幕府に重用され、第五代執権北条時頼は宋から蘭渓道隆《らんけいどうりゅう》を招いて建長寺《けんちょうじ》を創建し、子の時宗は無学祖元《むがくそげん》を招いて円覚寺《えんがくじ》を創建した。この二つの寺院は鎌倉における禅宗の中心となり、後には鎌倉五山の第一が建長寺、第二が円覚寺となった。

旧仏教の側でも、第三章で述べたように、叡尊・忍性を中心にした西大寺流の律宗《りっしゅう》が、鎌倉後期に大きな勢力となっていった。非人救済事業によって広く民衆の中に入っていくとともに、モンゴルとの戦争における異国調伏祈禱を通じて、朝廷・幕府に重視されるようになった。そして、この禅・律の仏教、いわゆる禅律仏教が仏教勢力の中心となっていき、幕府の保護を受けるようになる。

前章でも述べたように室町幕府は、禅律寺院の保護・統制を目的として、禅律寺院からの訴訟を受け付ける機関として禅律方を設置し、足利直義がそれを統括した。禅律方は、足利義満による寺院統制制度である僧録《そうろく》につながっていく。禅律仏教は、いわば体制宗教となっていったのである。しかし、民衆の間にはそれとはまた別の形の信仰が広まっていた。

『神道集』と本地垂迹

『神道集《しんとうしゅう》』という著作がある。全国の神社の縁起が集成されているもので、南北朝期の文和・延文年間（一三五四〜五八）の成立とされているが、その原型となる「原神道集」は、鎌倉後期には成立していたとみられている。

『神道集』の諸本には安居院《あぐい》作とあるが、安居院は人名ではなく、比叡山東塔の竹林院の京都における里坊であり、一条北大路にあったとされる。この安居院は、安居院流唱導《しょうどう》の拠点であった。唱導とは説教のことであり、人々に仏教の教義をわかりやすく伝えることを目的とした。平安後期〜鎌倉初期には、澄憲《ちょうけん》とその子聖覚《しょうかく》がこの坊に住し、特に聖覚は法然の弟子になり、浄土教系の説教僧とし

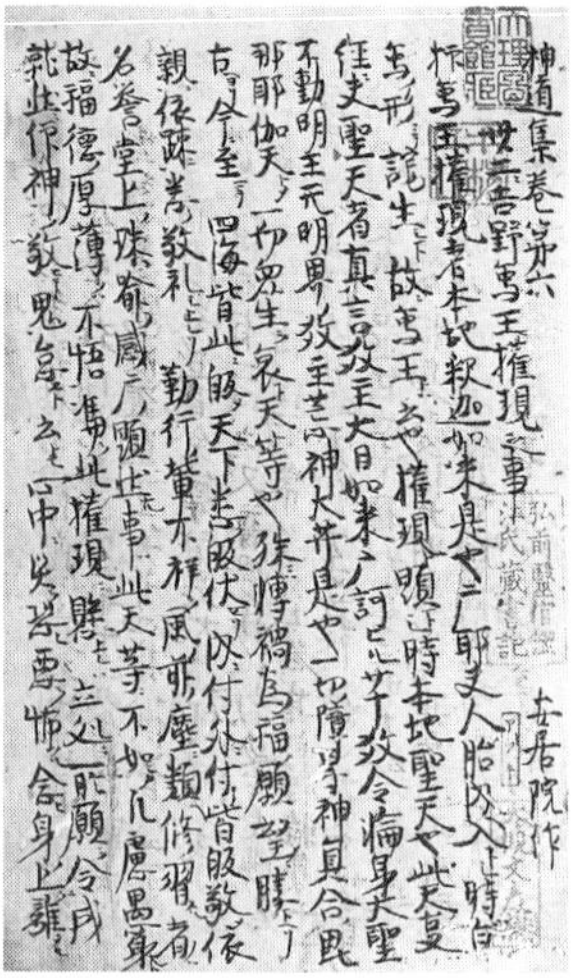

図58　『神道集』

て活躍した。その後安居院流唱導を行う集団は、各地を遍歴しながら、人々に仏教を広めていったのである。彼らは本地垂迹《ほんちすいじゃく》説を基礎として、布教していった。本地垂迹とは神仏習合のひとつの形であり、仏を本地（本来の姿）とし、仏が神として垂迹（跡をたれること、化身として姿を現すこと）して、私たちを救ってくれるという考え方である。例えば熊野本宮の本地は阿弥陀如来、熊野那智の本地は千手観音、鹿島神社の本地は十一面観音ということになる。この考え方により、現実に地域の人々によって信仰されている地域の神々の本地は仏となり、神々への信仰（神祇信仰という）は仏教に接続されるのである。仏教勢力による神祇信仰の抱き込みということができる。中世の人々は、身近な神々を媒介として、仏教に触れていったのである（義江一九九六）。

『神道集』に載せられる縁起が上野《こうずけ》国のものが多いことから、『神道集』を成立させた唱導集団は上野を拠点にしていたと推定されている。『神道集』全体は、上野国の神々を中心に、それを東国の神々が囲み、さらにそれを熊野・春日・吉野などの畿内の神々が取り囲むという構造になっていることが、福田晃によって指摘されている（福田一九八四）。

民衆と神仏

『神道集』の縁起は、「物語」の形をとる。例えば上野国児持《こもち》山大明神の縁起は、次のような「物語」である。

伊勢国阿野津《あのつ》（現、三重県津市）の地頭阿野保明《あのやすあき》が、伊勢の児持明神《こもちみょうじん》に子授けの願をかけたところ、美しく気立てもよい姫君が生まれ、児持御前《ごぜん》と名づけられた。成長した児持御前は継母の弟加若次郎と幸せな結婚をするが、伊勢国司中将基成が御前に横恋慕し、父は罪に落され、夫は下野国室《むろ》の八島《やしま》（現栃木県、栃木市）に流刑にされる。

図 59　熱田神宮

継母の計略によって、なんとか中将の魔の手から逃れた御前は、熱田神宮に逃げて若君を生む。そして、御前は夫を捜して乳母と若君とともに東国に向かう。道中で二人の侍が現れ、御前を夫の甥の上野国目代《もくだい》藤原成次《なりつぐ》が住む山代《やましろ》荘（現、群馬県吾妻町）に連れて行ってくれる。成次と二人の侍は室の八島へ向かい、神通力で牢番を眠らせ、夫加若を救い出す。夫は山代荘の御前の所に戻り、夫婦は手に手をとり合って再会を喜ぶ。

そして二人の侍は、熱田明神・諏訪明神であるとその素性をあかし、加若と御前に神道の法を授ける。これによって二人は神となる。児持御前は、群馬白井《しらい》保（現、群馬県子持村）の武部山に児持大明神として祀られ、本地は如意輪観音であった。また加若次郎は和理大明神（現、群馬県中之条町）として祀られ、本地は十一面観音であった。物語は最期に、人々がその身に苦悩を受けた際には、仏が神の姿となって現れ、私たちを助けてくれると説く。

もうひとつ例をあげたい。摂津難波《なにわ》の浦（現、大阪府大阪市）の葦苅《あしかり》明神の縁起は、つぎのようなものである。

難波の浦で、二人きりで暮らしている夫婦があった。貧乏この上なく、自分たちの運命をいつも嘆いていた。ある夕暮れ「今夜からはもう同じ場所でいっしょに夜を明かせないから、別れよう」と相談して、互いに縁者を尋ね、行く先も知らせず別れることになった。別れた後も男は、難波の浦で葦を苅ってそれを売り、命をつないでいたが、女は親類の紹介でしかるべき人の妻になることに決まった。女が嫁ぐ日、輿《こし》の中からふと外を見ると、男が葦を背負って休んでいる姿が目に入った。女は、その哀れさにさめざめと泣き、付き添いの者に「あそこにいる男は見るからに寒そうですから、この小袖《こそで》を与えてください」といって、小袖を差し出した。男は喜びながら、小袖を受け取るために輿に近寄り、のぞきこんでみれば元の妻であった。男は背負った葦を浜に放り投げ、もらった小袖を肩にかけ、涙とともにこういった。

君なくて葦苅りけりと思ふより　いとどなにはの浦ぞ住み憂き

（あなたと別れて葦を苅って苦しい日々を送ってきた。それにつけてもなんと難波の浦は住みにくいのだろう。）

そして、男は「南無……」といって、海に身を投げてしまった。女は今身を投げた男の姿が見たいからと付き添いの者に告げ、輿を降りて磯近くに行ったかと思うと「一つ仏として極楽浄土へお迎え下さい、南無……」といって男の後を追って海に身を投げた。その後二人は、神となり、難波の葦苅明神がこれであり、男体と女体があり、男体は文殊師利菩薩《もんじゅしりぼさつ》、女体は如意観音《にょいかんのん》が本地とされる。

このように、人々に受け入れられやすい波瀾万丈の「物語」や、哀しい夫婦愛を語る「物語」により、人々に本地垂迹という形での仏の利益を説くのである。これが、『神道集』縁起の基本構造であった。

人々は唱導集団の巧みな物語りに心を動かし、涙しながら、地域の神々と仏を信じていった。その結果、神々や仏は民衆の身近にいるものとなっていった。人々は神仏に、飢饉と戦争のこの苦しい世からの救いを願った。神仏は、必ず私たちを助けてくれると信じた。先に述べたような、生き延びるために民衆が生み出した、一味神水や一揆が持った強い力は、民衆自身のものとなった神仏によって裏付けられていたのである。

『太平記』の構成

この時代、もうひとつの「物語」が書かれた。序章をはじめとして、すでに本書の多くの章で扱ってきた『太平記』である。『神道集』と『太平記』、この二つの「物語」こそが、十四世紀の時代精神を象徴しているということができる。

『太平記』は、内乱の時代の五〇年間を描き、登場人物も二〇〇〇名を超える、全四〇巻に及ぶ長

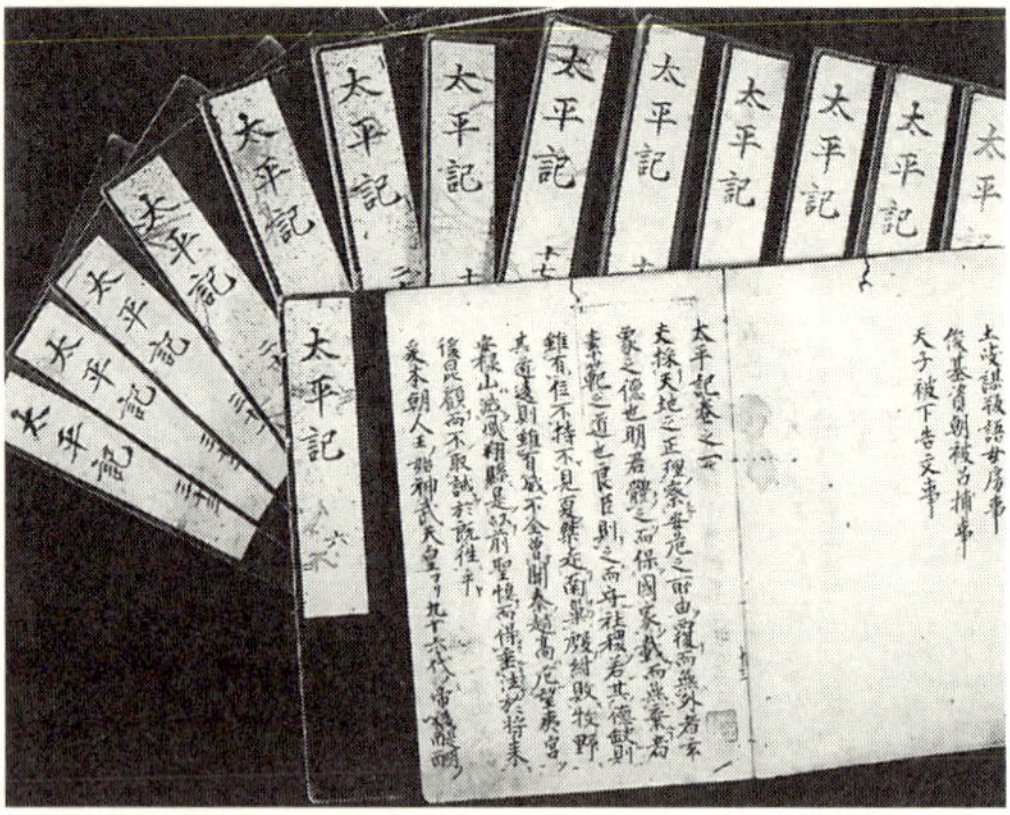

図60　『太平記』

大な「物語」である。その全体は、大きく三つの部分に分けることができる。第一部は第一巻から第一一巻までで、後醍醐天皇の即位から鎌倉幕府の滅亡までを描き、第二部は第一二巻から第二一巻までで、建武政権の成立から後醍醐天皇の死までを扱う。第三部は第二三巻から第四〇巻までで（古本系では第二二巻を欠くが、流布本では再構成して全四〇巻とする）、観応の擾乱から足利義満の登場までを記す。

『太平記』の冒頭は、次のようなものである。

ここに本朝人皇のはじめ、神武天皇より九十五代の帝、後醍醐天皇の御宇《ぎょう》にあたって、武臣相模守平高時という者あり。この時、上《かみ》君の徳にそむき、下《しも》臣の礼を失う。これにより、四海おおきに乱れ、一日もいまだ安からず。（『太平記』）

ここからはじまる第一部は、後醍醐天皇と北条高時を二つの中心として、二人の対抗関係の中から、後醍醐天皇の挙兵と北条氏の滅亡を描き出す。平氏（北条氏）の滅亡を描くという点で『平家物語』を意識しているとみられ、首尾一貫した流れとなっている。また、君（後醍醐天皇）は君としての徳に欠け、臣（北条高時）は臣としての礼を失っているとされ、後醍醐・高時双方への厳しい眼が読み取れるとともに、為政者の政治責任を鋭く追及している。

第二部は、建武政権の成立、足利尊氏の離反、尊氏・直義と新田義貞・楠木正成との攻防戦が描かれ、『太平記』のハイライトともいえる。ここでは後醍醐が中心となり、尊氏との対立の中で各武将の活躍が描かれるという、わかりやすい構造をとっていて、読んでいても読みやすい。

ところが第三部になると、しだいに読み通すのがつらくなってくる。永積安明はこの第三部について、「第三部の世界は、そうした一定の秩序ある古典的な物語構成を規準にしたばあい、ある部分は退屈な叙述と受けとられ、ある部分は均衡を失した破綻の多い構成と認められるに相違ない」と述べている（永積一九九八）。第二部と第三部の間には大きな懸隔《けんかく》があるのである。また次のようにも述べる、「第一部や第二部に展開された大義名分に基づく戦闘は、次第に公的な性格を失った私的な合戦に席をゆずり、小さな個人や一族の利害を争い合う、したがって彼らの対立は、どこまでも果てしのない私闘の連続に転化してしまう」。観応の擾乱以後を描く第三部は、実は内乱というものの本質まで踏み込み、私戦と公戦がリンクする状況や、またそれが破綻する状況までも描いているのである。

『太平記』は一時に成立したものではなく、段階的に増補・改訂されながら成立してきたものと考えられている。足利氏の一族として内乱期に活躍した今川了俊《りょうしゅん》（貞世）は、応永九年（一四〇二）、七十八歳で『難太平記《なんたいへいき》』を執筆する。『太平記』を参照すべきテキストとして批判しながら、今川家の歴史を述べたものである。そこに、『太平記』が足利直義

『太平記』の作者

に進覧されたことが述べられる。

昔、等持寺《とうじじ》で、法勝寺《ほっしょうじ》の恵珍《えちん》（鎮）上人《しょうにん》が、この記をまず三十余巻持参して、錦小路殿《にしきこうじ》（足利直義）にお見せしたところ、玄恵法印《げんえほういん》に読ませ、多くの悪い点も誤りもあるので、おっしゃったことには「これは、私が見及んだことと合わせても、もってのほか間違いが多い、追筆したり、また削除すべきこともある。それまでは外聞（公開）を禁ずる」ということであった。

『太平記』以前に、「原太平記」ともいうべきものが存在し、直義は側近の学僧玄恵にそれを読ませ、自らも読んだ上で誤りの修正を命じたのである。『太平記』の第三部は、主に直義の死以後が描かれることから、直義が第三部を読んだわけはなく、この「原太平記」には、それ以前の、第二部の後醍醐天皇の死までが書かれていたのであろう。

兵藤裕己は、『太平記』全四〇巻の成立には、足利義満の時期の政治体制の影響があり、室町幕府の草創を語る正史を意図して最終的に整備・編纂されたのではないかと述べている（兵藤一九九五）。直義に進覧された「原太平記」には、足利政権に都合が悪いことも書かれていたのであろう。また野伏《のぶし》の活躍や在地社会の姿がより生き生きと描かれていたのかも知れない。今、残念ながら私たちは「原太平記」を読むことはできない。しかし、その後の改訂にもかかわらず、「原太平記」は『太平記』の中に生き続けているとみられよう。

それでは、『太平記』の作者は誰なのであろうか。この問題については、昔から議論されているところであるが、長期間に渡って何度も補訂・改訂が行われているところから、特定の個人ではなく複数の作者がいたことは間違いない。しかし、先の「原太平記」については、『難太平記』に「この記の作者は、宮方深重の者にて」とあり、南朝方と関係の深い者であったとされるが、実名は記されていない。

『太平記』作者については、北朝の公家洞院公定《とういんきんさだ》の日記である『洞院公定日記』の応安七年(一三七四)五月三日条に、つぎのようにあるのが有名である。

伝え聞いたところ、先月の二十八か九日に、小島法師が亡くなったという。この人物は世間で評判の太平記作者である。およそ卑賤の器であるが、名匠のうわさである。無念なことである。

『太平記』の作者は、小島法師という卑賤《ひせん》な者とされるのである。この小島法師については今に至るまで定説はないが、林家辰三郎は、山門の芸能者で、「散所法師」として卑賤視されていた人物であるという、魅力的な説を提起している。また兵藤は、『太平記』が語り物として、同時代から遍歴の「物語僧」(乞食法師ともいわれる下級僧侶)によって語られ、人々の間に広められていることに着目している。『太平記』の作者とされる小島法師は、『太平記』語り集団の象徴的な存在なのである。そしてこの集団は、先にみた『神道集』を語る唱導集団となんら違いはない。

民衆の中に、『太平記』を語り広めた集団。それは、下級僧侶や芸能者であり、社会的には卑賤視されていた。彼らが、民衆に『太平記』を語りながら、「物語」を生み出していったのならば、そこに民衆の姿や思いがこめられているのは当然である。『太平記』が、野伏の活動を執拗《しつよう》に描き、掠奪を含めて戦争の被害や実態を詳細に描くのはそのためであった。そしてこのような語りの集団には、当然「溢《あぶ》れ者」たちも流入していたであろう。『太平記』は、悪党・バサラ者・野伏・溢れ者たち自身が、この時代とこの時代の戦争について語った、「物語」であった。

終章　東アジアの中で

大元国の落日

強大を誇った元も、ついに落日を迎えるようになっていく。永仁二年（一二九四）正月にクビライ（世祖）が死去した後、元国皇帝はクビライの孫テムル（成宗）が継ぐ。しかし、モンゴルの内部には対立があった。クビライと大カーンを争った弟アリク・ブケに味方したカイドゥ（チンギス・カーンの後を継いだオゴデイの孫）が、中央アジアに独立した王国を形成し、クビライの日本遠征政策に反対する勢力とも連携しながら、ことあるごとに元に侵攻していた。

十四世紀に入るとすぐ、カイドゥはテムルに決戦を挑むが、二度の戦いに大敗し、戦傷のため死亡する。そして一三〇五年に、テムルによるモンゴルの平和統合がなされる。しかし、テムル治世後期には皇后ブルガンが実権を握るようになり、テムルの死後に後継者争いがおこる。その結果、ブルガンは追放され、テムルの甥でクビライの曾孫にあたるカイシャン（武帝）が皇帝に就任する。カイシャンはカイドゥとの戦いでの輝かしい戦歴を誇り、人々の期待をになった皇帝であった。

カイシャンは自ら先頭に立ち、軍事力の増強や西方モンゴル諸王家との積極的外交政策、財務担当の尚書省の復活などの中央官制の整備、専売制の強化や新紙幣の発行などの経済政策といった、「徳政」を進める。しかし、一三一一年に在位四年、三十歳の若さで突然死去してしまう。実母ダギが、カイシャン弟のアユルバルワダ（仁宗）を皇帝につけ、背後で実権を握るための暗殺だったとされる。その後も激しい後継者争いは続き、皇帝は即位するものの次々とクーデターで失脚し、また暗殺されてしまう。元国皇帝とは名ばかりで実権もなく、宮廷における門閥貴族の抗争や、首都大都を守備する軍閥の独裁に翻弄《ほんろう》される存在にすぎなくなっていった。

一三三三年六月、後醍醐天皇の隠岐からの帰還とほぼ同時に、カイシャンの孫トゴン＝テムル（順帝）が、流されていた広西から大都に呼び戻され、第一〇代元国皇帝として即位する。トゴンの治世は四〇年近くにも及ぶが、彼は元の落日を目の当たりにすることになる。政権内部の内部抗争はなお続き、疲弊した民衆の心はすでに元から離れ、白蓮教《びゃくれんきょう》などの宗教集団に属して各地で武装するようになっていく。

日本で観応の擾乱が激化していた一三五一年、元が黄河の治水事業を一五万人の農民を動員して開始しようとしたとき、ついに反乱軍が立ち上がった。反乱軍は赤い頭巾《ずきん》を目印にしたところから、「紅巾《こうきん》の乱」といわれる。反乱は、燎原《りょうげん》の炎のように燃え広がる。反乱勢力は各地で地域政権を樹立し、内乱状態となるが、元はこれを抑えることはできなかった。反乱勢力の中から、貧農出身で「紅巾の乱」に参加し、ライバルとの戦いに勝利した朱元璋《しゅげんしょう》が、一三六八年に南京で皇帝（洪武帝）に就任して明を建国する。

同年朱元璋は北伐を開始し、大都に迫る。トゴンは大都を捨て、モンゴル高原南部の応昌に逃走した。元国は滅亡したのである（これ以後の北に移った元を北元という）。以後、中国は明の時代となる。

元国が今まさに滅亡しようとしているその時期、『太平記』は、次のような興味深い記述をのせる。

溢れ者海外へ

欲心強盛の溢《あぶ》れ者ども、類をもって集まりしかば、浦々嶋々多く盗賊に押し取られて、駅路に駅屋の長もなく、関屋に関守人を替えたり。結句この賊徒数千艘の舟をそろへて、元朝・高麗《こうらい》の津々泊《とまり》々に押し寄せ、明州・福州の財宝を奪い取る。官舎・寺院を焼き払いける間、元朝・三韓の吏民《りみん》これを防ぎかねて、浦近き国々数十ヶ国、みな住む人もなく荒れにけり。（『太平記』）

内乱の中で掠奪を働いていた溢れ者たちが、浦々島々で海賊をしていたが、ついに数千艘の舟を揃えて、元や高麗の港に押し寄せ、元の明州（浙江省）や福州（福建省）の財宝を掠奪し、官舎・寺院を焼き払った。ところが、元や高麗の役人はこれを防ぐことができなかったので、海岸に近い数十ヵ国は住む人もいなくなってしまったという。溢れ者の海外進出である。

この時期中国の浙江《せっこう》省では、朱元璋のライバルであり、貿易商人から反乱軍の指導者となった方国《ほうこく》珍《ちん》が勢力を持ち、また隣接する江蘇《こうそ》省には、同じく商人の張士誠《ちょうしせい》が勢力を有していた。彼らは、塩の密売などを通じて莫大な利益を獲得し、その勢力を拡大していた。藤田明良は、「方国珍及び張士誠の余衆は多く海島にひそんでおり、倭《わ》とまじわって寇《こう》をなした」（『明史』兵志　海防条）という『明

図61　倭寇（『倭寇図巻』）

史』の記載と合わせ、日本の溢れ者たちと彼ら反乱勢力との連携を指摘している（藤田二〇〇八）。中国と日本の溢れ者たちは、東アジアの海を通じてひとつになり、元や室町幕府が形成する秩序に反抗していた。また、藤田によると、高麗にも溢れ者がいて、日本を襲撃したという。日本・中国・高麗の溢れ者たちの集団、これがいわゆる「倭寇」である。「倭寇」は日本人の海賊というだけではなく、東アジアの溢れ者全体への呼称であった。

彼らは、実際には海を生活と活動の場とする漁民であり商人であった。日本と中国における同時的な内乱状況の中で、掠奪集団としてその姿を現してきた。村井章介は、かれら倭寇の作る広域なネット・ワークを、「環シナ海世界」と位置づけている（村井一九八八）。「環シナ海世界」に、溢れ者が溢れ出してきた。

このような事態に対するため、高麗は日本に使節を派遣する。使節は貞治五年（一三六六）に出雲に到着し、上洛して倭寇取り締まりの依頼を内容とする牒状を渡す。しかし、それに対する日本側の返答は次のようなものであった。

賊船の異国を犯し奪うことは、皆四国九州の海賊どもがする所なれば、帝都より厳刑を加うるによんどころなしとて、返牒をば送られず、ただ来献《らいけん》の報酬とて、鞍馬《くらうま》十匹・鎧《よろい》二領・白太刀三振・御綾《おんあや》十段・綵絹《さいけん》百段・扇子三百本、国々の奉送使をそへて、高麗へぞ送りつけられける。

（『太平記』）

異国を侵しているのは、みんな四国や九州の海賊がやっていることで、京都から取り締まることはとてもできない、として正式な返事は出さず、使者への報酬として馬や鎧などを送っただけであった。幕府は、一応倭寇の禁圧を試みたようであるが、国や地域を股にかけた活動をする溢れ者にたいして、根本的な効果があったとは思えず、この後の一三七〇年代に、倭寇（この時期の倭寇を前期倭寇という）の活動は最盛期を迎える。

洪武帝（朱元璋）は倭寇の取り締まりのため、海民の活動を抑圧し、私貿易を禁止する海禁政策をとる。しかしこの政策が逆に彼らを刺激し、掠奪活動を活発化させたことは想像にかたくない。そして室町幕府三代将軍足利義満は、溢れ者の供給源である戦争を停止し、さらには洪武帝と連携しながら、東アジアの中での日本の平和を目指すことになる。

鎌倉後期〜南北朝期の日本における激動や内乱は、大陸の激動や内乱と密接に結びつきながら展開していたのである。

基本文献紹介

『建武記』《けんむき》

『建武年間記』とも称する。著者は不詳であり、建武年間（一三三四―三六）直後の成立とみられる。建武政権の出した法令等をほぼ年代順に配列したもので、建武政権の政治方針と実態を知るための基本的史料。また、『二条河原落書』もこれに収められている。『改定　史籍集覧』、『群書類従』雑部所収。

『光明寺残篇』《こうみょうじざんぺん》

伊勢の光明寺に所蔵される、元弘の乱に関する文書の写しと日記を一巻にしたもの。元弘の乱における鎌倉幕府軍の構成や動向、後醍醐天皇の軍法等が所収されていて、鎌倉幕府崩壊から建武新政府の成立までの基本史料である。『群書類従』雑部所収。

『神道集』《しんとうしゅう》

安居院《あぐい》流の唱導僧《しょうどうそう》によりまとめられたものとみられている。成立は、南北朝時代の文和・延文年間（一三五二―六一）とされ、諸国の神社の縁起、本地の由来を記したもの。一〇巻五〇話からなり、各地に残された語り物的な説話を神社の縁起に利用し、本地垂迹の考え方を基礎とする仏教の民衆への布教を目的とした。東国、特に上野《こうずけ》国の縁起が多く所収されていることから、上野国の唱導集団と関係を持つと考えられている。近藤喜博編『神道集（東洋文庫本）』（角川書店、一九七八年）、なお、貴志正造訳『神道集』（東洋文庫九四、平凡社、一九六七年）で、内一九話が現代語訳されている。

『太平記』　たいへいき

後醍醐天皇の治世の開始から、細川頼之の上洛までを描いた軍記・歴史物語。全四〇巻。

全体は、後醍醐天皇の即位から鎌倉幕府の滅亡まで（第一部）、建武政権の成立・崩壊から後醍醐天皇の死まで（第二部）、観応の擾乱から足利義満の登場、細川頼之の上洛、管領就任まで（第三部）の三部に分けられる。作者は小島法師とされるが、後醍醐天皇の一代記（原太平記）を基礎として、複数の手により「語り物」として十四世紀後半には成立したものとみられる。内乱の経過のみならず、政治・社会の情勢も含めて叙述され、同時代に成立した歴史物語として、この時期の社会を研究する際には不可欠の基本文献である。諸本分類については多くの研究があるが、一般的には慶長古活字本を底本とした、後藤丹治・釜田喜三郎・岡見正雄校注『太平記一〜三　日本古典文学大系34〜36』（岩波書店、一九六〇〜一九六二年）。

『太平記絵巻』　たいへいきえまき

『太平記』を題材にした合戦絵巻。成立は江戸初期であり、作者は画風などから海北友雪《かいほうゆうせつ》と推定されている。全一二巻であり、一〇巻の存在が確認されている。埼玉県立歴史と民俗の博物館が第一巻・第二巻・第六巻・第七巻・第十巻、国立歴史民俗博物館が第五巻・第十一巻・第十二巻、ニューヨーク・パブリック・ライブラリーが第三巻・第八巻を所蔵している。南北朝の合戦の姿が悪党・野伏などの活躍とともに描かれ、貴重である。埼玉県立博物館編『図録太平記絵巻』（埼玉新聞社、一九九七年）所収。

『難太平記』《なんたいへいき》

今川了俊《りょうしゅん》の著。応永九年（一四〇二）の成立。了俊が、父の範国《のりくに》から聞いた話しや自らの考えや行動について、子孫に伝えることを目的として書き記したもの。幕府の動向や今川一族の活動や武功について記されていて、政治情勢を知るためには貴重な史料である。『難太平記』とあるように、『太平記』に対する批判的記述や記事も含まれ、両者を比較することも興味深い。『群書類従』合戦部所収。

『梅松論』《ばいしょうろん》

承久の乱から室町幕府成立までを扱った二巻の軍記物語。北野天満宮毘沙門堂《びしゃもんどう》に参籠した児《ちご》と法印《ほういん》との問答を記録する形式で叙述される。成立時期については諸説あるが、十四世紀半ばとされている。南北朝内乱の様子を、武家方の立場から叙述した軍記物であり、作者も武家方と関係が深い人物であると推定されている。『太平記』と合わせて読むことで、南北朝内乱の基本的経過を知ることができる。『群書類従』合戦部、及び矢代和夫・加美宏校注『新撰日本古典文庫3梅松論　源威集』（現代思潮社、一九七五年）所収。

『峯（峰）相記』《ぶしょうき・みねあいき》

作者は不詳であるが、播磨で活躍した浄土宗系の人物であると考えられている。成立は貞和四年（一三四八）。播磨国鶏足寺《けいそくじ》を訪れた旅僧と同寺の老僧の間でとりかわされた問答の形をとる。播磨国の霊場の縁起や歴史・古事について語られている。中でも悪党蜂起についての記載は、悪党について知るための根本史料である。『続群書類従』雑部、及び現存最古の写本である斑鳩寺本については、『兵庫県史』史料編・中世四（一九八九年）に所収。

『保暦間記』《ほうりゃくかんき》

保元の乱から暦応年間の後醍醐天皇の死（一三三九）に至るまでの、戦乱や興亡を扱った歴史書。保元から暦応までということで『保暦間記』となづけられた。『吾妻鏡』以後の鎌倉幕府の動向について詳しく記されていて、鎌倉後期の歴史についての基本文献である。作者・成立については不明であるが、十四世紀半ばと推定され、武家方の立場から記される。『群書類従』雑部、及び佐伯真一・高木浩明編著『重要古典籍叢刊2校本　保暦間記』（和泉書院、一九九九年）所収。

略年表

西暦	和暦	事項
一二六四	文永元	7月 クビライ、アリク・ブケを降伏させる。
一二六六	文永三	7月 幕府、宗尊親王を京都に送還。
一二六八	文永五	1月 高麗使、モンゴル国書を持ち大宰府に至る。2・19 朝廷、返書を送らぬことを決定。幕府、高麗使を帰す。3・5 北条時宗が執権に就任する。
一二六九	文永六	3月 モンゴル・高麗使節、対馬で島民を掠奪する。
一二七一	文永八	9月 幕府、三別抄からの文書を朝廷に奏上する。元使趙良弼、国書を持参して今津に到着。
一二七二	文永九	2月 名越時章・教時及び北条時輔が殺害される（二月騒動）。10月 幕府、諸国に大田文の提出を命令。
一二七三	文永一〇	3月 元使趙良弼、大宰府に至るも入京できずに帰国。
一二七四	文永一一	1月 亀山天皇、後宇多天皇に譲位。10・20 元・高麗軍、博多に上陸。夜、風雨により撤退（文永の役）。
一二七五	建治元	2・4 幕府、鎮西御家人に異国警固番役を命じる。9・7 元使杜世忠らを鎌倉竜口で斬る。
一二七六	建治二	3月 幕府、九州の武士に異国征伐の準備を命じる。
一二八一	弘安四	閏7・1 鷹島付近に集結した元の東路軍・江南軍、台風により壊滅（弘安の役）。
一二八二	弘安五	12月 時宗、円覚寺を建立する。
一二八四	弘安七	4・4 北条時宗没。7月 北条貞時が執権に就任する。
一二八五	弘安八	11・17 平頼綱、安達泰盛を滅ぼす（霜月騒動）。この年 武藤景資が反乱を起こし敗死

西暦	和暦	事項
		(岩戸合戦)。
一二八七	弘安一〇	10月 伏見天皇即位する。
一二九三	永仁 元	4・22 執権貞時、平頼綱らを滅ぼす(平禅門の乱)。
一二九七	永仁 五	3・6 幕府、徳政令を発する(永仁の徳政令)。
一三〇五	嘉元 三	4・25 北条宗方、連署時村を殺す(嘉元の乱)。5・4 大仏宗宣、宗方を討つ。
一三一七	文保 元	4・9 幕府、持明院・大覚寺両統の和談による践祚を提案(文保の和談)。
一三一八	文保 二	2・26 後醍醐天皇即位。
一三二一	元亨 元	12・9 後醍醐天皇院政を廃止、親政を始める。記録所を置く。
一三二四	正中 元	9・19 天皇の倒幕計画発覚。土岐頼有ら殺され、日野資朝・俊基捕らわる(正中の変)。
一三三一	元徳三・元弘元	5・5 幕府、吉田定房の密告により日野俊基・文観らを捕らえる(元弘の乱)。8・24 後醍醐天皇、神器を持って奈良に逃れる。9・11 楠木正成、赤坂城に挙兵。9・20 光厳天皇即位。9・28 笠置陥落、後醍醐天皇捕らえられる。
一三三二	正慶元・元弘二	3・7 後醍醐天皇を隠岐に流す。11月 護良親王、吉野で挙兵。楠木正成、千早城に拠り応じる。
一三三三	正慶二・元弘三	1・19 赤松則村、播磨で挙兵。閏2・24 後醍醐天皇、隠岐を脱出、名和長年に迎えられ、船上山に拠る。5・7 足利尊氏・赤松則村・千種忠顕らの攻撃により六波羅探題滅ぶ。5・24 新田義貞、鎌倉を攻める。鎌倉幕府滅ぶ。6・5 後醍醐天皇、帰京。7月 記録所を設置。9月 雑訴決断所を設置。
一三三五	建武 二	7・22 北条時行、信濃で挙兵、足利直義を破り、鎌倉に入る。8・19 尊氏、時行を破り、鎌倉に入る。12・11 尊氏・直義、箱根竹之下で新田義貞ら官軍を破って西上。12・22 陸奥の北畠顕家、足利軍を追って西上。

一三三六	建武三・延元元	1・11 尊氏入京。2・11 尊氏、義貞・顕家らと豊島河原で戦い、敗れて兵庫から海路鎮西に走る。3・2 尊氏、筑前多々良浜で菊池武敏を破る。4・3 尊氏、筑前より東上。5・25 尊氏・直義、兵庫湊川で義貞・正成を破る。6・14 尊氏、光厳上皇を奉じて入京。8・15 光明天皇践祚。11・7 尊氏、『建武式目』を制定（室町幕府成立）。12・21 後醍醐天皇、神器をもって吉野に走る（南北朝分裂）。
一三三八	暦応元・延元三	5・22 北畠顕家、高師直と摂津石津で戦い敗死。閏7・2 新田義貞、斯波高経と越前藤島で戦い敗死。9月 懐良親王を征西将軍に任じ九州へ派遣。北畠親房ら伊勢より東国に赴くも遭難。
一三三九	暦応二・延元四	8・15 後醍醐天皇、後村上天皇に譲位。8・16 後醍醐天皇没。
一三四八	貞和四・正平三	1・5 楠木正行、高師直と河内四条畷で戦い敗死。1・28 高師直、吉野蔵王堂を焼く。後村上天皇、大和賀名生に逃れる。
一三五〇	観応元・正平五	10・26 足利直義、京都を逐電。11・16 光厳上皇、尊氏に直義追討の院宣を下す。直義、高師直・師泰討伐の兵を募る（観応の擾乱）。12・13 直義、南朝に降る。
一三五一	観応二・正平六	2・20 尊氏、直義と和睦。10・24 尊氏、南朝に投降。11・7 南朝、北朝の天皇・皇太子・年号を廃止（正平一統）。11・15 直義、鎌倉に入る。
一三五二	文和元・正平七	1・5 尊氏、直義を降し、鎌倉に入る。2・26 直義、鎌倉で没。

参考文献

相田二郎『蒙古襲来の研究　増補版』吉川弘文館、一九八二年（初出一九五八年）
網野善彦『蒙古襲来』（日本の歴史10）小学館、一九七四年（文庫版一九九二年）
網野善彦『日本中世の民衆像』岩波書店、一九八〇年
網野善彦『日本中世の非農業民と天皇』岩波書店、一九八四年
網野善彦『異形の王権』平凡社、一九八六年（文庫版一九九三年）
網野善彦『悪党と海賊　日本中世の社会と政治』法政大学出版局、一九九五年
網野善彦・横井清『都市と職能民の活動』（日本の中世6）中央公論新社、二〇〇三年
新井孝重『中世悪党の研究』吉川弘文館、一九九〇年
新井孝重『悪党の世紀』（歴史文化ライブラリー）吉川弘文館、一九九七年
新井孝重「悪党と宮たち　下剋上と権威憧憬」村井章介編『南北朝の動乱』（日本の時代史10）吉川弘文館、二〇〇三年
新井孝重『蒙古襲来』（戦争の日本史7）吉川弘文館、二〇〇七年
飯森富夫「野伏と村落」『中世内乱史研究』一二号、一九九二年
飯森富夫「野伏と戦場」小林一岳・則竹雄一編『戦争Ⅰ　中世戦争論の現在』青木書店、二〇〇四年
石井紫郎『日本人の国家生活』東京大学出版会、一九八六年
市沢　哲「公家徳政の成立と展開」『ヒストリア』一〇九号、一九八五年
市沢　哲「鎌倉後期の公家政権の構造と展開　建武新政への一展望」『日本史研究』三五五号、一九九二年

市沢　哲「南北朝内乱期における天皇と諸勢力」『歴史学研究』六八八号、一九九六年
市沢　哲編『太平記を読む』（歴史と古典）吉川弘文館、二〇〇八年
一遍研究会編『一遍聖絵と中世の光景』ありな書房、一九九三年
伊藤礒十郎『田楽史の研究』吉川弘文館、一九八六年
伊藤喜良『南北朝の動乱』（日本の歴史8）集英社、一九九二年
伊藤喜良『日本中世の王権と権威』思文閣出版、一九九三年
伊藤喜良『南北朝動乱と王権』（教養の日本史）東京堂出版、一九九七年
伊藤喜良『中世国家と東国・奥羽』校倉書房、一九九九年a
伊藤喜良『後醍醐天皇と建武政権』新日本出版社、一九九九年b
伊藤喜良『東国の南北朝動乱　北畠親房と国人』（歴史文化ライブラリー）吉川弘文館、二〇〇一年
伊藤喜良「バサラと寄合の文化　都鄙・上下を『コキマゼ』て」村井章介編『南北朝の動乱』（日本の時代史10）吉川弘文館、二〇〇三年
伊藤俊一「中世後期の地域社会と荘園制」『新しい歴史学のために』二四二・二四三合併号、二〇〇一年
稲葉継陽『日本近世社会形成史論　戦国時代論の射程』校倉書房、二〇〇九年
李　領『倭寇と日麗関係史』東京大学出版会、一九九九年
入間田宣夫『百姓申状と起請文の世界』東京大学出版会、一九八六年
岩元修一『初期室町幕府訴訟制度の研究』吉川弘文館、二〇〇七年
漆原　徹『中世軍忠状とその世界』吉川弘文館、一九九八年
大竹雅美「悪党史料にみられる『百姓』について　百姓の立場からみた悪党行動」悪党研究会編『悪党と内乱』岩田書院、二〇〇五年

大山喬平『日本中世農村史の研究』岩波書店、一九七八年
大山喬平『ゆるやかなカースト社会・中世日本』校倉書房、二〇〇三年
岡見正雄校注『太平記』一・二、角川文庫、一九七五・一九八二年
小川弘和「一四世紀の地域社会と荘園制」『歴史学研究』八〇七号、二〇〇五年
小川　信『足利一門守護発展史の研究』吉川弘文館、一九八〇年
小野澤眞「中世における『悪』　新仏教の成立の基層をたどる視点から」悪党研究会編『悪党と内乱』岩田書院、二〇〇五年
海津一朗『中世の変革と徳政　神領興行法の研究』吉川弘文館、一九九四年
海津一朗『神風と悪党の世紀』講談社現代新書、一九九五年
海津一朗『蒙古襲来　対外戦争の社会史』（歴史文化ライブラリー）吉川弘文館、一九九八年
海津一朗『楠木正成と悪党　南北朝時代を読みなおす』ちくま新書、一九九九年
海津一朗「徳政の流れ　仏神から経済へ」村井章介編『南北朝の動乱』（日本の時代史10）吉川弘文館、二〇〇三年
海津一朗「『元寇』、倭寇、日本国王」歴史学研究会・日本史研究会編『日本史講座　第4巻　中世社会の構造』東京大学出版会、二〇〇四年
筧　雅博『蒙古襲来と徳政令』（日本の歴史10）講談社、二〇〇一年
梶山嘉則「野伏の行動」悪党研究会編『悪党の中世』岩田書院、一九九八年
笠松宏至『日本中世法史論』東京大学出版会、一九七九年
笠松宏至『徳政令』岩波新書、一九八三年
加藤秀幸「武家肖像画の真の像主確定への諸問題　上・下」『美術研究』三四五・三四六号、一九八九・一九九〇年
金井清光『中世芸能と仏教』新典社、一九九一年

川合　康『鎌倉幕府成立史の研究』校倉書房、二〇〇四年
川岡　勉『室町幕府と守護権力』吉川弘文館、二〇〇二年
川添昭二『蒙古襲来研究史論』雄山閣出版、一九七七年
川添昭二「鎌倉末期の対外関係と博多　新安沈没船木簡・東福寺・承天寺」大隅和雄編『鎌倉時代文化伝播の研究』吉川弘文館、一九九三年
川添昭二『北条時宗』吉川弘文館、二〇〇一年
貴志正造訳『神道集』東洋文庫、一九六七年
京都部落史研究所編『中世の民衆と芸能』阿吽社、一九八六年
楠木　武「『悪党蜂起』再考　悪党問題の理解の一前提として」悪党研究会編『悪党の中世』岩田書院、一九九八年
楠木　武「山間の『海賊』　鎌倉末期の悪党問題と請負代官」悪党研究会編『悪党と内乱』岩田書院、二〇〇五年
工藤敬一『北条時宗』（日本を創った人びと9）平凡社、一九七八年
蔵持重裕『日本中世村落社会史の研究』校倉書房、一九九六年
蔵持重裕『中世村落の形成と村社会』吉川弘文館、二〇〇七年a
蔵持重裕『声と顔の中世史　戦さと訴訟の場景より』吉川弘文館、二〇〇七年b
黒田俊雄『蒙古襲来』（日本の歴史8）中央公論社、一九六五年（文庫版一九七四年）
黒田俊雄『日本中世封建制論』東京大学出版会、一九七四年
黒田俊雄『日本中世の国家と宗教』岩波書店、一九七五年
黒田日出男「騎馬武者像の像主　肖像画と『太平記』」同氏編『肖像画を読む』角川書店、一九九八年
黒田日出男『絵画史料で歴史を読む』筑摩書房、二〇〇四年
黒田弘子『中世惣村史の構造』吉川弘文館、一九八五年

芸能史研究会編『日本の古典芸能　第四巻　狂言』平凡社、一九七〇年
芸能史研究会編『日本の古典芸能　第五巻　茶・花・香』平凡社、一九七〇年
芸能史研究会編『日本芸能史』２・３、法政大学出版局、一九八二・八三年
小泉宜右『悪党』教育社歴史新書、一九八一年
後藤丹治・釜田喜三郎・岡見正雄校注『太平記』一～三（日本古典文学大系）、岩波書店、一九六〇・一九六一・一九六二年
小林一岳『日本中世の一揆と戦争』校倉書房、二〇〇一年
小林一岳「十四世紀の地域社会　阿波国麻殖（種野）山をめぐって」藤木久志・蔵持重裕編『荘園と村を歩くⅡ』校倉書房、二〇〇四年
小林一岳・則竹雄一編『戦争Ⅰ　中世戦争論の現在』青木書店、二〇〇四年
小林一岳「貞和二年室町幕府令をめぐって」悪党研究会編『悪党と内乱』岩田書院、二〇〇五年
小林一岳「鎌倉末期の荘内秩序と紛争　東大寺領備前国野田荘における座次紛争と地域社会」『鎌倉遺文研究』一九号、二〇〇七年ａ
小林一岳「観応擾乱と地域社会　久我家領播磨国這田荘をめぐって」木村茂光編『日本中世の権力と地域社会』吉川弘文館、二〇〇七年ｂ
小林一岳「村落領主制論再考」遠藤ゆり子・蔵持重裕・田村憲美編『再考 中世荘園制』岩田書院、二〇〇七年ｃ
小林一岳「足利尊氏と合戦」櫻井彦・樋口州男・錦昭江編『足利尊氏のすべて』新人物往来社、二〇〇八年
小山靖憲『中世村落と荘園絵図』東京大学出版会、一九八七年
小山靖憲『中世寺社と荘園制』塙書房、一九九八年
近藤成一「本領安堵と当知行安堵」石井進編『都と鄙の中世史』吉川弘文館、一九九二年

近藤成一「悪党召し捕りの構造」永原慶二編『中世の発見』吉川弘文館、一九九三年
近藤成一編『モンゴルの襲来』（日本の時代史9）吉川弘文館、二〇〇三年
近藤成一「鎌倉幕府と公家政権」宮地正人・佐藤信・五味文彦・高埜利彦編『国家史』（新体系日本史1）山川出版社、二〇〇六年
近藤好和『騎兵と歩兵の中世史』（歴史文化ライブラリー）吉川弘文館、二〇〇四年
近藤好和「中世の武具と戦闘」小林一岳・則竹雄一編『戦争I　中世戦争論の現在』青木書店、二〇〇四年
佐伯弘次『モンゴル襲来の衝撃』（日本の中世9）中央公論新社、二〇〇三年
酒井紀美『日本中世の在地社会』吉川弘文館、一九九九年
坂田聡・榎原雅治・稲葉継陽『村の戦争と平和』（日本の中世12）中央公論新社、二〇〇二年
桜井英治『日本中世の経済構造』岩波書店、一九九六年
櫻井　彦『悪党と地域社会の研究』校倉書房、二〇〇六年
櫻井彦・樋口州男・錦昭江編『足利尊氏のすべて』新人物往来社、二〇〇八年
佐藤和彦『南北朝内乱』（日本の歴史11）小学館、一九七四年
佐藤和彦『南北朝内乱史論』東京大学出版会、一九七九年
佐藤和彦『自由狼藉・下剋上の世界　中世内乱期の群像』小学館、一九八五年
佐藤和彦『「太平記」の世界　列島の内乱史』新人物往来社、一九九〇年
佐藤和彦『太平記を読む　動乱の時代と人々』学生社、一九九一年
佐藤和彦『日本中世の内乱と民衆運動』校倉書房、一九九六年
佐藤和彦・小林一岳編『南北朝内乱』（展望日本歴史一〇）東京堂出版、二〇〇〇年
佐藤和彦『中世の一揆と民衆世界』東京堂出版、二〇〇五年

佐藤進一『南北朝の動乱』（日本の歴史9）中央公論社、一九六五年（文庫版一九七四年）
佐藤進一『日本の中世国家』岩波書店、一九八三年
佐藤進一『室町幕府守護制度の研究』東京大学出版会、上・一九六七年　下・一九八八年
佐藤進一『日本中世史論集』岩波書店、一九九〇年
佐藤進一・網野善彦・笠松宏至『日本中世史を見直す』悠思社、一九九四年
清水三男『日本中世の村落』岩波文庫、一九九六年（初出は一九四二年）
釈迦堂光浩「南北朝合戦における戦傷」『内乱史研究』一三号、一九九二年
杉山正明『クビライの挑戦　モンゴル海上帝国への道』朝日新聞社、一九九五年
杉山正明『モンゴル帝国の興亡　上・下』講談社現代新書、一九九六年
杉山正明「モンゴル時代のアフロ・ユーラシアと日本」近藤成一編『モンゴルの襲来』（日本の時代史9）吉川弘文館、二〇〇三年
鈴木国弘『日本中世の私戦世界と親族』吉川弘文館、二〇〇三年
鈴木哲雄「建武徳政令と地域社会　下総香取社の情報収集」佐藤和彦先生退官記念論文集『相剋の中世』東京堂出版、二〇〇〇年
関　幸彦『神風の武士像　蒙古合戦の真実』（歴史文化ライブラリー）吉川弘文館、二〇〇一年
高木徳郎『日本中世地域環境史の研究』校倉書房、二〇〇八年
高橋典幸『鎌倉幕府軍制と御家人制』吉川弘文館、二〇〇八年
高橋典幸「太平記にみる内乱期の合戦」市沢哲編『太平記を読む』吉川弘文館、二〇〇八年
高牧　實『宮座と祭』教育社歴史新書、一九八二年
田中克行『中世の惣村と文書』山川出版社、一九九八年

田中大喜「南北朝期武家の兄弟たち　『家督制』成立過程に関する一考察」悪党研究会編『悪党と内乱』岩田書院、二〇〇五年
田中義成『南北朝時代史』講談社学術文庫、一九七九年（初出一九二二年）
田村憲美『日本中世村落形成史の研究』校倉書房、一九九四年
千々和到「『誓約の場』の再発見」『日本歴史』四二二号、一九八三年
外岡慎一郎「使節遵行と在地社会」『歴史学研究』六九〇号、一九九六年
トーマス・コンラン「南北朝期合戦の一考察」大山喬平教授退官記念会編『日本社会の史的構造　古代・中世』思文閣出版、一九九七年
中澤克昭『中世の武力と城郭』吉川弘文館、一九九九年
中澤克昭「村の武力とその再生産」小林一岳・則竹雄一編『戦争Ⅰ　中世戦争論の現在』青木書店、二〇〇四年
中島敬子・山本宮子「二条河原落書」悪党研究会編『悪党の中世』岩田書院、一九九八年
永積安明『古典を読む　太平記』（同時代ライブラリー）岩波書店、一九九八年
永原慶二『中世内乱期の社会と民衆』吉川弘文館、一九七七年
永原慶二『内乱と民衆の世紀』（大系日本の歴史6）小学館、一九八八年
中村直勝「足利家時の置文」『吉野朝史』星野書店、一九三五年（日本古文書学会編『日本古文書学論集7中世Ⅲ』吉川弘文館、一九八六年に再録）
南　基鶴『蒙古襲来と鎌倉幕府』臨川書店、一九九六年
新田一郎『太平記の時代』（日本の歴史11）講談社、二〇〇一年
新田一郎「建武政権と室町幕府体制」宮地正人・佐藤信・五味文彦・高埜利彦編『国家史』（新体系日本史1）山川出版社、二〇〇六年

羽下徳彦『中世日本の政治と史料』吉川弘文館、一九九五年
林屋辰三郎『日本芸能の世界　民衆文化のあゆみ』（NHKブックス）日本放送出版協会、一九七三年
林屋辰三郎『内乱のなかの貴族　南北朝期『園太暦』の世界』角川書店、一九七五年
日野市史編さん委員会『日野市史史料集　高幡不動胎内文書編』、一九九三年
原　美鈴「『二条河原落書』について」悪党研究会編『悪党と内乱』岩田書院、二〇〇五年
兵藤裕己『太平記〈よみ〉の可能性　歴史という物語』（講談社選書メチエ）講談社、一九九五年
福田　晃『神道集説話の成立』三弥井書店、一九八四年
福田　晃『神話の中世』三弥井書店、一九九七年
藤木久志『戦国の作法　村の紛争解決』（平凡社選書）平凡社、一九八七年（文庫版一九九八年）
藤木久志『雑兵たちの戦場　中世の傭兵と奴隷狩り』朝日新聞社、一九九五年（新版二〇〇五年）
藤木久志『村と領主の戦国世界』東京大学出版会、一九九七年
藤木久志編『日本中世気象災害史年表稿』高志書院、二〇〇七年
藤木久志・小林一岳編『山間荘園の地頭と村落　丹波和知荘を歩く』岩田書院、二〇〇七年
藤田明良「東アジア世界のなかの太平記」市沢哲編『太平記を読む』吉川弘文館、二〇〇八年
藤本正行「この騎馬武者像はだれか　伝尊氏像を読む」『見る・読む・わかる日本の歴史2　中世』朝日新聞社、一九九三年
古澤直人「北条氏の専制と建武新政」『講座　前近代の天皇』1、青木書店、一九九二年
細川重男『鎌倉政権得宗専制論』吉川弘文館、二〇〇〇年
細川重男『鎌倉北条氏の神話と歴史　権威と権力』日本史史料研究会、二〇〇七年
細川涼一『中世の律宗寺院と民衆』吉川弘文館、一九八七年

細川涼一『中世の身分制と非人』日本エディタースクール出版部、一九九四年
松本新八郎『中世社会の研究』東京大学出版会、一九五六年
峰岸純夫『中世　災害・戦乱の社会史』吉川弘文館、二〇〇一年
峰岸純夫『新田義貞』（人物叢書）吉川弘文館、二〇〇五年
峰岸純夫『中世東国の荘園公領と宗教』吉川弘文館、二〇〇六年
峰岸純夫『中世の合戦と城郭』高志書院、二〇〇九年
村井章介『アジアのなかの中世日本』校倉書房、一九八八年
村井章介『北条時宗と蒙古襲来　時代・世界・個人を読む』（NHKブックス）日本放送出版協会、二〇〇一年
村井章介編『南北朝の動乱』（日本の時代史10）吉川弘文館、二〇〇三年
村井章介『分裂する王権と社会』（日本の中世10）中央公論新社、二〇〇三年
村井章介『中世の国家と在地社会』校倉書房、二〇〇五年
村井康彦『茶の文化史』岩波新書、一九七九年
百瀬今朝雄「元徳元年の『中宮御懐妊』」『金沢文庫研究』二七四号、一九八五年
百瀬今朝雄『弘安書札礼の研究　中世公家社会における家格の桎梏』東京大学出版会、二〇〇〇年
森　茂暁『南北朝期公武関係史の研究』文献出版、一九八四年
森　茂暁『皇子たちの南北朝　後醍醐天皇の分身』中公新書、一九八八年（文庫版二〇〇七年）
森　茂暁『鎌倉時代の朝幕関係』思文閣出版、一九九一年
森　茂暁『太平記の群像』角川書店、一九九一年
森　茂暁『後醍醐天皇』中公新書、二〇〇〇年
森　茂暁『南北朝の動乱』（戦争の日本史8）吉川弘文館、二〇〇七年

盛田嘉徳『中世賤民と雑芸能の研究』雄山閣出版、一九七四年
山陰加春夫『中世高野山史の研究』清文堂、一九九六年
山陰加春夫『中世寺院と「悪党」』清文堂、二〇〇六年
山田邦明『鎌倉府と関東　中世の政治秩序と在地社会』校倉書房、一九九五年
吉井功兒『建武政権期の国司と守護』近代文藝社、一九九三年
義江彰夫『神仏習合』岩波新書、一九九六年
米倉迪夫『絵は語る４源頼朝像　沈黙の肖像画』平凡社、一九九五年
龍　粛『鎌倉時代』上・下　春秋社、一九五七年
渡邊浩史「流通路支配と悪党　東大寺領山城賀茂庄の悪党」『年報中世史研究』一六号、一九九一年
渡邊浩史「悪党の正和四年」佐藤和彦編『中世の内乱と社会』東京堂出版、二〇〇七年

あとがき

本書の扱う時期については、これまで多くの質の高い通史が出版されている。中でも黒田俊雄氏の『蒙古襲来』（中央公論社、一九六五年）、佐藤進一氏の『南北朝の動乱』（中央公論社、一九六五年）、網野善彦氏の『蒙古襲来』（小学館、一九七四年）、佐藤和彦氏の『南北朝内乱』（小学館、一九七四年）の四冊は、高校～大学時代にはじめて読み、その後も折に触れて、また必要にせまられては紐解いた、私にとって最も大切な書籍ということができる。執筆にあたって読み直してみたのが間違いで、その素晴らしさにあらためて圧倒されてしまい、四つの高峰を仰ぎ見るようで、絶望的な気分になってしまったというのが正直なところである。

執筆を開始した後も、途中でこのままでは自分らしさがない、ということに気付き、執筆が滞りがちとなった。なにか自分らしい切り口はないかと、模索していたとき、これは回り道でも『太平記』を読むしかないと思い、最初から読み直してみたことが今となってみれば大きかった。『太平記』が、この時代の社会とそこに生きる人々をリアルに描く、社会史の貴重な史料であるということに気付くことができたのである。中でも、序章で触れた戦災一家の悲話は深く心に刻まれるとともに、それと対比される野伏や溢れ者の荒々しい活躍は、同じ社会の表と裏を描いているということがわかった。

執筆に苦しんでいる時期に、藤木久志氏の『日本中世気象災害史年表稿』(高志書院、二〇〇七年)が出版されたことも、大きかった。この年表の鎌倉時代~南北朝時代の項目を見ていて、この時代がいかに飢饉と戦争の時代であるか、いわば危機の時代であるか、あらためて気付かされたのである。ただ、危機の時代であるからこそ、逆に人々は強くたくましく生きていたに違いない。その生き方は、国家により安全に管理され、自らを従順に規律化している現在の私たちから見れば、無秩序で暴力的なネガティブなものにみえるかもしれないが、それは彼らが生きのびるための必死な姿であるということができるのである。彼らの姿を基礎としてこの時代を描いてみようと、あらためて思うことができた。

しかし本書では、それを素描することしかできなかった。特に悪党・溢れ者や野伏と、それを管理する、またしなければならない幕府や国家とのギリギリのせめぎあいを、「徳政」以外の道筋で考えることはできなかった。今後新たに考えを進め、機会があれば別の形でまとめていくことにしたい。

最後に、本書執筆にあたって、特に鎌倉後期~南北朝期の政治史・制度史に関しては、村井章介氏・細川重男氏・森茂暁氏の豊かな研究成果に多くを学ばせていただきました。記して感謝いたします。それ以外にも多くの著書・論文を参考にさせていただきましたが、すべての人々のお名前を挙げることはできませんでした。なにとぞご海容をお願いいたします。また、執筆が滞りがちな時にねばり強く励まし、本務が忙しいなどの私のわがままな愚痴にお付き合いいただいた、吉川弘文館の編集部の皆様にお礼を申し上げます。

二〇〇九年六月二十三日 梅雨の晴れ間に

小林 一岳

著者略歴

一九五七年　東京都豊島区巣鴨に生まれる
一九九〇年　立教大学大学院文学研究科博士後期課程満期退学
現　在　明星大学教育学部教授

〔主要著書〕
日本中世の一揆と戦争
戦争Ｉ・中世戦争論の現在（共編著）

日本中世の歴史 4
元寇と南北朝の動乱

二〇〇九年（平成二十一）九月一日　第一刷発行
二〇二三年（令和　五　）四月一日　第四刷発行

著　者　小《こ》林《ばやし》一《かず》岳《たけ》
発行者　吉川道郎
発行所　株式会社　吉川弘文館
郵便番号一一三―〇〇三三
東京都文京区本郷七丁目二番八号
電話〇三―三八一三―九一五一〈代表〉
振替口座〇〇一〇〇―五―二四四
http://www.yoshikawa-k.co.jp/
印刷＝株式会社　三秀舎
製本＝誠製本株式会社
装幀＝蔦見初枝

ISBN978-4-642-06404-0

日本中世の歴史

刊行のことば

歴史上に生起するさまざまな事象を総合的に理解するためには、なによりもそれらを創り出している大きな潮流を捉える必要があろう。そのため、これまでもいわゆる通史を目指したいくつもの取り組みがなされてきた。「歴史研究にたずさわるものにとって、『通史』の叙述は究極の目標であり課題でもある」ともいわれるように、意図するか否かは別としても、歴史研究は常に通史の書き換えを目指しているといえよう。

しかし、それら近年の通史は、一九七〇年代以降の社会史研究が生み出した研究対象の拡大と多様化という成果を積極的に組み入れようと努力した結果、通史の部分と各論とのあいだの不整合という弱点をかかえざるを得なかった。

本シリーズは、これらの成果を受け継ぎながらも、日本の中世を対象として、政治史を中心とした誰にでも分かりやすいオーソドックスな通史を目指そうと企図された。第1巻において中世全体の時代像を示し、第2巻から第7巻までは現在の研究状況を反映させ、院政期から江戸時代初期までを範囲として最新の研究成果をふまえた基本的な論点をわかりやすく解説した。

次代を担う若い読者はもちろん、新しい中世史像を求める多くの歴史愛好家の方々に、歴史を考える醍醐味を味わっていただけるならば幸いである。

企画編集委員　木村茂光
池　享

日本中世の歴史

1 中世社会の成り立ち　木村茂光著
2 院政と武士の登場　福島正樹著
3 源平の内乱と公武政権　川合　康著
4 元寇と南北朝の動乱　小林一岳著
5 室町の平和　山田邦明著
6 戦国大名と一揆　池　享著
7 天下統一から鎖国へ　堀　新著

本体各2600円（税別）